KB168274

공병호
대한민국의 성장통

공병호

대한민국의 성장통

혼돈의 대한민국을 향한
공병호 박사의 통찰과 해법

痛

해냄

현실의 혼란에 압도되지 말고 그 너머를 보라

갑작스러운 글로벌 경제 위기로 전국이 급속히 경직되어 가던 2008년 겨울 이후, 강연장에 서면 그 어느 때보다 긴장된 분위기 속에 심각하고 어두운 표정을 한 기업인들과 수많은 직장인을 마주하게 되었다. 당시 강연의 주제는 다 달라도 끝날 때쯤이면 사람들이 공통적으로 던지는 절박한 질문이 있었다. 과연 눈앞에 닥친 경제 위기의 극복과 함께 우리나라의 미래가 어떻게 될 것이냐는 것이었다.

이미 IMF로 혹독한 시절을 거쳐야 했던 한국인들에게 글로벌 영역으로 확대된 위기는 엄청난 불안과 고통, 혼란을 일으키고 있었다. 게다가 오히려 불안감을 가중시키는 정치권의 행보와 사회적 갈등은 악몽처럼 우리 사회에 대한 기대감을 철저하게 무너뜨리고 있었던 것이다. 무엇보다 촘촘하게 관계망을 형성하고 있는 글로벌 경제에서 앞으로 우리 삶의 근간을 뒤흔드는 크고 작은 위기에 노출될 가능성이 점점 늘어난다는 냉혹한 사실을 받아들일 수밖에 없게 되었다.

그럼에도 불구하고 나는 조심스럽게 우리 미래에 대한 낙관을 이야기했다. 지금 비록 걷잡을 수 없는 혼란과 위기 앞에 놓여 있지만 대한민국은 성장해 가리란 의견을 피력했다.

물론 지금도 그 마음에는 변함이 없다. 그러나 OECD 국가들 중에서 경제 위기 이후의 회복 속도가 가장 빠른 나라로 평가받고 있음에도 불구하고 오늘 대한민국 현실에서 한국인들의 삶은 여전히 고되고 많은 부분에서 불협화음을 일으키고 있는 게 사실이다.

나는 이를 성장의 갈림길에서 겪게 되는 통증, 즉 '성장통'이라고 부르고 싶다. 그 이면에는 우리가 처한 경제적·사회적 문제와 함께 그보다 훨씬 더 근본적이고 거대하고 글로벌한 변화가 자리 잡고 있다.

위기가 닥칠 때마다
휘청거리는 뿌리 얕은 사회

새로운 정권이 등장하면 그들을 지지하던 사람이든 아니든 간에 큰 기대를 갖지만 그런 기대가 실망으로 바뀌는 데는 그리 오랜 시간이 걸리지 않는다. 그럼에도 불구하고 우리는 늘 정치에 대해 기대와 희망을 품는다. 왜냐하면 사람이란 본래 기대와 희망의 원천을 밖에서 찾기 때문이다.

특히 압도적인 지지로 집권에 성공한 현 정부는 그 귀한 정치적 자산을 반년도 채 지나지 않아 소진하고도 여전히 국정의 지향점을 두고 안개 속을 헤매는 형국이다. 4대강 프로젝트, 녹색 성장, 대운하, 자전 것길 조성, 비즈니스 프렌들리, 친서민, 중도 실용, 747공약(성장률 7 퍼센트, 1인당 국민소득 4만 달러, 세계 7위 경제 대국) 등이 머릿속에 어지럽게 떠오르지만 과연 집권해서 무슨 일을 하려 했는지 까마득한 옛일처럼 여겨진다.

생활은 더 팍팍해지고, 속시원한 문제 해결에 대한 기대는 무너지고, 집권 세력에 대한 불만과 리더십에 대한 실망감이 확산되면서 우리 사회의 현재와 미래를 보는 사람들의 시각은 어둡고 혼란스럽다.

더욱이 2008년 10월에 발생한 글로벌 금융 위기가 자본주의의 다양한 문제점을 노출시킴으로써 현실 체제에 근본적 결함이 있는 것이 아니냐는 회의감을 확산시킨 것도 사실이다. 마치 그런 순간을 기다리기라도 한 듯 일부 언론과 지식인들은, 자본주의 체제의 결함을 한껏 부풀려 근본적 수술 없이는 심각한 어려움에 직면할 것이라고 전망하고 이를 대대적으로 선전했다.

뿌리가 깊지 않은 사회가 그렇듯 이런 주장들이 난무할 때면 나는 현대판 '이성의 위기'라는 말을 떠올리며 걱정과 안타까움에 잠긴다.

금융 위기라는 특수 상황을 고려하더라도 건전한 재정 지출을 규율하는 견제 시스템은 더 이상 우리 사회에서 작동하지 않는다. 중앙 정부든 지방 정부든 공기업이든 미래의 소득을 끌어다 투자 효율성이 의심되는 대규모 토목 공사를 일으키고, 호화 청사를 짓고, 소비성 지출을 늘려가는 행태를 지켜보면서 '방만함'이란 말조차 부족하다는 생각이 든다. 국가 부채와 준국가 부채 그리고 소비성 지출은 가파르게 증가하고 있지만, '국가 부채 비중은 선진국에 비해 아직도 낮다'는 면피용 말만 관계자의 입에서 흘러나오고 있는 실정이다. 여기저기서 빚을 내어 이른바 폼 나는 공공사업 일으키기에 골몰하는 모습을 보노라면 걱정이 앞선다.

10년 만에 구직 단념자 수가 최고를 기록한 지금 시점에 과연 정부가 주도해 일자리를 만들 수 있을까? 정부가 허겁지겁 만들어내는 일자리는 대개 예산이 투입되는 동안만 존재하는 일자리다. 이해 당사자들의 눈치를 살피느라 일자리 창출을 위한 근본적 수술은 제대로 추진되지 않는다. 이웃 일본이 20여 년을 허비한 '말만 개혁, 무늬만 개혁' 상황이 지금 이 땅에서도 재현되고 있다.

그나마 생각할 시간과 여유를 가진 소수 사람들은 이러한 현실에 대해 무엇이 진실이고 무엇이 거짓인지 판단할 수 있지만 생업에 쫓기는 대다수의 사람들은 그럴 만한 시간적 여유도 견고한 지적 토대도 갖추기 힘들다. 그래서 여론의 향방에 따라 이리 쏠리고 저리 쏠리는 일들이 반복된다. 이것이 개개인에게는 불안과 스트레스의 원인이며 동시에 현재와 미래에 대한 중요한 사회적 의사 결정을 왜곡시키는 원인이다.

사회 혼란의 실체, 그 너머를 보자

나는 일상이 바쁜 사람들에게 현재 대한민국호가 겪고 있는 혼란과 혼돈의 실체가 무엇이며 이런 현상들이 앞으로 어떻게 전개될지 속시원하게 설명해 줄 방법이 없을까 하는 고민에서 이 책을 쓰게 되었다.

살면서 깨달은 진실이 있다면 바로 '모르면 당한다'는 것이다. 개인이든 조직이든 국가든 간에 자신과 주변에서 일어나는 일들을 제대로 이해하려면 공부해야 한다. 지금 우리 눈앞에 펼쳐지는 복잡하기 그지없는 변화라는 현상만 보아서는 안 된다. 그 밑바닥을 흐르는 실체를 정확히 집어낼 줄 알아야 한다. 만약 우리가 현상의 실체와 본질을 올바로 이해한다면 상황을 통제하고 미래를 준비하는 데 큰 도움을 받을 수 있다.

우리가 겪고 있는 이 현실적 고통을 설명하려면 무엇보다 먼저 글로벌 자본주의의 속성을 알아야 한다. 사람은 과거로부터 자유롭기가 쉽지 않다. 과거보다 더 많은 소득, 더 편안한 삶 그리고 더 나은 내일에 대한 기대는 높지만 지금 눈앞에 펼쳐지는 세계적 규모의 경쟁은 우리에게 오히려 기대 수준을 적절히 조절하라고 요구한다. 그만큼 한국 중심에서 벗어나 글로벌 경쟁에 뛰어든 지구촌 사람들과의 상대적 관점에서 우리의 현실을 바라볼 필요가 있다.

대개 사람들은 자기중심으로 사물이나 현상을 바라보기 때문에 냉철함을 갖기 힘들다. 자신의 기대와 소망이 충족되지 않는 현실에 쉽게 불만을 품는다. 고성장과 높은 생활 수준 그리고 편안함에 대한 개개인의 기대와 소망을 국가나 정치 지도자가 채워주는 데는 한계가 있다. 시야를 세계로 넓히지 않는 한 내가 왜 이 정도 대우밖에 못 받느냐는 불평불만이 쌓여갈 수밖에 없다. 지금 우리가 느끼는 사회적 불만과 고통은 상당 부분 여기서 비롯된다.

이처럼 우리 사회의 고통은 시대 환경과 현실 상황에서 비롯되는 바가 크기 때문에 탁월한 선지자가 등장하는 기적 같은 일이 일어나더라도 단시간에 해결되기는 어렵다.

개인이든 조직이든 국가든 간에 현실을 이해하고 수용하는 일, 자조 정신을 바탕으로 기본을 지키는 일에서 해법을 찾아야 한다. 그리고 마냥 미적거리면서 문제 해결을 늦춰서는 안 된다. 열매를 얻으려면 씨를 뿌려야 하듯 한국 사회의 성장통을 해소하기 위해서는 개인이, 조직이, 국가가 기꺼이 문제 해결을 위한 비용을 투입할 수 있어야 한다.

이 책에서 말하는 성장통이란 결국 '시간적·공간적 제약 조건으로 말미암아 한 사회가 성장의 과정에서 경험하는 불가피한 고통으로, 그 구성원과 지도자가 어떻게 대처하느냐에 따라 얼마든지 고통의 강도와 시간을 줄일 수 있는 현상'이라고 정의할 수 있다. 그리고 개인의 입장에서 성장통은 그런 사회 현상으로 인해 개인이 경험하는 불편이나 불안 같은 심리 상태를 이른다.

그러나 사람들은 누군가 나서서 특단의 조치를 취하고 신속하고 특별한 성과를 내주기를 바란다. 그런 국민의 과도한 기대를 의식할 수밖에 없는 정치 지도자는 단임제라는 제약하에서 생색나는 정책들을 무리하게 추진하게 되고, 사회 전체가 그 부담을 떠안아야 하는 악순환이 빚어지게 된다.

대한민국의 성장통, 해소될 수 있다

그럼에도 불구하고 한국은 상대적으로 유리한 상황에 있다. 제조업 기반이 탄탄하고 그동안 금융업 또한 괄목할 만한 성장을 이룩했다. 한 사회의 성장 기반인 행정 제도, 법체계,

교육 제도, 사회 보장 제도와 시민운동도 상당한 수준에 이르렀다. 양질의 인력도 풍부하다.

요컨대 한국 사회는 우리가 생각하는 것보다 훨씬 더 지속 성장의 토대가 탄탄하다. 그리고 세계적인 관점에서 보면 한국 사회가 안고 있는 정치·경제 문제들은 비교적 해결 가능성이 높다. 즉 대한민국은 기대하는 미래를 열어나가기에 유리한 조건들을 갖추고 있다는 말이다.

세상에는 나름의 관점에서 현실 문제를 진단하고 그 처방을 제시하는 사람들이 있다. 제각기 주장하는 바는 다르지만, 무리한 논거를 바탕으로 지나친 비관론으로 기울거나 머릿속에나 존재하는 비현실적인 당위론에 그치는 경우가 많다. 그런 주장들은 사람들에게 도움을 주기는커녕 사람들을 잘못된 방향으로 이끌 가능성이 높다.

물론 내가 제시하는 진단과 처방 역시 유일무이한 진실은 아니다. 다만 어떤 조직에도 소속되지 않고 자신의 머리와 손으로 생계를 꾸려온 현장 지식인으로서 나는 정액 연봉이 보장된 지식인들이 빠지기 쉬운 도그마나 이상주의의 덫으로부터 자유로우며 그래서 자신의 생각을 소신껏 말할 수 있다고 생각한다.

이 책에서 다루려는 내용은 대단히 현실적이다. 뜬구름 잡는 이야기가 아니라, 세상이 어떻게 움직이고 그 원인은 무엇이며 그 대책은 어떠해야 하는지 차근차근 짚어볼 것이다.

진단과 전망 그리고 처방은 현재와 미래를 위한 행동으로 이어질 때 의의가 있다. 현재를 정확히 파악하고 그것을 바탕으로 미래를 제대로 전망한다면 우리는 올바른 전략과 전술을 갖고 삶을 개척해 나갈 수 있다. 현재와 미래에 대해 아무런 전망도 대책도 없이 살다가는 자칫 수상쩍은 주의 주장에 휘둘려 뼈아픈 실패를 맛보게 될 수도 있다.

현실이 혼란스러울수록 우리는 혼란의 실체와 그 너머를 꿰뚫어볼 수 있어야 한다. 더 나은 미래를 만들어나가려면 절대로 현실의 혼란에 압도되어선 안 된다. 나 자신도 오늘날 한국 사회가 겪고 있는 혼란의 원인과 해결 방법을 알고 싶다는 바람에서 이 책을 쓰게 되었다.

혼란과 불확실성, 소란으로 가득한 이 시대를 살아가는 한국인에게 이 책이 길잡이가 되고 현재와 미래 준비의 든든한 지원군이 되기를 바란다. 지금 우리가 발 딛고 선 이 현실의 밑바닥에서는 과연 어떤 일들이 벌어지고 있는가?

2010년 2월
공병호

1부 대한민국, 그리고 한국인의 성장통

오늘 우리의 삶이 고통스러운 이유는 무엇인가

2부 성장통을 딛고 진정한 성장의 길로

그 극복의 해법을 어디에서 찾을 것인가

1장 개인적 선택

2장 사회적 선택

痛

오늘 우리의 삶이
고통스러운 이유는 무엇인가

삶의 수준은 놀랄 만큼 높아졌지만 왜 사람들이 쏟아내는 불평불만 그리고 고민과 고통은 줄어들 기미가 보이지 않는 것일까? 만약 우리가 그 진통의 원인을 정확히 진단할 수 있다면, 개인적으로는 삶의 중압감을 덜 수 있을 것이고 사회적으로는 시간과 비용을 낭비하지 않고 문제를 해결할 수 있을 것이다. 여기서는 대한민국 성장통의 실상과 원인을 진단하고, 우리 사회가 겪고 있는 혼란과 갈등의 해결책을 어디서 찾아야 할지 살펴본다.

대한민국, 그리고 한국인의 성장통

변화가 항상 위기와 재난의 형태로 우리를 덮쳐야 하는 것은 아니다. 우리는 자발적으로 변화할 수 있다. 변화하고 싶다면 흔한 말대로 배우려고 노력하라. 더 정확하게 말해 변화를 통제하고 싶다면 진지하게 학습하는 자세로 임하라.

— 찰스 핸디

"취직을 못하고 방황하는 자녀들, 재취업 가능성이 낮은 상태로 직장을 떠나는 가장들, 얼마라도 생활비를 보태려고 시간제 일을 구하는 주부들. 이런 가정이 늘어나고 있는 것이 우리 사회의 현주소다."

//

삶의 기반을 뒤흔드는 불안한 가정 경제

1

"지금 사람들이 가장 크게 고민하는 문제가 뭐라고 생각하세요?"

어느 저녁 모임에서 나라 일을 맡고 있던 한 분이 갑자기 이런 질문을 던졌다. 만약 여러분이 이런 질문을 받는다면 가장 먼저 어떤 대답이 떠오르는가? 쉬운 질문도 아닌데다 여러 사람이 함께 이야기를 나누고 있던 참이라 길게 대답할 겨를이 없었다.

모임을 마치고 돌아오는 길에, 다시 한 번 이 질문에 대한 생각을 정리하면서 현재 우리 사회가 앓고 있는 성장통을 이해하는 결정적인 단서가 여기에 들어 있다는 생각이 들었다.

늘 그렇듯이 '먹고 사는 문제', 즉 경제 문제야말로 보통 사람들의 삶에서 가장 큰 비중을 차지한다. 단지 어제오늘의 일은 아니지만 사는 것이 힘들다, 해도 해도 고생이 끝이 없다는 이야기가 최근 들어 부쩍 많이 들린다.

형편이 어려운 사람들만의 푸념이 아니다. 열심히 일하고 성실하게 제 앞가림하며 살아가는 사람들도 그런 기색을 내비친다. 단지 예고 없이 닥친 경제 위기의 충격과 그 고통 때문만도 아니다.

세계에서 가장 빠른 속도로 글로벌 금융 위기를 극복했다는 소식에 이어 한국 기업들의 승전보도 속속 들려오지만, 우리를 둘러싼 삶의 조건들이 점점 더 힘겨워지고 있다는 사실을 다들 감지하고 있기 때문이다. 그래서 이번 위기만 잘 넘기면 다 괜찮아질 거라는 낙관론을 어느 누구도 쉽게 입에 담지 못한다.

'왜 이렇게 벌이가 시원찮지?' '왜 열심히 일해도 살림살이가 펴지지 않지?' '왜 날이 갈수록 삶은 더 팍팍해지지?' 우리가 느끼는 이런 불만들 역시 성장통의 한 단면이다.

특히 장성한 자녀를 둔 가정이라면 자녀 취업 문제야말로 가장 큰 고민거리다. 지금의 경제 상황이라면 경기가 회복되더라도 젊은이들이 번듯한 정규직 일자리를 얻을 가능성은 크지 않을 것으로 보인다. 그것은 글로벌 자본주의가 심화 확산되는 과정에서 대다수 중진국과 선진국이 직면한 시대 변화에서 비롯되는 바가 크다.

한국의 경우 정규직 고용 후에 해고 등의 조치를 취하기 어렵기 때문에 기업들은 신규 고용에 더더욱 보수적일 수밖에 없다. 현재 3만 8,000명의 직원을 두고 있는 KT를 보자. KT의 이석채 회장은 이렇게 말한다. "최소한 1년에 1,000명은 고용할 수 있지만 이제까지 겨우 200명의 신규 고용을 창출하는 데 그쳤다." 또한 이 회장은 "기존의 정규직은 과보호를 받는 반면 새로 사회에 나오는 젊은 층에는 엄청난 장벽이 존재하게 되었다"고 덧붙인다.

정도 차이는 있겠지만 대다수 기업이 신규 고용에 보수적인 태도를 보이는 중요 요인 중 하나는 이미 시장에 진출해있는 사람들을 과보호하는 노동 시장 구조와도 관련이 깊다.

스펙이 높아도 갈 곳 없는, 늘어나는 청년 실업자

청년 인구(15~29세 인구)가 꾸준히 감소하는 추세다. 최근 5년 간(2003~2008년) 청년 인구는 1,037만 명에서 982만 명으로 55만 명이 줄었다. 그런데 같은 기간 취업자 수 역시 461만 명에서 408만 명으로 53만 명이 줄었으며 감소 추세 또한 가파르다.

감소한 취업자 중 상당수가 비경제 활동 인구로 유입됨으로써 전체 청년 인구 중 비경제 활동 인구 비율이 2004년 50.8퍼센트에서 2008년 55.2퍼센트로 약 4.4퍼센트 증가했고, 그 비율은 꾸준히 늘고 있다.

2009년 통계청 자료를 보면 공식 실업자는 88만 9,000명이지만 주당 18시간 미만 취업자, 취업 준비자, 구직 포기자, 그냥 쉬는 사람까지 포함할 경우 정상적인 직업을 갖지 못한 사람이 408만 명에 이른다. 또한 취업자 중 최저생계비보다 낮은 임금을 받는 이른바 '근로 빈민'이 237만 명으로 11.6퍼센트를 차지하고 있다. 이는 괜찮은 일자리는 줄고 임시직 같은 저임금 일자리가 늘고 있기 때문이다.

고학력 실업 문제는 더 심각하다. 현재 고교 졸업생 10명 중 8명이 대학에 진학한다. 1990년 33.2퍼센트에 불과하던 대학 진학률은 이듬해에 68.0퍼센트로 갑자기 늘어난 후 계속 증가세를 유지하다가 2008년에는 83.8퍼센트를 기록하고 있다. 1년에 취업 시장에 새로 쏟아져 나오는 대학 졸업자만도 57만 명에 이른다. 여기다 취업 재수생, 삼수생, 사수생까지 합하면 그 숫자는 훌쩍 뛰어오른다.

그들이 구하는 직장도 비슷비슷하다. 웬만큼 이름 있는 기업에 취직하기를 원하지만 그런 직장이 시장에 나올 여지는 제한적이다. 치열한 경쟁을 뚫고 그런 직장을 잡는 사람은 소수이고 나머지는 취업 전선에서 계속 재수, 삼수의 길로 들어서게 된다. 대졸 구직자의 급증은 자신의 실력보다 취업에 대한 기대 수준이 높은 젊은이들이 그만큼 많다는 의미다.

한편 안정된 직장을 구하는 젊은이들이 늘고 있다는 점도 주목할 만하다. 대부분 대졸자인 이 젊은이들은 공무원이나 공기업 같은 안정적인 직장을 잡기 위해 입시 준비에 전력투구한다. 2009년 4월에 치러진 9급 공무원 공채의 경우, 2,350명 모집에 14만 670명이 지원해 무려 59.9대 1의 경쟁률을 보였다. 2009년 한국전기안전공사 대졸 신입 사원 공채의 경우에는 72명 모집에 1만 502명이 지원해 무려 146대 1의 경쟁률을 기록했다.

공무원과 공기업의 입사 경쟁률이 수십 대 일에서 수백 대 일에 달하는 것은 우리 사회의 취업난뿐만 아니라 안정된 직장에 대한 선호를 잘 보여준다.

내가 강연차 방문한 서울의 한 사립대학교나 지방 국립대학교의 경우, 공대에서도 공무원 시험 준비를 하는 학생이 절반을 넘었다고 한다. 한 공기업을 방문했을 때 인사 담당 임원이 내게 이런 이야기를 들려주었다. "서너 번씩 지원하는 학생들도 꽤 있습니다. 입사에 필요한 스펙은 철두철미하게 갖추었지만 실제로 그런 친구들을 뽑아야 하느냐는 문제로 고민스러울 때가 있습니다. 고입, 대입은 물론이고 대학을 다니면서도 내내 취직 준비에만 내몰리는 '입시 준비 인생'을 살아온 셈이니까요."

대한민국 부모들의 억장이 무너지는 이유

그렇다면 취직 경쟁에서 연거푸 낙방의 고배를 마신 젊은이들이 과연 어떤 선택을 하느냐는 문제가 남는데, 이는 20대 자녀를 둔 가정들이 안고 있는 뿌리 깊은 고민거리다. 문제는 그런 가정들이 웬만해서는 자녀 실업 문제를 밖으로 드러내지 않는다는 점이다. 따라서 대부분의 통계나 실태 조사는 문제를 과소평가하고 있다.

졸업하고 2~3년이 고비다. 이때 취업 트랙에 오르지 못하면 대개는 연령, 경력, 전문성 부족 등의 이유로 직장 생활을 경험할 기회마저 잃고 만다. 대개 30세를 전후해 취직을 포기하는 경우가 많다. 장기 미취업자의 경우 구직 단념 등으로 장기 실업 상태에 들어가고, 결국 가뜩이나 어려운 가정 경제에 큰 부담을 떠안기게 된다.

그렇게 되면 본인도 힘들지만 장래가 불확실한 자녀들을 지켜보는 부모는 억장이 무너진다. 요즘 장성한 자녀를 둔 부모들 사이에는 몇 가지 금기가 있는데, 그 첫 번째가 바로 아이들 취직은 했느냐고 묻는 것이다.

어느 집이나 자녀 한둘은 있다는 점을 고려하면 이보다 더 큰 고통도 없을 것이다. 사람들은 자신의 고통은 의외로 잘 참는다. 그러나 자녀 문제라면 또 다르다. 멀쩡한 성인이 되어서도 자립하지 못하고 집에서 시간을 보내야 하는 자녀를 보는 부모의 심정이 어떻겠는가? 20년 가까이 자녀들 밑으로 들어간 돈도 돈이지만 귀하게 키운 아들딸이 사회에 나가 자신의 재능과 실력을 펼칠 기회마저 얻지 못한다는 것은, 또 그것을 지켜보는 것은 정말이지 뼈아픈 일이다.

이제 청년 취업난은 우리 사회에서 일상적인 문제로 자리 잡아가고 있다. 이것은 현재 우리 사회의 많은 가정이 떠안고 있고, 앞으로 떠안게 될 고민이며, 대한민국 성장통의 한 원인이다.

청년 실업은 더 이상 장성한 자녀를 둔 가정만의 문제가 아니다. 일가친척, 친구, 동료, 이웃 등을 고려하면 국민 대부분이 직간접으로 이 문제와 연결되어 있다. 청년 실업 문제는 우리 사회가 앓고 있는 성장통 중에서도 절대 봐넘길 수 없는 부분이지만, 앞으로도 획기적으로 개선될 전망은 불투명하다.

중장년 고용 불안정이 더 큰 문제

어찌 보면 청년 실업 문제는 그나마 낫다. 당장 가정 경제를 떠받치는 가장들의 일자리 상황도 예전 같지 않다. 근로자 입장에서 고용자 입장을 헤아리기는 쉽지 않겠지만, 때로는 고용자 입장에서 현실을 볼 필요가 있다.

시장 경쟁이 날로 치열해지고 있기 때문에 고용자는 '효율성 지상주의'를 염두에 두고 조직을 운영하지 않을 수 없다. 그들에겐 경쟁에서 살아남는 것이 지상 과제다.

그런 점에서 직원들이 나이를 먹어가는 것은 결코 환영할 만한 일이 아니다. 연령에 대한 편견에서 하는 말이 아니다. 나 또한 50대에 접어들었기 때문에 피부로 느낄 수 있는 부분이다. 효율성 면에서 나이를 먹는다는 것은 누구에게나 결코 우호적인 조건이 아니다.

고도의 판단력, 전문성, 숙련도를 요구하는 일이라면 경력이 장점으로 작용할 수 있다. 그러나 대부분의 화이트칼라 직종이 그렇듯이 얼마든지 다른 사람으로 대체할 수 있는 일에서 나이가 든다는 것은 곧 조직에 부담을 준다는 뜻이다.

나이가 들수록 새로운 것을 익히기가 쉽지 않다. 신체 기능도 떨어지고 순발력도 예전만 못하다. 50대로 접어들면서 가끔 나는 지금까지 내가 조직에 남아 있었다면 어떻게 되었을까 하는 생각을 한다. 노안 때문에 안경을 꼈다 벗었다 할 것이고 새로운 일을 배울 때마다 젊은 친구들에게 묻고 또 물어야 할 것이다. 그나마 나는 공부하는 일을 한 번도 손에서 놓은 적이 없기 때문에 동년배에 비해 비교적 나은 편이다. 그래도 생물학적 노화는 피할 수 없는 현상이고, 이런 점들을 고려해 볼 때 과연 내가 조직 생활에서 성공적으로 살아남을 수 있었을지 그다지 확신이 서지 않는다.

고용자 입장에서는 가능한 한 젊은 사람들로 조직을 채우기를 원한다. 옳고 그르고를 떠나 그들이 젊은 사람들을 선호하는 것은 당연하다. 경영평론가 찰스 핸디는 조직이 점점 더 젊은 사람들로 채워질 수밖에 없다는 점을 다음과 같이 역설한다.

"전일제 노동자가 대다수 일하고 있는 대기업들은 어떤 곳보다 까다롭게 직원들을 선별할 것이다. 누구를 남겨두고 누구를 버릴 것인가를. 당연히 활력이 넘치고, 최신 정보에 밝고, 헌신적이고, 적응력도 뛰어난 그런 사람을 원할 것이다. 이런 요건을 충족시키는 대다수가 30대나 40대일 테고, 이들은 연간 노동 시간을 높이고 전체 노동 시간을 줄여서 5만 시간을 채울 것이다. 단기간 집중적으로 일하는 셈이다." ─찰스 핸디, 『비이성의 시대』

결국 특수한 직종이 아니라면 50대를 전후해 조직을 떠나야 한다는 말이다. 한마디로 50대가 발붙일 만한 일자리가 현저히 줄어들고 있다. 이것은 시대적 요구다. 특히 기업 조직에서는 더더욱 그렇게 될 것이다.

그렇다고 해서 직장을 다니는 동안 충분한 돈을 모아둔 것도 아니다. 한국 사회에서 과중한 자녀 교육비와 주거비를 감당하면서 안정적으로 노후 대비까지 한다는 것은 여간 힘든 일이 아니기 때문이다.

이 땅에서 50대를 전후한 가장들의 고민은 크게 다르지 않을 것이다. 자녀 밑으로 한창 돈이 들어갈 시기에 이전보다 못한 직장으로라도 옮길 수밖에 없는 것이 현실이다. 그나마 하향 이동이라도 가능하면 괜찮지만 싼값에 젊고 빠릿빠릿한 인력을 고용할 수 있는 상황에서 선뜻 중년 근로자를 고용하려는 조직은 흔치 않다.

현재의 고용 상황에서 소득을 만들어내는 가장들의 능력은 위협받고 있다. 가장의 수입이 불안정해지면 곧바로 가정 경제도 타격을 받는다. 취직을 못하고 방황하는 자녀들, 재취업 가능성이 낮은 상태로 직장을 떠나는 가장들, 생활비 얼마라도 보태려고 시간제 일을 구하는 주부들. 이런 가정이 늘어나고 있는 것이 우리 사회의 현주소다. 중장년층의 직업 안정성이 떨어지고 있는 현실이 대한민국 성장통을 심화시키고 있다는 사실에 주목해야 한다.

2010년은 한국 사회에서 40대 후반에서 50대 중반까지의 장년층을 이루고 있는 베이비붐 세대(1955~1963년생)의 은퇴가 시작되는 해다. 한국에서도 일부 공기업과 사기업을 중심으로 베이비붐 세대의 정년 보장을 위한 임금 피크제를 도입하고 있다. 은행권을 예로 들면 정년인 55세를 넘기면 이후 5년 간 기본 연봉의 70퍼센트, 60퍼센트, 40퍼센트, 30퍼센트 순으로 임금을 낮추는 방식으로 운용된다.

그러나 시행 초기 단계라고는 해도 이 제도가 기대하던 성과를 거두고 있다고 보기는 힘들다. 기업 입장에서는 적용 대상자에게 할당할 직무 개발에 어려움을 겪고 있고, 적용 대상자들 입장에서는 갑자기 임금 수준이 떨어지거나 단순 업무를 맡게 되는 상황에 거부감을 느끼기 때문이다.

그럼에도 불구하고 은행권의 경우 임금 피크제를 신청하는 사람들이 매년 늘고 있다. 퇴직 이후에 괜찮은 일자리를 구하기가 그만큼 어렵기 때문이다. 이런 현실적인 수요를 고려하면 임금 피크제는 한시적으로 시행해 볼 만하다.

문제는 청년 실업 문제가 날로 심각해지는 상황에서 이 제도를 광범위하게 시행하기는 어려울 것 같다는 점이다. 정부가 입법을 통해 제도 시행을 강제할 수는 있겠지만, 그렇게 되면 기업에 대한 또 하나의 부담이자 간섭으로 작용할 가능성이 높다.

베이비붐 세대 중에는 퇴직 이후를 내다보고 차근차근 준비해 온 사람들도 더러 있을 것이다. 그러나 대부분의 베이비부머들은 생각은 있어도 바쁜 일상에 쫓겨 숨 가쁘게 살아오느라 제대로 준비하지 못한 채 직업 정년을 맞고 있다. 결국 은퇴 이후 30년 세월을 어떻게 살아갈 것이냐는 문제가 남는다. 베이비붐 세대의 은퇴 시점을 전후해 정부와 언론에서 이런저런 논의가 진행되고 있지만 당분간 국가적인 대책이 나올 여지는 대단히 제한적이다.

결국 베이비부머들의 노후 문제는 개개인이 감당해야 한다는 말인데, 그런 상황에서 당사자와 그 가족이 크나큰 고통을 겪게 되는 것은 불을 보듯 뻔한 일이다.

은퇴 후 30년, 노인층 빈곤 문제도 심각하다

과중한 사교육비와 주거비 부담 때문에 평균적인 한국인은 정말이지 열심히 일한다. 문제는 대개 50대 중반을 전후해 직장을 떠나야 하는 상황에서 은퇴 후 30여 년의 기대 여명에 대한 준비, 즉 노후 대책이 제대로 서 있는 사람이 많지 않다는 것이다.

노후 빈곤이라는 표현은 조심스럽게 사용해야겠지만, 은퇴 이후에도 생활비를 벌어야 하는 노인이 적지 않다. 그러나 노인들이 얻을 수 있는 일은 대개 허드렛일이며 그것조차 구하기 어려운 경우가 많다. 객관적 자료를 살펴봐도 한국의 노인층은 평균적으로 가난하다. 제대로 노후 준비를 한 상태에서 노년을 맞는 사람이 의외로 적기에 실제로 많은 노인들이 경제적 문제로 어려움을 겪고 있다.

국내 개인 금융 자산 1,714조 원(2008년 9월 기준) 중에서 60세 이상 노인의 금융 자산이 400조 원으로 23.34퍼센트를 차지한다는 자료(홍국금융연구소 추정)에서도 우리나라 노인들의 경제적 상황을 짐작할 수 있다.

일본의 경우 60세 이상 노인 세대가 보유한 자산은 1,157조 엔으로 전체 개인 금융 자산의 74.9퍼센트를 차지한다. 미국도 전체 개인 금융 자산 중 77퍼센트를 60세 이상 노인들이 보유하고 있다. 한국 노인들이 가난하다는 사실을 단적으로 보여주는 통계 자료다.

통계청 조사에 따르면 한국 노인들은 생활비의 50퍼센트를 본인이 부담하고 40퍼센트 정도를 자녀들로부터 지원받고 있다. 《조선일보》 송양민 선임기자에 따르면 "일본 노인들이 자식들로부터 지원받는 사적 이전 소득은 노후 소득의 4.2퍼센트, 독일은 0.2퍼센트 그리고 미국은 아예 없다"고 한다.

노후 준비 자금을 자녀 교육비로 다 써버리는 부모는 한국 부모가 유일무이하지 않나 싶다. 금융연구원의 박제하 박사는 "노후 생활을 곤궁하게 보내지 않으려면 은퇴 후에 자녀의 도움을 기대하지 않는 대신, 자녀 교육비를 대폭 줄이는 결단을 내려야 한다"고 한국 부모들에게 충고한다.

하지만 이 땅의 현실에서 그럴 수 있는 부모가 얼마나 되겠는가? 나중 일은 나중 일이고 우선 아이들부터 가르치고 보자는 것이 한국 부모들의 심정이 아니겠는가? 내가 보기에 지금의 40대와 50대도 현재의 노인들에 비해 조금은 낫겠지만 그렇다고 해서 충분히 노후를 준비한 상태에서 노년을 맞을 것 같지는 않다.

나는 『벽을 넘는 기술』에서 상대적으로 한국 경제가 고성장기를 구가하던 때에 청년기와 중년기를 보낸 현재 50~80대의 노후 준비가 이처럼 부실하다면, 지금 30~40대인 세대가 노년을 맞을 즈음이면 노인층 빈곤 문제가 더욱더 심각해질 것이라고 전망한 바 있다.

물론 아직 우리에게는 시간이 남아 있다. 그러나 지금처럼 평균 수명이 늘어나고 노령화가 진행된다고 가정한다면 경제력을 갖추지 못한 노년층의 증가는 우리 삶에 어떤 영향을 미치게 될까? 그 가능한 시나리오를 하나 소개한다. 경제학자 토드 부크홀츠는 『죽은 경제학자의 살아 있는 아이디어』라는 책에서 노령화 사회의 새로운 가족 풍속도를 이렇게 그리고 있다.

"2021년을 한번 상상해 보라. 한나와 테드는 72세의 노부부로 베이비붐 세대이며, 그들의 딸 베키는 마흔두 번째 생일을 맞이했고, 베키의 10대 자녀는 의식주를 전적으로 부모에게 의존하고 있다. 여기까지는 오늘날의 기준으로 볼 때 별로 이상하게 들리지 않는다. 그러나 베키의 조부모가 95세가 돼서도 살아 있고, 건강이 악화돼 일거수일투족을 간호사에게 의존하고 있다면? 베키는 어느 추수감사절 날, 네 세대가 모여 즐겁게 들고 있는 저녁 식사 비용을 자신과 남편만이 내고 있다는 사실을 문득 깨닫게 될 것이다."

며칠 전 나는 택시를 타고 가다가 나이가 지긋한 기사 분에게서 이와 비슷한 이야기를 들었다. 자신의 아버지가 치매를 앓고 있다면서 그는 이런 말을 했다.

"자식 된 입장에서 할 소리는 아니지만, 아버지가 어서 세상을 뜨시면 좋으련만 하는 생각을 여러 번 하게 됩니다. 만에 하나 우리가 경제력을 잃은 후에도 아버지가 저 상태로 계시면 이제 막 가정을 꾸리고 기반을 잡느라 고생하는 아이들에게 큰 부담을 안기게 될 거 같아 걱정이에요. 저희도 아이들 둘 겨우 공부시킬 정도였지 크게 아이들을 도와줄 형편이 못 되거든요."

'오랜 병에 효자 없다'는 옛말을 굳이 거론하지 않더라도 노인층이 최소한의 경제력마저 지니고 있지 못할 때, 현재의 장년층이 짊어져야 할 부담의 한 단면을 본 듯해 내내 마음이 무거웠다.

노령 인구가 스스로를 보살필 만한 경제력을 갖추지 못한 시대, 그리하여 우리 자녀 세대가 우리 세대와 우리 부모 세대까지 부양해야 하는 시대가 올 수도 있다. 저출산 노령화로 인한 인구 구성비 왜곡은 사회 전체뿐만 아니라 개별 가족에게도 심각한 영향을 미칠 것으로 보인다.

한국의 인구가 2018~2020년에 정점에 달할 것이란 예상을 고려하면, 사실 남은 10년은 그리 긴 시간이 아니다. 국가 재정을 건실히 하고 교육비 부담을 줄여 개인의 저축 여력을 확보해야 하는 난제를 풀어나가야 하기 때문이다. 주변을 둘러보면 하루만 살고 말 것도 아닌데 당장의 일에 매달려 미래 준비에 너무 소홀한 것은 아닌지 걱정이 들 때가 많다.

가계 부채 늘어나고 저축률 떨어지고, 팍팍해져만 가는 살림살이

외환위기 이후 한국의 가계 저축률은 역사적 기준에서나 세계적 기준에서나 지나치게 빠른 속도로 떨어지고 있다. OECD 보고서에 따르면 한국의 가계 저축률은

3.2퍼센트(2010년 추정치)로 OECD 17개 회원국 중 가장 낮은 수치를 나타내고 있다. 이것은 17개 회원국 가계 저축률 평균값인 8.5퍼센트에도 크게 못 미칠 뿐만 아니라, 1위를 차지한 스웨덴의 15.6퍼센트와는 격차가 너무 많이 벌어진다.

외환위기 이전까지 20퍼센트대를 유지하던 가계 저축률은 2000년에는 10.7퍼센트, 카드 대란을 경험한 2002년에는 2.2퍼센트까지 떨어졌으며, 2009년에는 5.1퍼센트로 여전히 하위권을 벗어나지 못하고 있다. 참고로 미국, 일본, 독일이 현재 우리와 비슷한 1인당 국민소득 2만 달러 수준이었을 때 가계 저축률은 각각 7.5퍼센트, 9.5퍼센트, 13퍼센트였다.

한편 한국은 가계 가처분 소득에서 금융 부채가 차지하는 비율이 이미 140퍼센트(2009년 기준)를 넘어섰다. 이 같은 수치는 OECD 국가 중에서도 가장 높은 수준에 속한다. 미국의 경우 글로벌 금융 위기 당시 가계의 금융 부채 비율이 136퍼센트에 달했지만 이후 감소 추세로 돌아섰다.

반면 한국은 2006년 이후 주택담보대출이 급증하면서 계속 증가 추세를 유지하다가 최근 부동산 대출 규제로 인해 주춤거리고 있는 실정이다. 어느 사회든 소득 수준이 향상되면 저축이 미덕이다가 소비가 미덕인 사회로 바뀌어가지만, 한국은 지나치게 빨리 '빚 권하는 사회'로 변해버린 것이 사실이다.

주거비, 사교육비, 세금, 연금 등의 각종 준조세 성격의 지출 증가, 그리고 자식에 대한 사적 이전 등의 고정비나 준고정비 성격의 지출 증가로 인해 한국의 장년층, 노년층의 삶은 갈수록 팍팍해져만 간다. 누구랄 것도 없이 대다수 한국인이 경제적으로 힘든 상황을 맞고 있다는 뜻이다.

　지금 당장 경제적으로 여유로운 삶을 살기 힘들고 앞으로도 지금보다 나은 삶을 기대하기 어렵다는 점이, 이 땅에 사는 사람들의 가슴에 짙은 절망의 그늘을 드리우며 대한민국 성장통의 중요한 부분을 차지하고 있음에 주목하게 된다.

"현대 심리학의 연구 결과에 따르면 과거보다 잘살게 되었음에도 불만족스러워하는 원인은, 이웃의 삶이 아닌 자신의 삶의 방식에 있다."

//

비교 프레임에 갇혀 행복과 멀어지는 사람들

2

얼마 전 한 청년이 나를 찾아와 취업에 대한 조언을 구했다. 내가 보기엔 그가 선택을 망설이고 있는 중소기업은 첫술에 배부를 정도는 아니지만 일을 배운다는 생각으로 취직할 만한 꽤 괜찮은 회사였다. 취업을 마냥 미루는 것은 좋지 않으니 일단 그곳에서 시작해 보면 어떻겠느냐고 권했더니, 그는 그 회사의 장단점에 대해 말하는 대신 대학 동기들은 얼마를 받는데 자신도 그 정도 받는 회사에 들어가야 하지 않겠느냐고 말하는 것이었다.

사회생활의 첫 출발을 번듯한 기업에서 하고 싶은 마음은 십분 이해하면서도, 스스로 자신의 미래와 비전을 판단하지 못하고 먼저 다른 사람의 이목부터 신경 쓰는 모습이 안타까웠다.

일본 와세다대학교 후카가와 유키코(深川由起子) 교수가 《조선일보》에 기고한, 한국과 일본 젊은이들의 취업관을 재미있게 분석한 글이 있다. '경제초점, 너희들은 어떻게 살 것인가'라는 글에서 일본 젊은이들은 다양성을, 한국 젊은이들은 획일성을 그 특징으로 들었다.

후카가와 교수는 "한국 학생이 첫 직장에서 기대하는 것은 금전적 보수나 안정, 혹은 (경쟁에 이겨서) '거기에 취직됐다'고 하는 명예와 같은 것이며, 영어 점수와 학력 취득, 혹은 인턴 경험 등에 관심이 집중된 것으로 보인다"면서, "첫 직장 이후의 계획이라든지 인생에서 중기적인 자기실현을 어떻게 할지를 구체적으로 말할 수 있는 학생은 많지 않다. 아직도 자신이 어떻게 행복해질까보다는 주위에서 자신을 어떻게 평가할지가 중요한 것으로 보인다"고 말한다.

정답 없는 세상에서 우리는 자신만의 정답을 찾아내야 한다. 내가 어떤 선택을 하든 간에 남과 비교할 필요는 없다. 그러나 한국인은 지나치다 싶을 만큼 나와 남을 비교한다. 선택과 판단의 기준이 내가 아닌 남이 되는 경우가 많은 것이다.

기대 수준에 대한 불협화음

사람이라면 누구나 자신의 직업과 삶에 대한 나름의 기대 수준을 가지고 있다. 아무리 못해도 이 정도 월급은 받아야 하고 이 정도 생활 수준은 유지해야 한다고 생각한다. 기대 수준은 지극히 개인적인 기준이다. 그러나 인간은 사회적 존재이므로 기대 수준 역시 진공 상태에서 결정되는 것이 아니라 관계 속에서 결정된다. 다른 사람들이 얼마를 벌고 어느 정도 생활 수준을 유지하기 때문에 나도 그 정도는 되어야 한다고 생각하는 것이다. 이처럼 사람들은 누구나 관계 불안을 느끼지만, 한국인은 그 정도가 심하다.

일반적으로 그 비교 대상이 좁게는 친구나 직장 동료, 이웃이고 넓게는 지역 사회나 국가가 된다. 국경을 넘어 다른 나라 사람들의 형편을 기대 수준의 잣대로 삼는 경우는 드물다. 보통 사람들의 인식 범위는 대개 눈에 보이는 대상으로 한정되기 때문이다.

한 개인의 기대 수준은 꿈이나 희망 같은 모습을 띤다. 그것은 철저히 개인적인 문제로서 자기계발 분야에서 다루어질 주제다. 그러나 타인이나 사회에 대해 무언가를 요구한다면 기대 수준은 사회적 성격을 띠게 된다. 이때 주관적 판단이자 믿음인 기대 수준이 객관적 타당성을 갖느냐는 질문에 대해서는 선뜻 그렇다고 대답할 수 없다. 오히려 객관성과 무관한 경우가 더 많다. 직장 동료가 월급을 많이 받는다고 해서 나도 그만큼 받아야 하는 것은 아니다.

지금 이 시대 성장을 향해 달려가는 대한민국에서 살아가는 우리가 느끼는 고통과 불편함, 즉 성장통은 '당연히 이 정도는 받아야 한다' 거나 '당연히 이 정도 생활 수준은 유지해야 한다' 는 높아지는 기대 수준에서 비롯되는 부분이 크다.

요즘 주변을 둘러보면 화난 사람들이 너무 많다. 별일 아닌데도 목소리부터 높이고 상황이 자신에게 불리하게 돌아간다 싶으면 삿대질에 멱살잡이마저 불사하는 사람들도 드물지 않다.

어느 누구도 당신에게 기대에 부합하는 근사한 보수를 받을 특별한 권리를 보장해 주지 않는다. 바로 이 부분에 대한 인식 차이에서 지금 우리 사회가 앓고 있는 성장통의 근원을 찾을 수 있다. 미국처럼 다양한 나라에서 온 이민자들로 구성된 나라라면 개인의 소득 격차를 설명할 만한 다른 변수를 고려할 수 있다. 가령 내가 가난한 것은 내 탓이 아니라 내가 속한 인종 집단이 차별받기 때문이라는 식으로 사회적 불평등을 설명할 수 있다. 이런 해석은 옳고 그름을 떠나 사실상 개개인을 위로하는 중요한 방편이 되기도 한다.

하지만 한국 사회는 인종적 동질성을 갖고 있다. 따라서 다른 사람보다 벌이가 적다면 나의 문제라고 생각할 수밖에 없다. 스스로 책임질 줄 아는 사람이 되라고 말하기는 쉬워도 스스로 책임질 줄 아는 사람은 흔치 않다. 어떤 문제를 자신의 문제로 적극적으로 받아들일 수 있는 사람이 과연 얼마나 되겠는가? 사람들은 격차를 인정하기보다는 격차 자체를 부정하는 쪽으로 기울기 쉽다.

한국은 세계 상위 11퍼센트에 들 만큼 잘사는 나라

평균적으로 한국은 아주 잘살게 되었다. 사실 이런 말을 들으면 절레절레 고개부터 내젓는 사람이 많다. 잘살게 되기는커녕 날이 갈수록 생활이 힘들어진다고 반박하는 사람도 많을 것이다. 그런 말도 안 되는 소리는 하지도 말라고 벌컥 화부터 내는 사람도 있을 것이다.

그러나 객관적 자료를 바탕으로 한국의 임금 수준과 생활 수준을 점검해 볼 필요가 있다. 주변의 친지나 동료들이 아니라 그 범위를 지구촌 사람들로 넓혀보자. 그러니까 한국인 중심으로만 보지 말고 동시대 지구촌 사람들의 삶의 수준을 살펴본다면 한국인의 생활 수준과 한국 사회의 현실을 좀더 객관적으로 파악할 수 있을 것이다.

한국의 1인당 국민소득은 2만 달러 안팎(2,400만 원, 1달러 1,200원 기준)이다. 1인당 국민소득이 이 정도라면 세계에서 어느 정도 위치를 차지하는 것일까? 글로벌리치리스트(www.globalrichlist.com)라는 흥미로운 웹사이트를 이용해 계산해 보면, 1인당 국민소득 2만 달러는 전 세계 부유층 인구의 상위 11.16퍼센트, 그러니까 약 60억 인구 중 상위 6억 6,964만 2,941명에 속한다. 단순하게 말해 한국에서 매달 200만 원 정도를 버는 사람은 소득 기준으로 전 세계 인구의 상위 11퍼센트에 들 만큼 잘사는 축에 속하며, 한국인보다 소득이 낮은 인구가 88.84퍼센트나 된다는 이야기다.

우리 사회에서 매달 200만 원을 버는 사람은 자신의 연봉 수준이 낮다고 생각할 것이다. 기초 생활비와 교통비, 통신비 등을 빼고 나면 혼자 한 달 살기도 버거운 수준이라고 볼멘소리를 할 수도 있다. 참고로 2009년 대졸 신입 사원의 초임 연봉이 3,097만 원이므로 연소득 2,400만 원은 결코 높은 수준이 아니다. 그러나 세계적인 기준에서 본다면 우리의 임금 수준은 스스로도 놀랄 만큼 높다.

여기서 잠시 중국과의 비교를 통해 한국 사회의 현주소를 살펴보자. 《한국경제》 조주현 베이징 특파원은 중국의 중산층을 다룬 기사에서 이렇게 말한다. "중국 대도시에서 대졸자의 초임은 평균 2,000위안(34만 원), 대학원 졸업자 3,000위안(51만 원) 그리고 10년 경력의 컴퓨터 소프트웨어 기술자 1만 위안(170만 원)에 지나지 않는다."

30여 년 동안 연평균 8~9퍼센트의 놀라운 성장률을 기록하고 있는 나라, 바로 이웃에서 우리를 무섭게 추격해 오는 중국의 보통 직장인들의 현실이 이 정도다. 이것도 치열한 구직 경쟁에서 승리했을 때나 가능한 이야기다.

좀더 극단적인 사례를 들어보자. 세계은행은 2004년 기준으로 세계 인구 중 하루 1.25달러(1,500원) 이하로 생활하는 절대 빈곤층(음식, 물, 주거, 의복, 교육, 위생 시설 등 인간의 기본 욕구 충족이 어려운 상태에 놓인 사람들)이 9억 6,800만 명이라고 밝혔다. 하루 수입이 그보다 적은 사람을 포함하면 14억 명이나 된다.

다행히 이 수치는 꾸준히 줄어들고 있다. 1981년에 19억 명이던 절대 빈곤층 인구는 1990년 들어 12억 4,600만 명으로 감소했고, 사상 처음으로 10억 명 밑으로 떨어진 첫해가 바로 2004년이다. 1990년부터 2004년까지 절대 빈곤층을 벗어난 사람이 2억 7,800만 명이고, 지난 5년 동안에만 1억 5,000만 명이 감소했다. 그동안의 세계화 진행 속도를 고려하면 현재 절대 빈곤층 인구는 그보다 훨씬 적을 것이다. 세계은행은 2008년 4월 전망치에서 2015년까지 절대 빈곤층 인구가 절반 수준으로 떨어질 것으로 내다보았다.

살기가 점점 더 힘들어지고 있다고 걱정하는 사람들도 이런 객관적 자료 앞에서는 자신이 세상을 지나치게 어둡게 보는 것은 아닌지 의문을 품을 법하다.

한국에는 아무리 가난해도 하루 1.25달러로 생활하는 사람은 찾아보기 힘들다. 참고로 한국은 4인 가족 최저생계비를 절대 빈곤층의 기준으로 삼고 있다. 4인 가족 최저생계비는 2000년 92만 8,398원에서 2009년 136만 3,091원으로 매년 3~7퍼센트씩 꾸준히 증가하고 있다.

기초생활보장 수급자에게 정부가 지급하는 돈도 하루에 1만 원 이상이다(소득이 전혀 없는 기초생활보장 수급자에 대한 정부의 지급 상한액은 현재 1인 가구 42만 2,180원, 4인 가구 114만 1,026원이다). 물론 그 액수가 많다거나 충분하다는 이야기는 아니다. 하지만 절대적 기준에서나 상대적 기준에서 평균적인 한국인의 생활 수준은 그동안 크게 향상된 것이 사실이다.

물론 사회적 격차는 벌어지고 있지만 우리끼리의 비교가 아니라 다른 나라 사람들과 비교해 보면 생각보다 그리 나쁜 상황이 아님을 알수 있다. 정확히 표현하자면 평균적인 한국인은 꽤 괜찮은 상황에 놓여 있는 것이다.

그런데 여기서 한국의 물가가 너무 높다고 이야기할 수 있다. 똑같은 임금이라도 물가가 높으면 실질 임금이 낮아지기 때문이다. KOTRA와 한국경제연구원이 69개국의 82개 주요 도시를 대상으로 217개 브랜드와 동일 브랜드 품목 102개에 대해 실시한 조사에 따르면, 서울의 물가 수준은 중간 정도에 속한다. 특히 1인당 국민소득이 한국과 비슷한 국가들만 비교 대상으로 하더라도 한국의 물가 수준이 특별히 높지는 않다. 예를 들어 달러나 구매력을 기준으로 삼을 경우(2005년 기준), 주요 경쟁국 도시들 중 상위 30퍼센트에 드는 품목은 30퍼센트에 불과하다.

그렇다고 해서 물가를 낮추려는 노력이 불필요하다는 말은 결코 아니다. 물가를 결정하는 요인이 세금, 공공요금, 환율 정책, 시장 구조, 임대료, 인건비, 교육비 등임을 고려하면, 이런 비용의 부담을 낮추려는 노력은 계속되어야 한다. 다만 한국의 물가 수준이 다른 나라에 비해 지나치게 높다는 일부 주장은 근거가 약하다고 볼 수 있다.

한편 1980년대에 전 세계 인구 10명 중 4명이 절대 빈곤층이었다면 이제는 4명 중 1명으로 줄어들었다. 그런데 한쪽에는 이런 극단적인 가난을 경험하는 사람들이 있는 반면 다른 한쪽에는 역사적으로 유례가 없을 만큼 풍요를 누리는 사람들이 있다.

전 세계에 실천윤리학을 전파하는 데 크게 기여하고 있는 프린스턴 대학교의 피터 싱어(Peter Singer) 교수는 이렇게 말한다. "절대 빈곤에 빠진 14억 명의 사람들과 얼추 비슷한 숫자인 10억 명의 인구가 오늘날 일찍이 없었던, 있었더라도 왕이나 귀족들 정도나 누렸을 법한 풍요를 누리고 있다."

싱어 교수는 오늘날 대부분의 산업 사회에서는 여름철 열기를 식히기 위한 냉방을 당연하게 여기지만, 프랑스의 태양왕 루이 14세조차 베르사유 궁전을 지을 만큼 막강한 권력을 휘둘렀을지는 몰라도 냉방 시설은 고사하고 오늘날 산업 국가의 대다수 중산층이 계절에 관계없이 신선한 과일을 즐기는 그런 호사는 누리지 못했다고 말한다.

또한 그에 따르면 현대인은 자신의 증조할아버지 세대에 비해 30여 년이나 오래 살며, 100년 전만 해도 신생아 10명 중 1명이 사망했지만 지금은 200명 중 1명이 사망한다고 한다.

참고로 1920년대 한국의 영아 사망률은 25.9퍼센트로, 태어나서 1년 안에 죽는 영아가 10명 중 2.6명이었는데, 2006년에는 1,000명 중 4.5명 수준으로 크게 개선되었다. 이 수치는 OECD 회원국의 평균인 5명(2005년 기준)보다 낮다. 역사적인 관점에서 보면 이 시대에 태어나서 살고 있다는 사실만으로도 세계 모든 사람들은 축복받았다고 할 수 있다.

세계가 놀라고 우리만 무덤덤한 '한강의 기적'

우리의 생활 수준을 객관적으로 확인할 수 있는 또 하나의 방법은 역사적 측면에서 한국의 물질적 수준이 얼마나 향상되었는지 살펴보는 것이다.

오마바 미국 대통령은 집권 이후 한국의 눈부신 경제 성장에 대해 여러 차례 언급한 바 있는데, 2009년 이탈리아 라퀼라에서 열린 G8(서방 선진 7개국과 러시아) 정상 회의 폐막 기자 회견에서 아프리카 국가들이 경제 성장을 위해 본받아야 할 국가가 한국이라고 말하며 이렇게 설명했다. "케냐(오바마 대통령 부친의 모국)는 선친이 미국에 유학을 왔을 당시(1950년대)만 해도 한국보다 잘살았다. 당시 케냐의 1인당 국민소득과 국내총생산(GDP)은 한국보다 높았다. 그러나 오늘날 한국은 매우 발전하고 부유한 국가로 성장했지만 케냐는 여전히 심각한 빈곤에 허덕이고 있다."

1950년에 한국의 1인당 국민소득은 876달러였다. 당시 케냐는 947달러, 가나는 1,193달러, 필리핀은 1,293달러였다. 이마저도 한국전쟁을 겪으면서 바닥 수준까지 떨어졌다. 그로부터 57년이 흐른 2007년 1인당 국민소득은 한국이 2만 1,301달러인 반면 케냐는 1,328달러에 머물렀다. 단순하게 계산하면 한국이 24.3배 성장하는 동안 케냐는 거의 변화가 없었다. 1980년대 초에는 케냐와 산유국인 알제리, 리비아, 나이지리아 등을 제외한 아프리카의 모든 신생국이 식민지 시대보다 더 가난해졌으며, 그나마 상황이 나은 케냐조차 가난의 굴레를 벗어나지 못했다.

물론 여러 국가의 성장 정도를 비교하려면 다양한 변수를 고려해야 하겠지만, 우리가 피부로 실감하지 못하는 사이 대한민국은 주목할 만한 성장을 기록한 것이 사실이다.

얼마 전 토요일 저녁에 강북의 한 교회에서 강연할 기회가 있었다. 강연이 끝나고 그 교회 목사님이 차로 집까지 바래다주었는데, 케냐에서 4년 동안 선교 사역을 하고 2년 전에 귀국했다는 그는 차를 몰면서 이런 이야기를 들려주었다.

"한국에 돌아와서 도로 상태에 정말 놀랐습니다. 여기 있을 때는 전혀 의식하지 못했는데 막상 케냐에 사는 동안 나라가 잘사는 것이 무엇인지 많은 생각을 하게 되었습니다. 케냐에서는 총을 든 사람들이 수시로 위협하기 때문에 차 문을 꼭꼭 잠그고 운전해야 합니다. 그런 생존에 대한 스트레스 없이 사는 것만도 얼마나 큰 축복인지 새삼 깨달았습니다. 한국이 이 정도로 잘살게 된 것은 크나큰 축복인데, 그런 축복도 사람들이 그것을 깨닫고 감사할 때 가능한 것이 아닐까요? 하지만 안타깝게도 그런 사람이 많지 않은 것 같습니다."

한국처럼 놀라운 성장을 이룬 나라가 얼마나 될까? 싱가포르, 홍콩, 대만, 중국 등 몇 나라에 지나지 않는다. 한마디로 한국은 스스로의 노력에다 우호적인 국제 환경이라는 행운까지 겹쳐 놀랍도록 큰 폭으로 그리고 빠른 속도로 생활 수준을 끌어올리고 사회 구석구석을 변화시키는 데 성공했다. 흔히 '한강의 기적'이라는 말을 하는데, 독서와 세월이 주는 지혜가 쌓여갈수록 나는 우리가 일궈낸 그동안의 성취를 두고 기적이라는 말 외에 달리 표현할 말이 없다는 생각이 든다.

1960년대 후반 군인으로 한국과 인연을 맺은 후 40년 넘게 한국을 관찰하고 연구해 온 미국 UCLA 한국학연구소 존 던컨(John Duncan) 소장은 이렇게 말한다. "영국이 300년, 미국이 100년, 일본이 60년 걸린 걸 한국은 30년 만에 이룬 거예요. 그 짧은 시간에 그런 변화를 소화해 낸 것도 놀라운 일이죠. 늘 시끄럽고 문제가 많은 게 사실이지만 전반적으로 한국은 잘했다고 봐야 해요."

또 《이코노미스트》 기자로 아프리카에 관한 책을 쓴 로버트 게스트(Robert Guest)는 이렇게 말한다. "뼈아픈 역사를 가진 한국은 실패를 위한 모든 조건을 지니고 있었으며, 1953년 가나와 같은 수준으로 빈곤했으나 지금은 그보다 20배나 더 잘사는 나라가 되었다." 또한 그는 "어떤 국가가 번성하는 것은 스스로 노력한 결과이며, 국외자가 돕는 데는 한계가 있다"면서 가난의 원인을 식민지 유산에 돌리는 아프리카 국가들의 일부 주장을 단호히 비판한다.

상대적 박탈감 조장하는 비교 심리

당장 눈앞의 자신 주변만 보지 말고 역사의 흐름을 조망하고 바깥세상으로 눈을 돌린다면, 한국 사회에 대해 그리고 자신의 생활이나 소득 수준에 대해 '이것도 문제고 저것도 문제다'라거나 '살기 힘들어 죽겠다'는 식의 막연한 불만은 크게 줄어들 것이다.

그러나 안타깝게도 그렇게 생각하기란 쉽지 않다. 오래전부터 사회학자들은 소득 증가에 비례해 행복이 증가하지 않는 이유를 '관계 불안'이란 용어로 설명해 왔다. '관계 불안'이란 이웃에게 지지 않으려고 허세를 부리는 태도 정도로 이해할 수 있다. 자신이 남들보다 얼마나 잘사느냐가 자신이 과거에 비해 얼마나 잘사느냐보다 중요한 문제인 한 소득 증가는 행복 증가로 이어지지 않는다. 남과의 비교, 특히 한 사회에서 나보다 잘사는 남과의 비교에서 '이 정도면 괜찮다'란 없기 때문이다.

특히 한국인은 유독 나와 남을 비교하는 심리가 강하다. 이러한 비교에서 오는 스트레스가 한국 사회에서 더 심각하다고 느껴지는 이유는 좁은 땅에서 오랫동안 치열한 생존 경쟁을 벌여온 역사적 배경 탓도 있지만, 끊임없이 나와 남을 비교하도록 부추기는 동질적인 문화 환경 탓 요인도 크다. 요컨대 이것은 발전의 원동력이기도 하지만 끝없는 불안과 불편함의 원인이 되기도 하다.

한 방송사가 시청자를 대상으로 '당신의 행복감을 저해하는 요인이 무엇이냐'는 질문과 함께 사회 문화적 특성 열 가지를 제시했다. 그런데 예상외로 1위, 2위, 3위를 차지한 응답 모두 관계 불안이나 비교 심리와 관련된 것들이었다. 무조건 남을 따라하는 태도, 나와 남을 비교하는 버릇, 사촌이 땅을 사면 배가 아픈 심리라고 응답한 사람이 급한 성격, 남 탓하기, 이기주의, 체면 중시 등을 선택한 사람보다 압도적으로 많았다. 1~3위를 뺀 나머지 응답은 거의 무시할 만한 비중이었다.

대표적인 예로 자녀 교육 문제를 들 수 있다. 사교육도 자신의 형편에 맞게 시키면 된다. 고액 과외를 시키고 유명 학원에 보낼 능력이 있는 사람도 있고 그렇지 못한 사람도 있다. 특히 요즘은 온라인 강좌가 양적·질적으로 충실해져 얼마든지 싸게 사교육을 받을 수도 있다.

그럼에도 불구하고 옆집은 과외비로 얼마를 들이는데 우리 집은 이게 뭐냐, 옆집 아이는 초등학교 때 조기 유학을 보내는데 우리 아이는 왜 못 보내느냐며 끊임없이 나와 남을 비교하면서 스트레스를 받는다. 급기야는 특목고를 사교육을 조장하는 주범으로 지목해 폐지하자는 주장까지 나오는 판이다. 이런 비교 심리는 우리의 유전자 깊이 뿌리박고 있어서 어떤 특단의 조치를 취하더라도 쉽게 없애지 못할 것이다.

| 생산성이 소득을 결정하고
| 소득이 지출을 결정한다

사람들은 힘들었던 과거는 쉽게 잊어버리고 미래와 비교 대상에 집착한다. 자신이 누려 마땅한 권리를 계속 확장하는 데도 익숙하다. '천부인권'이란 인간으로서 당연히 누려야 하는 권리를 말한다. 그런데 우리 사회를 둘러보면 임금과 생활 수준을 천부인권인 것처럼 착각하는 사람들이 많다. 이 시대에 그리고 이 나라에 태어났으니 최소한 이 정도는 누려야 하고 국가나 다른 누군가가 그런 권리를 보장해 주어야 한다고 생각한다.

한마디로 객관적 자료가 보여주는 실상과 주관적 기대 사이에 큰 차이가 존재한다. 노사 협상 현장에서 '이 정도 급여 수준으로는 생활비 대기도 빠듯하다'라며 임금 인상을 요구하는 모습을 자주 볼 수 있다. 하지만 '당연히 그 정도는 받아야 한다'는 주장은 객관성을 얻기 힘들다. 왜냐하면 '그 정도'라는 기준 자체가 상황이나 개인적 판단에 좌우되기 때문이다.

그 정도는 받아야 하고 그 정도는 누려야 한다면 그만한 가치를 만들어내야 한다. 개인의 생산성에 따른 대우야말로 객관성이라는 잣대에서 볼 때 가장 합리적인 보상 체계다. 더 많이 받고 싶다면, 더 잘살고 싶다면 그만큼 생산성을 올려야 한다. 그리고 그 점에 대해 사회 구성원 다수가 합의한다면 지금 우리 사회를 소란스럽게 만들고 있는 긴장과 갈등은 많이 해소될 것이다.

정말 많은 문제들이 지나친 기대감에서 비롯된다. 1인당 생산성이 경쟁사의 절반 또는 3분의 1에도 미치지 못하면서 경쟁사와 비슷한 임금 수준을 요구하며 집단행동을 일삼는 사람들이 있는 한 개인적 불만과 사회적 갈등은 줄어들기 어렵다. 보상은 개인적 기여에 따라 이뤄지는 것이 정상이다. 인간적 차원에서 또는 사회적 차원에서 누군가가 나서서 자신의 보수를 채워줘야 한다는 주장이 받아들여진다면 이를 어떻게 해석해야 할까?

돈은 하늘에서 뚝 떨어지는 것이 아니다. 내가 덜 받는 만큼을 채워주려면 타인의 생산성 일부를 세금이나 보조금 형식으로 거둬들여야 한다. 그 과정에 정치가 깊숙이 개입한다.

사실 월급쟁이 입장에선 충분한 임금이란 없다. 많이 받으면 많이 받을수록 좋으며 이만하면 충분한 수준이란 애초에 존재하지 않는다. 전국경제인연합회의 2007년 보고서에 따르면 대졸 초임이 한국 198만 원, 일본 162만 원, 싱가포르 173만 원, 대만 83만 원이었다. 국제적 임금 비교는 환율이나 임금 체계 등 여러 변수를 고려해야 하는 미묘한 문제지만, 그럼에도 불구하고 한국의 대졸 초임이 일본과 싱가포르, 대만을 능가한다는 점을 주목하지 않을 수 없다. 한국과 일본만 비교하면 대졸 초임 격차는 1,000명 이상을 고용하고 있는 대기업일수록 한국이 일본을 압도하고 있다.

그런데 이 보고서에서 고임금 구조의 원인을 분석한 내용이 눈여겨볼 만하다. 대부분의 기업이 비교적 생산성이 높은 분야에서 선도 기업이 정한 대출 초임을 울며 겨자 먹기식으로 따르는 관행과, 높은 주거비와 교육비 부담 등 수요 측면의 압력이 맞물려 고임금 구조가 형성된다는 것이다. 참고로 경영자총연합회 보고서에 따르면, 2006년 기준 한국과 일본의 1인당 국민소득은 각각 1만 8,337달러와 3만 5,498 달러인데 대졸 초임은 각각 2,255만 원과 2,384만 원으로 한국의 대졸 초임이 일본의 대졸 초임의 95.6퍼센트에 달한다고 한다. 국민소득이 일본의 절반인 상황에서 대졸 초임 수준이 이렇게 높다는 것은 경제 논리만으로는 설명하기 힘들다.

모든 사람이 정직하기를 바랄 수는 없다. 그러나 옳고 그름은 분명히 가릴 필요가 있다. 자신의 기대 수준만큼 보수를 받고 싶다면 스스로 가치를 만들어내는 능력을 끌어올려야 한다. 생산성 향상 없이 임금만 올려달라는 요구는 자칫 다른 사람에게 돌아가야 할 자원을 가져오겠다는 심산으로 비칠 수도 있다.

물론 빈곤층 지원은 이와는 다른 차원의 문제다. 충분히 자신을 돌볼 능력이 있는 사람들마저 자신의 생산성과 관계없이 최소한 업계 평균 수준의 임금을 보장해 달라고 예사롭게 주장하는 것이 문제다. 그리고 이런 주장들이 아무런 검증 없이 당연하게 받아들여지는 현실이 대한민국 성장통의 한 원인이 되고 있다.

만약 자신이 형편없는 대우를 받고 있다고 생각한다면, 한 번쯤 자신이 속한 조직이나 국내의 기준이 아니라 세계적인 기준을 생각해 볼 필요가 있다. 이미 경제는 글로벌 차원에서 전개되고 있기 때문이다.

기대 수준 조정이
성장통 완화의 해법이다

여기서 이런 질문을 던지고 싶은 독자도 있을 것이다. 임금이나 소득은 시장에서 결정된다고 해도 개개인의 지출 항목, 즉 돈 들어갈 데가 계속 늘어난다면 어쩔 도리가 없지 않은가? 자신의 소득이 지출을 충족시킬 수 없는 수준이라면 어떻게 해야 하는가?

사실 늘어나는 지출을 소득 증가가 따라잡지 못한다는 것이 우리의 고민이다. 이것은 개인적 불만의 원인이기도 하지만 노사 분규 같은 사회적 갈등의 원인이 되기도 한다.

그런데 냉정한 말 같지만 소득이 지출을 충족시키는 것은 아니다. 얼마를 벌든 간에 지출을 충족시킬 만큼 충분한 소득이란 없다. 당연히 소득에 맞춰 지출을 조절해야 한다.

얼마 전에 한국 사회의 '워킹 푸어(working poor; 근로 빈곤층)'에 관한 기사를 읽었는데, 무엇보다 월소득이 300만 원 정도 되는 사람을 워킹 푸어의 사례로 들고 있다는 사실에 놀라지 않을 수 없었다. 매달 300만 원을 벌면서 한 푼도 저축할 수 없는 지출 내역에는 휴대전화 요금과 전기 요금 55만 원, 딸 셋 급식비와 교통비와 용돈 등 105만 ~110만 원, 큰딸 독서실비와 막내 학원비 18만 원 등이 들어 있었다.

구체적으로 어떻게 지출을 줄여나가야 할지는 모르겠지만, 최소한 이들 항목만은 손댈 수 없다고 가정한다면 월소득이 300만 원이든 400만 원이든 충분하다고 여기기는 힘들다. 최소한의 지출이라는 기준 자체를 재조정하지 않고서는 얼마를 벌든 만족스런 소득이란 있을 수 없다.

엄격히 말해 당연히 누려야 할 권리는 기본권을 제외하면 존재하지 않는다. 특히 경제적 문제에서 당연히 누려야 할 권리는 개개인의 생산성에 비례할 수밖에 없다. 인위적 개입이 없다면 생산성은 시장 가격에 충분히 반영된다. 내가 이 시대 이 나라에 태어났고 이 조직에 몸담고 있으니 이 정도는 누려야 한다는 믿음을 버리지 못한다면, 한국 사회에 만연한 불평불만과 무리한 요구들이 빚어내는 사회적 갈등은 줄여나갈 방법이 없다. 당연이 그래야 한다는 당위의 세계와 실제로 돌아가는 현실 세계를 냉철히 구분하지 못할 때 개인적 불만과 사회적 갈등의 소용돌이 속으로 말려들 수밖에 없다.

먼저 우리는 평균적으로 한국인이 잘살게 되었다는 사실을 인정해야 한다. 지나치다는 표현을 사용해도 무리가 없을 만큼 그동안 행운이 따랐던 것도 사실이다.

이제 우리가 해야 할 일은 삶에 대한 개개인의 기대와 욕망을 다스리는 것이다. 남들만큼 누려야 하는 것이 아니라 자신의 능력에 따라 어떤 것은 누릴 수 있지만 어떤 것은 누릴 수 없다는 사실을 겸허히 받아들여야 한다. 그것이 바로 한국 사회가 앓고 있는 성장통을 줄일 수 있는 해법이라고 생각한다.

최근 심리학자들의 연구는 이런 견해에 힘을 실어준다. 지금까지 잘해왔으니 당연히 더 나은 미래가 보장될 것이라는 기대와 믿음은 열심히 살아야 할 이유와 동기를 부여해 준다는 면에서 긍정적이지만, 부정적인 측면도 무시할 수 없다고 한다. 이른바 '기대가 야기하는 불안'이라고 부르는 현상인데, 이것은 미래에 더 잘살게 되리라는 믿음 때문에 현재의 행복에 감사할 줄 모르는 태도를 가리킨다.

미국의 유명한 사회과학 연구소인 브루킹스연구소 연구원 캐럴 그레이엄(Carol Graham)과 스테파노 페티나토(Stefano Pettinato)는 연구를 통해 "실제로 많은 나라에서 기대가 일으키는 불안이 팽배하다는 사실을 발견했다"고 말한다. 그들은 "미래에 대한 기대뿐만 아니라 개인이 내리는 자국 경제 발전에 대한 주관적인 판단은 객관적 경향만큼이나 중요하다"고 강조한다. 객관적으로 삶의 수준이 나아지더라도 그것을 받아들이는 방식, 즉 인식의 변화 없이는 불평불만의 악순환에서 벗어날 수 없다는 지적이다.

이 연구는 미래에 대한 기대와 현재에 대한 인식에 초점을 맞추고 있지만, 나는 그 내용이 현재와 미래에 대한 모든 기대 수준에도 적용될 수 있다고 본다. 한국 사회의 성장통은 기대와 욕망의 체증에서 그 근본 원인을 찾을 수 있으며, 현재와 미래에 대한 기대 수준을 조정하지 않고서는 성장통의 원인을 근원적으로 제거하기 어렵다. 세계 차원에서 그리고 역사 차원에서 한국 사회의 현주소를 냉철히 파악한다면 지나치게 자기중심적인 요구나 기대가 일으키는 불평불만과 고통을 줄일 수 있을 것이다.

서울대학교 심리학과 최인철 교수의 연구는 이러한 기대 수준의 불협화음에서 오는 고통을 극복하기 위해 개인이 어떤 노력을 해야 할지에 대한 중요한 해법을 시사한다. 최 교수는 인간은 누구나 눈에 보이는 대상과 자신을 비교하는 심리를 갖고 있으며, 비교 심리의 부정적인 효과를 낮추기 위한 '마음 경영법'의 하나로 "비교 프레임을 버려라"라고 조언한다. 사람들이 최상의 만족감을 느끼는 상태는 즐거운 식사 자리, 가족과 보내는 휴가, 친구와의 유쾌한 수다, 책 읽는 기쁨, 취미 활동처럼 남과 비교하지 않는 상태, 즉 비교 프레임이 작동하지 않는 상태인데, '누구는 일주일에 몇 번 외식을 하는데' 같은 비교 프레임이 끼어드는 순간 그런 평온함이 사라진다는 것이다.

또한 최 교수는 나와 남을 횡적으로 비교하기보다는 최선의 나를 추구하고 과거의 나 또는 미래의 나와 종적으로 비교함으로써 행복감을 늘려나가는 의도적인 노력이 필요하다고 충고한다.

자신의 삶 속에서 스스로 만족하고 감사해야 할 이유를 적극적으로 찾아나간다면 우리는 상대적 격차에 대해 그렇게 민감하게 반응하지 않을 것이다. 한국 사회가 앓고 있는 성장통의 해소 방안으로 이처럼 손쉬운 방법이 또 있을까? 이는 추가 비용을 투입하지 않고도 개개인의 노력을 통해 달성할 수 있는 해법이라는 점에서 깊은 관심을 기울일 만하다.

"글로벌 자본주의 체제의 단점을 찾느라 귀한 시간과 에너지를 낭비해서는 안 된다. 생활인으로서 그리고 직업인으로서 우리는 무지로 인해 치르는 비용을 줄이고 주어진 조건에서 기회를 잡을 수 있는 방법을 열심히 궁리해야 한다."

글로벌 자본주의의 빛과 그림자, 누구도 피할 수 없다

3

누구에게나 참으로 중요한 한 가지는 지금 자신이 처한 상황 또는 앞으로 처하게 될 상황에 대해 정확한 인식을 갖는 일이다. 그 인식에 따라 똑같은 상황이 천국이 되기도 하고 지옥이 되기도 한다. 세상이 끊임없는 변화와 혁신을 요구한다면 그에 맞게 스스로 변화하면 된다. 이때 변화는 특별하거나 예외적인 일이 아니라 당연한 일이 된다.

그런데 자신이 아니라 세상이 잘못된 방향으로 가고 있다고 느낄 수도 있다. 그렇다면 자신을 변화시키는 대신 세상의 변화에 초점을 맞추게 된다. 지금 한국 사회가 앓고 있는 성장통도 일정 부분 그런 맥락에서 이해할 수 있다. 우리 사회에는 어쩔 수 없는 상황, 통제할 수 없는 시대 변화에 대해 불평불만을 늘어놓는 사람들이 많다. 그런데 그런 불평불만의 근원은 사실상 개인이 해소할 수 없는 부분이다. 어쩔 수 없는 것들에 대해 비판한다고 해서 얻어지는 것은 아무것도 없다. 한마디로 시간과 에너지 낭비다.

하지만 그들은 자신의 인식에 동조하는 사람들을 모아 이런저런 단체를 만들고 세상을 향해 터무니없는 주장을 쏟아놓는다. 그리고 많은 사람들이 그런 허황된 주장에 현혹되어 우왕좌왕하는 딱한 상황이 벌어지고 있다.

세상살이의 변함없는 진실은 모든 사람이 골고루 잘살 수 없다는 것이다. 인간의 욕망은 무한하지만 이를 만족시킬 수 있는 재화는 제한적인 까닭에 부자가 있으면 가난한 사람이 있을 수밖에 없다.

물론 생산성이 증대하면서 전체가 나눠 가질 수 있는 빵의 크기는 날로 커지고 있지만 부자와 가난한 사람의 격차 자체를 없애기는 힘들다. 오히려 그 격차가 점점 더 확대되어 가는 시대가 아닌가. 경제적 격차의 심화는 개인은 물론이고 조직간 그리고 국가간에도 뚜렷한 관찰되는 현상이다.

시장 생태계에서 기회 선점은 생존과 번영의 룰이다

그렇다면 왜 이런 경제적 격차가 생겨나는 것일까? 물려받은 유무형의 자산 차나 사람 힘으로 어쩔 수 없는 운 등을 제외하면 '기회 선점'만큼 중요한 요인이 또 있을까 싶다.

쉬운 예를 들어보자. 어떤 기업 경영자가 남보다 먼저 좋은 사업 기회를 알아챘다고 하자. 그 경영자는 재빨리 기회를 붙잡아 한껏 이윤을 챙길 것이다.

그러나 경쟁자들의 진입을 차단하는 제도적 장치가 없는 한 특정 기업이 오랫동안 그것을 향유하도록 놔두지 않는다. 경쟁사들이 너나없이 뛰어들어 과당 경쟁을 방불케 하는 치열한 경쟁이 벌어지고, 결국 초과 이윤이 사라지면서 대부분의 후발 주자는 도태되고 몇몇 승자만 살아남는다. 이 같은 과정은 세계 도처에서 지금도 일상적으로 일어나고 있다.

자본주의 체제는 이런 여과 과정을 통해 적응에 성공한 자와 실패한 자를 가려내고, 승자에게는 승리의 월계관을, 패자에게는 도산이라는 징벌을 내린다. 사실 '모두 함께'라는 구호는 안정과 위안을 주기 때문에 호소력이 크지만, 현실은 그런 구호와는 무관하게 적자생존 법칙이 지배하는 생존의 장이다.

생태계뿐만 아니라 비즈니스 세계 역시 적자생존 법칙이 작동하기 때문에 일정한 균형 상태가 유지된다. 물론 인간 사회의 적자생존 법칙은 동식물 세계의 그것과는 다르다. 패자는 죽음을 맞는 대신 무대 주변부로 밀려난다.

이러한 무대 주변부로 밀려날지도 모른다는 불안감, 이름 없는 들꽃처럼 잊힐지도 모른다는 불안감, 가난의 굴레 속에서 살아야 할지도 모른다는 불안감은 개인과 조직 그리고 국가가 승리를 향해 나아가도록 떠미는 강력한 동인이 된다.

그 흥망의 생생한 사례는 치열한 경쟁이 펼쳐지는 비즈니스 세계에서 쉽게 발견된다. 한국의 대표적 강소기업의 하나인 모아텍은 컴퓨터에 들어가는 초소형 모터를 만드는 회사로, 1985년에 직원 5명으로 창업했다. 일본 기업의 하청 업체로 출발한 이 회사는 1990년대 후반에 플로피디스크용 스테핑 모터(전기 신호를 보내 회전향을 정밀하게 조절하는 모터)를 개발해 세계 시장에서 점유율 50퍼센트를 차지하는 1위 기업에 올랐다. 모아텍은 기회 선점에 성공해 도약의 발판을 마련했다.

창업자인 임종관 사장은 이렇게 말한다. "CD가 플로피디스크를 대신할 것으로 판단하고 1998년부터 지금의 주력 상품인 CD용 스테핑 모터 개발에 발 벗고 나섰고 이것이 맞아떨어졌습니다."

임 사장은 "그때 플로피디스크 1위에 안주했다면 지금쯤 회사는 사라졌을 것이다"라며 가슴을 쓸어내린다. 이것이 바로 살아 움직이는 시장의 모습이고 세상의 진면목이다.

사업가에게 시장은 살아 움직이는 생명체 같은 것이다. 끊임없이 더 유리한 기회를 모색하지 않으면 생존이 보장되지 않는다. 사업가들은 책이 아니라 현장에서 세상이 움직이는 원리를 체득한다. 그들은 세상이 이러저러해야 한다는 당위론을 펴기보다는 세상을 있는 그대로 받아들인다.

기회 선점에서 판가름 나는 번영의 길, 망국의 길

국가 차원에서도 마찬가지다. 역사적으로 어떤 국가가 패권을 차지하는 것도 기회 선점에서 나온다. 많은 나라들이 과거에 갇혀 무지몽매함과 게으름에 빠져 있을 때, 특정 국가는 시대 변화를 읽고 그 속에서 기회를 포착해 발 빠르게 움직인다. 국가도 따지고 보면 실질적인 힘을 가진 지도자와 집권 세력의 기회 선점 능력에 의해 그 운명이 판가름 난다.

실권을 쥐지 못한 사람들이 아무리 시대 변화를 외쳐봐야 공허한 메아리만 되돌아온다. 조선 말기에 앞서 시대 흐름을 읽었지만 아무 일도 하지 못했던 실학파처럼 말이다. 한국과 중국이 몽매함에 빠져 있을 때 일본은 과감히 서방 세계에 문호를 열었다. 서구 문명을 적극적으로 받아들여 근대화를 꾀하는 것이야말로 구국의 길임을 깨달았던 것이다. 일본은 메이지유신을 통해 근대화를 도모함으로써 기회 선점에 성공한 아시아권의 유일무이한 나라가 되었다.

일본이 시대 변화에게 유연하게 적응하며 국력을 키우는 동안 조선은 옛것을 고집하고 나라 문을 걸어 잠근 채 정쟁으로 허송세월했다. 결국 역사는 일본을 기회 선점에 성공한 자로, 우리를 국가의 미래를 제대로 준비하지 못한 자로 기록하고 있다.

개인이든 조직이든 국가든 간에 오래오래 잘살기를 소망한다면, 즉 기회 선점에 성공하려면 늘 깨어 있어야 한다. 자본주의는 역동적이다. 한때의 기회는 얼마가지 않아 경쟁자들을 불러 모으고, 후발 경쟁자들이 대거 참가할 즈음이면 기회는 더 이상 특별한 혜택을 허용하지 않는다. 사치재는 보통재로, 특별함은 평범함으로 변하고 만다.

일본이 다른 아시아 국가들이 잠들어 있던 사이에 개국을 단행할 수 있었던 것은 뛰어난 선각자들이 있었기에 가능한 일이었다. 이러한 행운이란 면에서 보면 대한민국도 운 좋은 나라. 1960년대에 박정희라는 지도자가 등장해 민주주의를 후퇴시키는 정치적 조치까지 취하면서 경제 성장에 집중했고, 역사적 평가가 갈리는 대목이긴 하지만 결국 그런 과감한 선택이 한국 경제의 번영의 토대를 구축한 사실만은 부인할 수 없다.

먹고 사는 것이 전부냐고 물을 수도 있다. 그러나 보릿고개를 기억하는 세대에겐 먹고 사는 문제가 절대적이다. 물적 성장이 있어야만 자유민주주의도 누릴 수 있지 않은가! 먹고 살기 위해 노력해야 할 시기가 있고 민주주의를 정착시키기 위해 노력해야 할 시기가 있다고 생각한다.

2차 세계대전이 끝나고 대부분의 신생 독립국들은 사회주의 체제나 준사회주의 체제를 근간으로 하는 폐쇄 경제의 길을 선택했다. 시장 경제 대신 사회 공학이라는 실험을 통해 국가 재건을 도모했지만 당시에 유행하던 이런 정치 이데올로기의 폐해는 상상을 초월할 만큼 컸다. 역사가 폴 존슨(Paul Johnson)은 자신의 책 『모던 타임스』에서 이렇게 평가한다. "1940년대 말 인류의 절반 아시아인들은 기대에 부풀었다. 그들을 곤경에서 빠져나오게 해줄 직접적이고 즉각적이며 정치적인 해결책이 있다는 얘기를 들었기 때문이다. (…) 인류의 절반을 대상으로 한 실험은 사회적인 기적보다는 프랑켄슈타인 같은 괴물을 낳는 경향이 컸다."

대부분의 아프리카와 아시아 신생국들은 당시의 유행 사조를 따랐다. 그리고 그 결과는 참혹한 가난으로 결론 나고 말았다.

1960년대에 한국이 시장 경제를 바탕으로 대외 개방과 수출 지향 정책을 선택하는 과정을 생각할 때면 떠오르는 인물이 있다. 20세기 성자라고 불리는 간디를 따라 정계에 뛰어들어 17년 동안 인도를 이끈 자와할랄 네루다.

부유한 집안에서 태어나 평생 돈 걱정 없이 살았던 네루는 영국의 명문 해로학교와 케임브리지대학에서 수학했다. 그는 유럽 좌파 사상에 경도되어 그들의 처방을 통째로 삼켰으며 1950년대에는 소련을 방문해 소련 체제의 우월함을 찬양하기도 했다. 그러나 네루가 고집한 친사회주의 정책으로 인해 인도는 1990년 외환위기를 계기로 정책 전환에 나서기까지 가난의 질곡 속을 헤매야 했다.

네루는 철두철미할 정도로 시대 변화를 읽지 못한 지도자 중 한 사람이다. 폴 존슨은 네루에 대해 이렇게 혹평했다. "그는 4억의 인구를 먹여 살리는 데 필요한 부의 창출 과정과 행정에 대해서는 아무것도 몰랐으며 나라를 통치하는 방법을 몰랐다. 그는 인도 국민이 보낸 편지에 답장하느라 매일 4~5시간씩 최대 8명의 타이피스트에게 구술하곤 했다. 그가 정말 좋아한 것은 세계 무대에서 국제 도덕에 관해 장황하게 떠드는 일이었다." 네루는 능력이나 업적에 비해 우리 사회에 지나치게 과대 포장되어 소개된 정치 지도자라 할 수 있다.

한국의 성공 사례는 1980~1990년대에 산업화에 크게 성공한 중국과 인도 그리고 아시아의 후발 국가들에게 분명 큰 교훈을 주었을 것이다. 기회는 시대에 따라 그 모습을 달리하며, 그 기회 역시 오래가지 않는다. 한 기업이 기회 선점에 성공해 초과 이익을 누릴 수 있는 기간은 잠깐이다. 국가도 마찬가지다.

진화를 거듭하는
글로벌 자본주의

시대마다 특성이 있다. 기회 선점을 통해 번영을 누리기 위해선 그 특성에 맞게 개인도 국가도 변신해 나가야 한다. 제국주의 시대, 산업 시대, 정보 통신 시대, 세계화 시대 등 시대마다 국가가 내려야 할 최적의 선택은 다르다. 시대 변화에 대한 인식과 관련해 한국 사회가 앓고 있는 성장통의 또다른 원인을 발견할 수 있다. 그것은 바로 우리가 살아가는 자본주의 체제에 대한 믿음 문제다.

오늘날의 자본주의는 '글로벌 자본주의'라는 말로 표현할 수 있다. 글로벌 자본주의란 상품과 서비스의 교역이 세계적 차원에서 자유화의 강도와 폭을 넓혀가는 자본주의의 진화된 형태다.

먼저 역사적 지평을 전후로 확장하면 글로벌 자본주의의 확산과 심화에 대해 우리는 분명한 역사관을 가질 수 있다. 유럽의 포르투갈, 스페인, 네덜란드, 영국이 주도한 해상 무역과 식민지 팽창의 역사에서 우리는 교역 확대와 시장 통합이라는 역동적인 흐름을 읽을 수 있다. 그리고 다시 이 흐름을 통해 인류사를 조망하면, 오늘날 세계적으로 전개되고 있는 글로벌 자본주의가 역사 발전의 필연적 추세임을 깨닫게 된다. 서울대 주경철 교수는 15~18세기 해상 무역의 역사를 다룬 역작 『대항해 시대』의 끝부분에 이런 설명을 더한다.

"15~18세기에 형성된 세계사의 기본 구조는 지금까지도 우리 삶의 많은 부분을 규정하고 있다. 패권적 지위를 차지한 서구(유럽과 미국)의 주도 아래 세계는 점차 통합성이 강화되고 있다. 세계화(globalization)는 우리가 받아들이느냐 거부하느냐를 선택할 수 있는 사항이 아니라 시대의 대세가 되었다. 이제 우리의 삶은 나머지 전 세계의 움직임과 떼려야 뗄 수 없는 긴밀한 연관을 맺고 있다. (…) 우리가 세계 속에 있고 세계가 우리 안에 있다고 해도 과언이 아니다."

역사학자가 바라보는 세계는 '떼려야 뗄 수 없는 긴밀한 연관' 속에서 움직이는 공간이다. 그런 명백한 사실을 받아들인다면 통제할 수 없는 것들에 대한 막연한 불안감과 무력감을 크게 줄일 수 있다. 역사의 필연성과 현실의 불가피성을 받아들이는 순간, 사람들은 필사적으로 살아갈 궁리를 하게 된다.

그리고 글로벌 자본주의 체제를 어떻게 바라보느냐에 따라 현실에 대한 전략도 달라진다. 상품과 서비스 교역이 점점 더 자유화의 길로 달려가고 지식과 자본 그리고 인력의 자유화가 빠르게 전개되는 현재의 자본주의 체제를 과거로 되돌릴 수 있을까?

2008년 10월 리먼브러더스 사태를 계기로 글로벌 금융 위기가 확산될 즈음, 한국 언론들은 보수와 진보를 불문하고 자본주의 체제의 취약성과 그 대안에 대해 집중 보도했다.

그때 나는 우리 사회의 지적 토대가, 자본주의 체제에 대한 믿음이 얼마나 취약한지 절감했다. 세상에는 우리가 마음대로 취사선택할 수 있는 것도 있지만 그럴 수 없는 것도 있다. 글로벌 자본주의는 취사선택의 대상이 아니다. 한마디로 우리가 통제할 수 있는 것이 아니다. 글로벌 자본주의는 누가 지시해서 만들어진 것도 아니고, 지구촌의 수많은 소비자와 생산자 그리고 기술이 어우러져 만들어진 일종의 정치, 경제, 사회 생태계 같은 것이다. 그리고 생태계와 마찬가지로 글로벌 자본주의는 정체되지 않고 계속 변한다. 고정된 환경이 아니라 끊임없이 변화하는 환경이라는 말이다.

여기서 사람마다 다른 시각을 갖게 된다. 특히 오랫동안 치열한 시장 경쟁으로부터 보호받아 온 분야에 종사하는 많은 전문가들은 글로벌 자본주의가 자신이 이상적으로 생각하는 모습처럼 변해야 하고 변할 수 있다고 생각한다. 요컨대 글로벌 자본주의를 통제할 수 있는 대상으로 여기는 경향이 있다. 그러니까 우리 사회를 이러저러한 이상적인 상태로 바꾸려고 노력해야 한다고 주장한다.

그런데 그들의 주장은 주장에 그치지 않고 베스트셀러 등의 형태로 사회 경험이 얕은 젊은이들에게 막대한 영향을 미친다. 스스로 생각하기보다는 타인의 판단에 쉽게 의존하는 일반인에게도 큰 영향력을 행사한다. 그들은 전문가를 자칭하며 현실이 아니라 환상과 이상을 사회 전체에 발신한다.

그 결과는 무엇일까? 사람들로 하여금 이미 주변에서 일어나고 있는 변화의 실상을 잘못 이해하도록 만들어 현재에 대처하고 미래를 준비하는 것을 방해한다. 일부 시민 사회 단체와 지식인들을 중심으로 전개되는 FTA 반대 운동이나 신자유주의 공세론 등을 대표적인 예로 꼽을 수 있는데, 이런 주장들은 시대 변화를 올바로 파악하지 못하고 있을 뿐만 아니라 시대 흐름에 역행하는 것이라 할 수 있다.

통제할 수 없는 것들에 대해 정확히 이해해야 하는 이유는, 시대적 특성을 반영한 정책에 반하는 그릇된 선택을 내리지 않기 위해서다. 이제 우리는 역사적 경험을 거울삼아 잘못된 선택을 되풀이하지 않도록 해야 한다.

글로벌 자본주의는 또다른 기회이자 도전이다

경영평론가 찰스 핸디는 이 점에 대해서도 다음과 같은 명쾌한 진단을 제시한다. "기회를 더 많이 누리고 위험을 줄이려면 변화를 잘 이해해야 한다. 변화의 원인을 분명하게 아는 사람은 필연적인 변화를 피하려 하거나 변화에 맞서면서 공연히 에너지를 소비하지 않는다." 또한 그는 "변화의 방향을 아는 사람은 변화를 자신에게 유리하게 활용한다. 변화를 반기는 사회는 변화에 수동적으로 대처하는 대신 이를 능동적으로 활용한다"고 말한다. 그의 지적처럼 글로벌 자본주의로 대표되는 시대 변화의 방향을 정확히 읽는다면 우리는 더 나은 현재와 미래를 만들어갈 수 있다.

물론 부작용을 초래하는 제도들을 조정할 필요는 있지만, 개인과 조직 그리고 국가라는 경제 주체 입장에서 일국 중심의 자본주의에서 글로벌 자본주의로의 이행은 불가피한 현실이다. 글로벌 자본주의 체제의 단점을 찾느라 귀한 시간과 에너지를 낭비해서는 안 된다. 어떤 체제든 장단점이 있게 마련이고, 생활인으로서 그리고 직업인으로서 우리는 무지로 인해 치르는 비용을 줄이고 주어진 조건에서 기회를 잡을 수 있는 방법을 열심히 궁리해야 한다.

그런데 현실에서는 많이 배운 사람들조차 글로벌 자본주의의 문제점을 과대 선전하기에 골몰하고 있다. 나는 금융 위기 와중에 쏟아져 나온 책들 가운데 일본의 저명 경제학자 나카타니 이와오(中谷巖)의 『자본주의는 왜 무너졌는가』를 읽으면서 내내 마음이 불편했다. 하버드대학교에서 주류 경제학을 공부한 이 노학자는 이 책에서 글로벌 자본주의가 자체 모순으로 인해 붕괴되고 있다고 전향에 가까운 선언을 한다.

그렇다면 글로벌 자본주의 자체의 모순은 무엇인가? 그는 세 가지를 든다. 첫째는 세계 금융 경제 자체의 불안정성, 둘째는 중류층 소멸과 사회 양극화 현상의 심화, 셋째는 환경 오염의 확대다. 그의 결론은 이렇다. "좀더 강하게 표현해도 좋다면, '미국 주도의 글로벌 자본주의는 스스로 붕괴되기 시작했다'는 것이 내 인식이다."

나카타니 교수는 심지어 "프랑켄슈타인의 괴물과 마찬가지로 글로벌 자본주의라는 괴물은 그 창조주인 인류 자체를 멸망시킬 수 있을 정도로 폭주하고 말았다"고까지 밝힌다.

글로벌 자본주의가 괴물이라는 그의 주장을 어떻게 받아들여야 할까? 나는 나카타니 교수가 말하는 세 가지 모순은 얼마든지 해결해 나갈 수 있는 문제라고 본다. 자본주의를 파국으로 몰고 갈 요인이 아니라 새로운 형태의 자본주의 체제가 직면한 또다른 도전이자 기회라고 본다. 요컨대 세계 금융의 불안정성은 지금까지 리스크를 대수롭지 않게 여겨온 사람들이 경각심을 갖고 대책 마련에 나서도록 만들 것이다. 리스크 관리 자체를 사업화하는 기업도 대거 등장하게 될 것이다.

인류는 그 발전 과정에서 숱한 도전에 맞닥뜨리지 않았던가? 리스크 역시 천연두, 소아마비, 인플루엔자, 컴퓨터 바이러스 같은 도전으로 볼 수 있다. 그리고 인류는 도전 앞에서 항상 합당한 해결책을 찾아냈다.

나는 중류층 소멸과 양극화 현상의 심화라는 나카타니 교수의 문제 제기에 대해서도 회의적이다. 중류층 소멸 현상이라는 것이 과연 객관적 자료로 입증될 수 있을까? 사회적 격차가 확대되고 있다는 주장에는 동의하지만 자본주의의 붕괴를 가져올 정도는 아니며, 동시에 하위 계층의 생활 수준이 향상되고 있다는 점도 고려되어야 한다고 본다. 중류층 소멸이니 양극화 현상이니 하는 말은 정치적 의도에 의해 변질되지 않도록 신중하게 사용해야 한다는 것이 내 생각이다.

환경 문제도 충분히 해결해 나갈 수 있다고 생각한다. 현재의 상황에서 물적 성장 없이는 환경오염을 개선하기 어렵다. 글로벌 자본주의가 가져다주는 물질적 풍요는 환경재에 대한 자원 투입을 가능하게 할 것이다.

근래 서울의 공기가 놀랄 만큼 깨끗해지고 청계천, 중랑천뿐만 아니라 전국 주요 도시를 관류하는 하천이 눈부시게 맑아진 것은, 경제 성장과 더불어 하수 분리 시설 등에 막대한 재원을 투입했기 때문에 가능한 일이다. 돈이 있어야 디젤 버스 대신 천연 가스 버스도 운행할 수 있다. 나카타니 교수의 주장과 달리 글로벌 자본주의야말로 환경 개선에 크게 이바지할 것이다.

그럼에도 불구하고 "왜 나는 전향했는가"라는 격한 표현까지 사용하면서 자신이 평생 지켜온 시장 경제에 대한 믿음을 포기하게 되었는지를 밝히는 참회록 같은 내용이 놀랍고도 당황스러웠다.

인터넷, 휴대전화, 트위터 등이 널리 보급되면서 이제 지구촌 사람들은 거의 실시간으로 다른 곳에서 무슨 일이 일어나고 있는지 알 수 있다. 그리고 과거에는 상상도 못했던 엄청난 정보원에 쉽게 접근할 수 있게 되었다. 이런 편익을 누리는 만큼 지불해야 할 비용도 당연히 증가한다.

글로벌 자본주의는 우리가 원하든 원하지 않든 간에 점점 더 고도화되어 갈 것이다. 이런 사실을 기꺼이 받아들이면 된다. 그리고 이것이 잘못되었다고 주장하는 가방 끈 긴 이상주의자들의 주장에는 신중해질 필요가 있다.

글로벌 자본주의의
빛과 그림자

물론 글로벌 자본주의는 양면성을 갖는다. 그 부정적 측면 중에서 우리가 분명하게 인식해야 할 것은 글로벌 자본주의가 일반 근로자에게 미치는 영향이다. 우리는 생활인으로서 근로자와 소비자의 역할을 동시에 수행한다. 굳이 중요도를 따지자면 근로자의 역할이 더 중요하다. 소득이 있어야 소비할 수 있기 때문이다. 글로벌 자본주의는 거대한 지각 변동이라고 부를 수 있을 만큼 근로자의 소득원에 막대한 영향을 미치고 있다.

요즘 일반 근로자들은 아무리 열심히 일해도 생활이 나아지지 않는다고 생각할 것이다. 이는 소득원에 미치는 글로벌 자본주의의 파급 효과 때문이다. 동네에서 작은 가게를 운영하는 한 부부는 "둘이서 밤낮으로 일해도 생활이 나아지질 않아요" 하고 하소연한다. 아이 둘 학교 보내기도 빠듯하다는 것이다. 우리 사회에는 그런 사람들이 의외로 많다. 특별한 전문 분야나 고도의 숙련된 기술이 필요없는 분야에서 일하는 대다수의 사람들은 모두 비슷한 상황에 놓여 있다.

열심히 일하면 지금보다 더 잘살게 되어야 하는데 그런 기대가 충족되지 않기 때문에 불만이 쌓일 수밖에 없다. 그런데 잘사는 일은 자신의 노력뿐만 아니라 자신이 살아가는 시대의 맥락과도 관련이 깊다.

이것은 글로벌 자본주의가 고도화되면서 모든 근로자들이 경험하고 있는 현실이며, 어떤 나라도 이런 시대 상황에서 예외일 수 없다. 특히 중진국과 선진국의 일반 근로자들은 시간당 임금이나 실질 임금 상승률의 정체 또는 하락을 감수할 수밖에 없는 형편이다. 사실 중진국이나 선진국 국민들은 잘사는 나라에 살기 때문에 자신의 능력 이상의 보수를 받는 프리미엄을 누려왔다. 나는 이를 두고 '모국 프리미엄'이라는 용어를 사용한다.

글로벌 자본주의는 후진국 근로자들의 노동 시장 참여를 유도함으로써 중진국과 선진국 국민들이 누리는 모국 프리미엄을 급속히 축소시킨다. 중진국과 선진국 근로자들의 경쟁자는 더 싼 가격에 기꺼이 노동력을 제공하는 후진국의 근로 계층이다. 결국 후진국 근로자는 글로벌 자본주의의 가장 큰 수혜자가 된다. 한편 중진국이나 선진국 근로자가 피해자인 것만은 아니다. 대신에 그들은 세계 각국으로부터 더 값싸게 생필품을 공급받음으로써 일정한 보조금을 지급받고 있는 셈이다.

연구소 홈페이지에 자주 글을 올리는 필명 '작은 정부'라는 분은 중국에서 사업을 하는데, 그의 말에 따르면 "베이징의 대졸자 초봉은 2,500~3,000위안으로 원화 기준 40~55만 원 정도 되는데 이보다 못받는 대졸자들이 줄을 서서 기다리고 있다"는 것이다. 일반 근로자들 사이에 세계적인 부의 재편이 일어나고 있다는 이야기다.

중진국과 선진국의 경우 실질 임금 상승률의 정체 또는 하락 추세는 장기에 걸친 시계열 자료에서 충분히 확인된다.

미국의 자료는 모국 프리미엄 축소 현상을 잘 보여준다. 1979년에 미국 일반 근로자의 시간당 임금은 15.91달러(2001년 인플레이션 지수로 조정된 실질 임금)였다. 1989년에 시간당 임금은 16.63달러로 10년 동안 연평균 7퍼센트 증가했지만, 1995년에는 16.71달러로 1989년과 별 차이가 없었다. 2000년에는 18.33달러로 증가하지만, 미국이 장기 호황을 누리던 1995~2000년에 실질 임금 변화가 거의 없었다는 사실에 주목할 필요가 있다.

근로자 중에서도 대졸자를 제외한 근로자들이 처한 상황은 더 어렵다. 1억 명이 넘는 이들 근로자는 미국 전체 근로자의 72.1퍼센트를 차지하는데, 이들의 2000년도 시간당 임금 수준은 1979년보다 낮으며 이후에도 실질 임금은 계속 하락 추세를 보이고 있다.

데이비드 쉬플러(David K. Shipler)는 『워킹 푸어』라는 책에서 미국 사회의 빈곤 문제를 놀랍도록 속속들이 조망하면서 글로벌 자본주의가 미국의 평범한 근로 계층에 미친 영향에 대해 이렇게 말한다.

"세계화라는 상황에서 미국의 보통 성인들은 인건비가 더 싼 나라의 노동자들과 경쟁이 불가능한 것이다. 특별한 기술을 요하지 않는 직종에 종사하고 있는 미국의 노동자들은 미국에서의 생활비가 많이 들어가기 때문에 스리랑카 같은 나라에서 같은 일을 하고 있는 노동자들보다 높은 임금을 받을 필요가 있다. 미국 내에서 생산되지 않으면 안 된다는 지리적 조건을 가지고 있지 않는 한, 이런 종류의 일은 마치 강물이 바다로 흘러가듯 필연적으로 미국 국내에서 저임금 국가로 흘러가게 될 것이다. 뉴저지 주에 살고 있는 식품 쿠폰 수급자가 쿠폰에 관해 문의하기 위해 전화를 걸면 인도의 누군가가 전화를 받는 것이 바로 이런 이유에서이다." ─ 데이비드 쉬플러, 『워킹 푸어』

통제할 수 있는 것에서 대안을 찾자

그렇다면 이런 상황을 타개할 수 있는 방법은 무엇일까? 아무리 열심히 일해도 생활은 나아지지 않는다. 교육비나 주거비, 교통 통신비 같은 필수적 소비 활동에 대한 비용 부담을 개인 차원에서 그리고 사회 차원에서 줄여나가야 하는 이유가 바로 여기에 있다.

사실 특별한 지식이나 기술, 노하우를 갖추지 못한 근로자들의 임금 상승 속도가 정체 또는 둔화되는 것은 위정자의 실책이나 무능 때문만은 아니다. 그것은 본격적으로 전개되는 글로벌 자본주의 체제, 즉 우리가 통제할 수 없는 외부 요인에 의해 심화되고 있다는 것이다.

대개 사람들은 통제감을 상실하는 순간 무력감을 느낀다. 하지만 그럴 때일수록 자신이 통제할 수 있는 것이 무엇인지 집요하게 질문하고, 내부에서 그 답을 찾아야 한다. 씀씀이를 조정하는 일이 될 수도 있고 욕망을 조절하는 일, 자신을 업그레이드해 평범함을 벗어나는 일이 될 수도 있다.

그렇다면 앞으로 글로벌 자본주의의 전개와 영향력에 대한 통제 가능성은 어느 정도나 될까? 본질적인 변화는 없을 것이라고 본다. 우리가 살아가는 글로벌 자본주의 시대에는 통제할 수 없는 영역이 늘어날 수밖에 없다. 그런 사실을 인정하고 일단 자신이 할 수 있는 일이 무엇인지 찾아내어 그것에 집중한다면, 통제감 상실이나 무력감에서 오는 성장통을 해소해 나갈 실마리를 찾을 수 있을 것이다.

"국민들은 대통령이 혼란스런 세상에서 국가가 나아갈 올바른 길을 제시하고, 뿌리 깊은 나무처럼 그 길을 꿋꿋이 지키고, 국정을 두루 보살펴주기를 바란다. 그리고 적어도 국민들에게 불편을 끼치지 않기를, 경멸과 무관심의 대상으로 전락하지 않기를 바란다."

흔들리는 리더십, MB에게 고함

4

"무엇보다 심각했던 것은 미국이 미국 자체에 대한 신념을 잃고 있는 것처럼 보였다는 점이다."

미국의 로널드 레이건 전 대통령이 1980년 선거 당시를 회고하며 한 말이다. 1981년 1월, 레이건 대통령이 취임할 당시 미국은 암울한 분위기에 휩싸여 있었다. 계속되는 인플레이션은 달러 가치를 급락시키고 높은 실업률과 연료 부족은 사람들을 불안감에 빠뜨렸다. 게다가 1년 넘게 이란에 인질로 잡혀 있던 50여 명의 미국인 구출 작전도 실패해 미국의 위신은 크게 추락한 상태였다.

객관적으로 보면 당시의 악화된 정치·경제 상황을 그 원인으로 꼽을 수 있겠지만, 지미 카터 대통령의 무능과 무기력 탓도 컸다. 카터 대통령은 미국의 시대가 저물고 있다는 사실을 인정하고 앞으로 더 적은 것에 만족하며 살아야 한다고 국민들을 설득했다. 더 이상 번영에 대한 허황된 믿음을 가져서는 안 된다고 역설했다.

최악의 상황에서도 정치 지도자는 희망의 메신저가 되어야 하는데 카터 대통령은 그 본분을 망각하고 있었다. 그런 점에서 기울어가는 국가 분위기를 일신하고 위축된 국민들에게 자신감과 동기를 부여했다는 점에서 레이건 대통령의 리더십을 높게 살 수 있다. 레이건 대통령은 문제의 핵심을 정확히 파악했으며 그 해결을 위해 이익집단들과의 위험한 정면 대결도 마다하지 않았다. 그리고 적절한 타이밍에 올바른 정책들을 과감히 추진함으로써 시빗거리 찾기에 골몰하던 미온적인 언론이 대통령과 집권 세력에 대해 우호적인 태도를 취하도록 만드는 데 성공했다.

당시 검찰 부총장을 지낸 루돌프 줄리아니는 레이건 집권 이후 미국 사회의 분위기 반전을 두고 이런 평가를 내린다.

"지미 카터 대통령 시절에는 전반적으로 침체 분위기가 팽배했다. 희망을 잃은 채 현 위치에서 더 이상 나빠지지 않도록 최선을 다하기만을 바랐다. 그러다가 로널드 레이건이 대통령에 오르면서 갑자기 사람들은 무언가 할 수 있다는 자신감을 얻기 시작했다." —루돌프 줄리아니, 『Leader-ship 줄리아니—위기를 경영한다』

리더십은 언제나 중요하다. 특히 위기 상황에서 한 나라를 이끄는 대통령의 리더십이 얼마나 중요한지는 아무리 강조해도 지나치지 않다. 대통령의 리더십 여하에 따라 국가 분위기가 이처럼 확연히 달라질 수 있기 때문이다.

성장이냐 퇴보냐의 중요한 갈림길에서 국가 지도자의 리더십은 중요 변수가 된다. 성장이란 쉽지 않은 길로 사람들을 독려하며 이끌고 갈 수 있는 비전, 그리고 그 비전을 실현해 나가는 강력한 리더십이 요구된다.

집권 초기의 실책이
두고두고 부담

지금 대한민국의 경우는 어떤가? 10년 간의 좌파 정권을 거치면서 한국 경제의 성장 잠재력 침하를 우려하던 사람들은 압도적 표차로 이명박 정부를 선택했다. 악화된 경제 상황을 개선하는 데 적임자라고 생각했기 때문에 많은 유권자들이 표를 던졌다. 집권 초기의 70퍼센트에 달하는 놀라운 인기도는 이명박 정부에 대한 국민들의 기대가 얼마나 컸는지 잘 보여준다. 사실 이명박 후보를 지지한 유권자들 중에는 '썩 미덥지 못하지만 별다른 대안이 없다'는 이유로 표를 던진 사람들이 의외로 많았을 것이다.

어느 사회에나 반목과 갈등, 이해관계의 충돌이 있게 마련이다. 그런 국면을 슬기롭게 조정해 나가는 데 있어서 대통령의 리더십은 대단히 중요한 주제다. 그러나 현 정권은 출범 직후부터 크고 작은 문제점을 드러냈다. 특히 집권 초반의 실수는 판단력 부재에서 나왔다고 볼 수 있다.

성급한 미국 방문과 시간에 쫓기듯 결정한 쇠고기 수입 협상은 새 정권에 대한 공격거리를 찾고 있던 사람들에게 좋은 빌미를 제공했고, 먹거리에 대해 불안을 느끼고 있던 이들에게 불만을 터뜨릴 구실을 제공했다. 현 정권이 집권 초기에 한미 관계 의제 설정이나 방미 시기에 대해 좀더 신중했더라면 하는 아쉬움을 느끼는 사람이 한둘이 아닐 것이다.

비록 지난 일이긴 하지만 이런 집권 초기의 실수는 이명박 대통령의 리더십에 두고두고 부담이 되고 있으며, 그에게 표를 던진 많은 사람들에게 실망감을 안겨준 것도 사실이다. 이처럼 큰 기대를 걸었던 국민들에게 크나큰 실망을 안겨준 것은 분명 지금 우리 사회가 앓고 있는 성장통의 한 원인으로 작용하고 있다.

어느 정권에나 집권 초기는 정말 중요하다. 대통령의 능력이 시험당하는 시기이기 때문이다. 첫인상이 중요하듯 집권 초기의 실책은 정치 지도자의 이미지 형성에 결정적인 영향을 미친다.

작가 시오노 나나미는 『로마 멸망 이후의 지중해』 하권에서 오스만 투르크 제국의 황금시대를 연 술레이만 1세가 집권 초기에 로도스 섬 공략에 나선 것을 두고 이렇게 기술하고 있다.

"인간이란 남과 싸워서 이겨야만 가슴이 후련해지는 동물일 것이다. 따라서 그런 인간을 통솔하지 않으면 안 되는 지도자, 특히 자신의 치세를 이제 막 시작해야 하는 지도자는 가슴이 후련해지는 무언가를 국민에게 제공하는 것이 중요하다. 그럴 수 있으면 국민은 좋은 징조라고 느끼고, 어려움에 부닥쳐도 이 사람이라면 따라가겠다는 마음을 갖게 된다. 반대로 시작부터 비틀거리면 국민이 의기소침해지기 때문에, 그후의 통치가 몇 배나 어려워진다."

그후 글로벌 금융 위기를 수습하는 과정에서는 상대적으로 선전했지만 집권 초기의 실책을 만회하기에는 역부족일 만큼 대통령의 인기는 이미 바닥에 떨어졌다. 물론 현 상황에 대한 책임을 대통령의 리더십에만 돌릴 수는 없다. 하지만 문제의 원인을 합리적으로 설명하거나 구조적 해결책을 모색하기보다는 비난 대상부터 찾는 것이 보통의 인간 심리다. 한마디로 사람들은 속죄양 찾기에 익숙하다. 그런 점에서 대통령 리더십의 위기가 우리 사회의 성장통에 일조하고 있다는 사실은 부정하기 어렵다.

집권 2년을 훌쩍 넘긴 시간은 대통령의 그릇이나 됨됨이, 리더십을 평가하기에 충분하다. 사람은 쉽게 변하지 않는다. 물론 실수로부터 빨리 배우는 사람도 있지만, 이명박 대통령이 과연 그럴 수 있을지는 두고 봐야 알 일이다. 그래도 기대를 걸어볼 수 있는 것은 이 대통령의 빠른 학습 속도다. 집권 중반으로 접어들면서 실수나 실책이 많이 줄어들었고 약점을 보완하려는 노력도 두드러지게 나타나고 있다.

그럼에도 불구하고 취임 이후 지금까지 보인 일련의 언행을 미뤄볼 때 리더십의 위기를 불러온 몇 가지 근본적인 문제점을 지적하지 않을 수 없다. 아울러 현 정권 또는 이명박 대통령 개인에 대한 평가를 넘어 대한민국호의 미래를 이끌어나갈 대통령에게 요구되는 자질과 리더십에 대해서도 함께 짚어보도록 하겠다.

나는 현 상황에서 요구되는 대통령 리더십의 핵심은 변덕스런 유행에 휩쓸리지 않고 대한민국호가 나아갈 지향점을 분명히 하는 일이라고 생각한다. 한마디로 올바른 비전을 제시할 수 있어야 한다. 현안 과제에만 압도되어 이런저런 프로젝트를 쏟아낼 것이 아니라 대한민국이 나아갈 방향을 명확히 제시하는 것이 급선무다.

이를 위해선 일의 우선순위를 정할 필요가 있다. 어떤 일을 우선하고 어떤 일을 배제할지 선정하는 과정에서 대통령의 현명함이 요구된다. 그 다음은 일을 효율적으로 추진하기 위해 정치력을 발휘해야 한다. 특정 정책이 사회적 갈등을 일으킨다면 그 최종 책임자는 대통령 자신임을 인식해야 한다. 지금처럼 지역간 갈등, 정치 세력간 갈등이 첨예하게 맞서는 상황에서는 대통령의 정치력이 더욱더 중요하다. 특히 국민의 신뢰를 얻을 수 있도록 언행에 각별히 주의해야 한다.

한 가지 더 주의를 당부하고 싶은 것은, 집권 기간 동안 정치적 성과를 내는 데 골몰해 재정 건전성을 해치지 않도록 해야 한다는 점이다. 과욕에 사로잡혀 무리한 프로젝트를 추진함으로써 차기 정권에 부담을 떠넘기지 않도록 스스로 절제하고 경계하는 태도가 필요하다.

모호한 이념 정체성, 실용에서 이제는 중도 실용?

이 대통령은 이념의 가치를 높이 평가하지 않는다. 좌파와 우파, 진보와 보수 진영의 이념 대치를 공리공론쯤으로 생각하는 것 같다. 대학 졸업 후 곧바로 기업 세계에 뛰어들어 젊은 나이에 최고경영자 자리까지 올랐으니 이념 문제에 대해 찬찬히 공부할 기회가 없었을 것이다.

기업 세계에서는 옳고 그름이 아니라 셈이 중요하다. 특히 고도성장이 지배적 패러다임이던 시절에는 더더욱 그랬을 것이다. 그런 측면에서 소설가 복거일 씨는 이 대통령을 '이념적 무임승차자'라고 부른다. 이념 문제에 대해 큰 고민이나 지적 투자 없이 살아온 사람이라는 뜻이다.

또한 기업 경영에는 이념적 토대가 필요 없다. 효율성과 주요 성과 지표가 이미 정해져 있기 때문이다. 매출, 이익, 시장 점유율이 우선적으로 중요하고 이념에 대해서는 고민할 필요가 없는 것이다. 반면에 국가를 이끄는 일에서는, 충돌하는 이해관계를 조정하고 정책을 변별하는 기준이 되는 지향점이나 목표가 분명해야 한다.

그런데 이 대통령이 집권한 후, 우리 사회가 어디로 가고 있고 어디를 향해 나아가야 하느냐는 질문에 자신 있게 대답할 수 있는 사람이 얼마나 될지 의문이다. 대운하, 4대강 사업, 녹색 성장, 그린 에너지, 실용, 친서민, 기업 프렌들리 같은 구호들이 어지럽게 떠오르지만, 냉철하게 보았을 때 현 시점에서 우리가 가야 할 방향이라고 꼭 집어 말할 만한 것이 없다. 이처럼 이념 무용론이 집권 초기부터 국정 혼란의 원인이 되어왔다는 사실은 부인할 수 없다.

현 정권은 '실용 정부'의 기치를 내걸고 출범했다. 놀랍게도 고위직 공무원들 중에서도 실용이란 말을 제대로 이해하는 사람이 없었다. 실용이란 일반적으로 유연성이나 현실 적합성을 의미한다. 그러므로 '실용 정부'란 사안에 따라 실용적인 정책을 쓰는 정부라는 뜻으로 이해할 수 있다. 이것이 국정 운용의 철학이나 방향으로 채택될 수 있느냐에 대해서도 초기부터 논란이 분분했다.

그러다가 지지도가 추락하자 '중도'라는 말을 더해 '중도 실용' 정부를 표방하고 나섰다. 2009년 8월 15일 광복절 축사에서는 '중도 실용 정부'로 나아갈 것임을 대내외에 천명하기도 했다. 이런 태도 변화는 한국 사회의 현실을 수용한 실용적 대처로 받아들여질 수도 있겠지만, 그보다는 현 정부의 '이념적 뿌리 없음' '국정 운영의 지향점 상실'이라는 한계를 단적으로 드러낸 것이라고 본다.

　중도 정책, 즉 친서민 정책이란 무엇인가? 서민이란 무엇인가? 서민도 수많은 그룹으로 분류된다. 이 그룹에게는 이런 혜택을, 저 그룹에게는 저런 혜택을 제공한다면 정책이 이리 쏠리고 저리 쏠리는 축구공 행보를 보일 수밖에 없다. 그리고 모든 정책은 비용이 든다. 그 비용은 두 가지 경로로 확보되는데 하나는 특정 그룹에게 중세를 부과하는 방법이고, 다른 하나는 국채를 발행해 미래 소득을 끌어다 쓰는 방법, 즉 재정 적자를 만드는 방법이다.

　흔히 대중적 인기에 영합하는 정권을 가리켜 포퓰리즘 정권이라고 부르는데, 분배를 기치로 내건 좌파 정부를 비판할 때 주로 사용되는 말이다. 그런데 감세, 민영화, 경쟁 활성화, 재정 건전성 강화 등 경제 주체들의 활력을 끌어올리는 자유주의적 제도 개혁을 기치로 내걸었던 정권이 집권 초부터 인기 하락을 겪으면서 급기야 시혜성 정책을 남발하고 대규모 토목 사업을 일으키겠다고 나섰으니, 정치 이념의 부재가 얼마나 위험한 문제인지 실감하지 않을 수 없다. 현 정권과 10년에 걸친 이전 정권들의 차이라고 해봐야 대북 정책 정도가 아니냐는 의구심이 들 지경이다.

　그런 점에서 지난 10년 동안 불필요한 복지성 예산이 부쩍 늘어난 것을 두고 걱정해 온 사람이라면 현 정부가 과거 정권들과 무엇이 다르냐고 묻고 싶을 것이다. 현 정권은 글로벌 금융 위기라는 특수 상황을 고려하더라도 역대 그 어느 정권보다 국가 부채를 급속히 팽창시킨 정권이 되기로 작심한 것처럼 보인다. 물론 돈을 써야 할 때는 쓸 줄도 알아야 한다. 하지만 그 전에 현 정권은 재정 건전성을 확보하려는 그 어떤 조치도 시행해 보지 않았다. 왜냐하면 그런 정책들은 장기적 효과에 비해 단기적 고통이 크기 때문이다.

시혜성 정책은 끝이 없기에 재정 적자 규모는 한없이 늘어난다. 대통령이 돌아다니면서 선심을 쓰는 동안 그 뒷바라지를 위해 예산을 만들어내야 하는 직업 관료들은 심각한 고민에 빠질 수밖에 없다.

한 공식석상에서 이 대통령은 "나는 역대 대통령 가운데서 돈을 받는 사람이 아니라 돈을 쓰는 사람 혹은 돈을 주는 사람이 되고 싶다"라고 말한 적이 있다. 나는 그 말을 들으면서 이 대통령이 심리적 부담감을 강하게 느끼고 있구나 하고 생각했다. 어려움에 처한 사람에 대해 따뜻한 마음을 품는 것과 이를 정책으로 실현하는 것은 구분할 필요가 있다. 정책 효과는 고사하고 국가 부채만 늘리는 조치들을 예사롭게 취한다는 것은 정치적 신념 부재에서 비롯되는 부분이 크다.

결론적으로 현 정권은 무엇을 위해 탄생한 정권인지 명확하지가 않다. 정치 지도자는 국정 운영 방향을 분명하게 제시하고 그에 대한 국민의 이해와 합의를 이끌어낼 수 있어야 한다. 이 대통령이 그런 '비저너리(visionary)'의 역할을 제대로 하고 있는지 의문이다. '비저너리'는 고사하고 비전 부재의 정권이라는 비판의 목소리가 사회 곳곳에서 들리고 있다.

이런 문제점이 단시간에 해소될 수 있을까? 쉽지 않은 일이다. 이미 국정 운용 방향을 대내외에 천명해 버렸으니 그 약속에 구속될 수밖에 없을 것이다. 국가 정책이란 한번 진로가 정해지면 웬만해서는 방향을 틀기 어렵다. 결국 이 대통령의 이념적 무임승차는 한국 사회의 근본적 과제들은 건드리지 못한 채 그 부담을 고스란히 다음 정권에 떠넘기는 결과를 낳을 우려가 크다.

세상살이에 건너뛰는 법은 없다. 꼭 필요한 분야에 대한 지적 투자를 게을리 했다면 훗날 그 대가를 톡톡히 치르게 된다. 그러니 정치 지도자가 이념 지향이나 지적 토대 없이 국정을 이끈다는 것은 막대한 사회적 비용으로 연결될 수밖에 없다.

월급 사장의
근원적 한계

리더십의 핵심은 판단력이다. 정치 지도자는 타이밍을 잘 가늠하고 적재적소에 사람을 쓸 줄 알아야 한다. 리더십에 대한 세계적 권위자인 워렌 베니스는 『판단력』이란 자신의 책에서 '인물, 전략, 위기'의 세 영역에서 리더의 판단이 빛을 발해야 한다고 말한다. 적절하지 못한 방미 일정과 어젠다 선정, 촛불 시위에 대한 더딘 대응, 고위직 인선 과정의 문제점, 내각 쇄신 요구에 대한 소극적인 태도 등을 지켜보면서 이명박 대통령이 지도자의 가장 중요한 자질인 판단력을 제대로 갖추었는지 의문이 든다.

정치는 판단의 예술이다. 내각 쇄신이 필요하고 대다수 국민이 그것을 원한다면, 본인은 전혀 그럴 의향이 없더라도 시의 적절하게 내각 쇄신에 나서야 한다. 그것은 옳고 그름의 문제가 아니라 국민의 뜻에 부응해야 하는 정치 지도자의 본분이다. 번번이 미적거리면서 때를 놓치고 부진한 성과를 내는 이 대통령을 보면서 안타까운 마음을 금할 수 없다.

그렇다면 그 이유가 무엇일까? 사람은 과거로부터 자유로울 수 없다. 이 대통령 역시 살아온 이력의 영향에서 벗어나기가 쉽지 않을 것이다. 이 대통령은 현대건설에 평사원으로 입사해 최고경영자 자리까지 오른 입지전적인 인물이다. 그러나 재벌 기업의 내부 사정에 밝은 사람이라면 알겠지만, 실질적으로 최종 의사 결정을 내리는 사람은 오너이지 전문경영인이 아니다. '머슴론'으로 한때 화제를 모은 한보그룹 정태수 회장의 이야기를 액면 그대로 받아들이긴 힘들지만, 과거 재벌 그룹 계열사의 경우 결정적인 판단은 오너의 몫이지 월급쟁이 사장 몫이 아니었다.

물론 지금은 상황이 많이 달라졌지만, 전문경영인은 아무리 출중한 능력을 지니고 있어도 결국 오너의 판단을 효과적으로 수행하는 사람일 뿐이다.

이명박 대통령에게는 이런 근원적 한계가 있다. 나는 사석에서 간혹 이런 뼈 있는 농담을 한다. "앞으로 한국에서 전문경영인이 대통령 되기는 힘들 것 같습니다. 왜냐하면 사람들이 사장 출신은 다 저렇구나 하고 생각할 테니까요. 결국 전문경영인이 가진 정치적 자산을 이 대통령이 다 써버리고 갈 겁니다."

어떤 경우에는 어려운 환경에서도 작은 가게를 알뜰하게 꾸려가는 사람들이나 그때그때 상황에 맞게 힘든 결단을 내리며 사업체를 운영하는 자영업자가, 판단력이라는 면에서는 웬만큼 시스템이 갖추어진 기업의 최고경영자보다 낫다는 생각이 들기도 한다.

이 대통령의 경우, 인생의 가장 화려한 날들을 살아오면서 그런 훈련을 제대로 받지 못한 비용을 결국 지불하고 있는 셈이다. 그러면 김영삼 전 대통령이나 김대중 전 대통령은 어떤가? 정치적 업적이나 자질 문제에서는 평가가 갈릴 수 있겠지만, 어쨌든 그들은 정치판에서 산전수전을 다 겪으면서 생사를 건 결단을 내려온 사람들이다. 요컨대 '정치 세계의 오너'였다고 할 수 있다.

정치력과 포용력을 발휘해
국정을 두루 보살펴야

대통령은 정책을 추진할 자원을 스스로 만들어내야 하는 자리다. 서울 시장은 주어진 예산을 집행하면 되지만 대통령은 적극적인 설득을 통해 야당뿐만 아니라 반대 진영으로부터도 협조를 얻어내야 한다. 한마디로 대통령은 정치를 해야 한다. 정치는 판단의 예술이면서 동시에 노련한 협상과 조정의 예술이기도 하다. 그렇기에 정치력을 발휘하지 못한다는 것은 대통령의 임무를 방기하는 것이다.

이 대통령은 본질적으로 정치에 대해 호감을 갖고 있지 않다. 이 대통령의 말투에서는 결정되면 그냥 죽 밀어붙이면 되는데 왜 치고 박고 싸우는지 모르겠다는 뉘앙스가 풍긴다. 그러나 본래 민주주의 세계는 시끄럽다. 대통령 말에 고분고분 따르기를 기대하는 것 자체가 억지다. 밀고 당기고 때로는 양보하고 읍소하면서 상대의 면을 세워주고 협조를 구해야 한다. 밀어붙일 때가 있고 물러설 때가 있다.

대통령은 정치인이다. 그 많은 국회의원을 일일이 다 만날 수는 없지만, 국회의 협조 없이는 국정을 꾸려나갈 수 없다는 점을 명심해야 한다.

그렇다면 국회의원은 중요한 '고객'이나 마찬가지다. 나만 열심히 하면 다들 알아주겠거니 하고 생각할 수도 있지만 정치와 비즈니스는 엄연히 다르다. 대통령이 정책을 추진하려면 정치인들의 적극적인 협조가 필요하다.

그런 의미에서 미국의 린든 존슨 대통령은 본보기가 될 만하다. 역대 미국 대통령 중에서도 존슨 대통령은 많은 진보적 정책을 착실히 실현한 인물로 통한다. 그는 행정부의 정책을 실현하기 위해 의회와 소통하는 데 탁월한 정치력을 발휘했다. 의회야말로 대통령의 정치력을 시험하는 무대임을 제대로 인식하고 있었던 것이다. 존슨 대통령의 업적이나 인간성에 대한 역사가들의 평가는 갈리지만, 정책 실현을 위해 의회를 설득하는 데 힘을 쏟은 그의 정치력만은 높은 평가를 받는다.

집권 초반에는 이 대통령의 소통 능력 부족에 대해 여권에서도 불만들이 새어나왔다. 그래도 다행인 것은 집권 중반기로 접어들면서 전화 받는 의원들이 늘고 있다는 점이다. 앞으로 굵직굵직한 정치적 현안 과제에 대해 국회가 어떤 반응을 나타내는지 살펴보면 이 대통령의 정치력에 대한 정치권의 평가를 가늠할 수 있을 것이다.

지난 일이긴 하지만 이 대통령은 자파 위주의 공천 문제로 집권 초기부터 여권 내 분파의 골을 깊게 만들고 말았다. 여권 인사들도 넉넉히 포용하지 못하면서 어떻게 야당과의 관계 개선을 도모할 수 있겠는가? 오바마 대통령은 당선 직후 경선에서 전쟁을 방불케 할 만큼 접전을 벌인 힐러리 상원 의원을 국무위원에 임명하고 민주당 내 클린턴 인맥을 대거 등용했다. 누구든 '협량(狹量)'을 넘어서야 한다.

물론 상황은 다르지만 정치라는 것도 감동을 줄 수 있어야 한다. 편협하고 옹졸하다는 인상을 주는 것은 누구에게도 도움이 되지 않는다. 사사건건 불협화음을 빚는 문제의 근원적 해결책은 누가 쥐고 있는가? 힘을 가진 사람이다. 공천이나 인사에서 철저히 반대파를 소외시키면서 신뢰 운운하는 것이 얼마나 효과가 있겠는가?

국민에게 더 나은 미래에 대한 꿈과 비전을 제시하라

보통 사람들이 대통령에게 기대하는 것은 무엇일까? 한 연구 결과에 따르면 미국인은 자국 대통령에 대해 '모세상(像)'을 기대한다고 한다. 모세는 분열의 위기에 처한 이스라엘 민족을 단결시켜 젖과 꿀이 흐르는 땅으로 이끈 성서 속의 인물이다. 이를 현대적으로 해석하자면 숱한 역경 속에서도 확고한 비전을 제시하며 사람들을 새로운 세상으로 이끌어줄 강력한 지도자의 표상이라고 할 수 있다.

그렇다면 한국인은 대통령에게 무엇을 기대할까? 객관적 조사를 거치면 더 정확한 예상치를 얻을 수 있겠지만, 내 경험과 주변 사람들의 반응을 종합해 보면 한국인 역시 비슷한 대통령상을 갖고 있는 듯하다. 어쩌면 그것은 사람들이 정치 지도자에 대해 갖는 원형질의 기대감인지도 모른다. 원시 공동체 사회에서 지도자는 구성원들이 도전과 위험에 처했을 때 평정심을 잃지 않고 상황을 잘 극복하도록 이끄는 책임을 맡았다.

사람들은 누군가에게 의지하고 싶어하며, 위안을 주고 용기를 북돋아주는 누군가를 원한다. 그런 맥락에서 보면 지도력의 본질이나 지도자에 대한 기대는 예나 지금이나 다르지 않다고 생각한다.

대통령은 한 나라의 수장이다. 일찍이 리처드 닉슨은 기업 CEO와 대통령의 차이를 지적하면서, 기업의 CEO는 효율성 측면에만 관심을 가지면 되지만 대통령은 현안 과제 너머의 꿈과 비전 그리고 희망을 제시할 수 있어야 한다고 강조했다.

그런 점에서 대통령은 보통 사람들이 현실적인 어려움을 잘 헤쳐나갈 수 있도록 실질적인 도움과 함께 희망과 용기를 줄 수 있어야 한다. 집권 초기에 국민들에게 속이 좀 후련한 무언가를 보여주는 것이 그래서 중요하다.

그래야 믿음이 생기고 그 믿음이 또다른 믿음을 만들어내는 선순환이 시작된다. 물론 그런 노력이 집권 초반의 인기 끌기식 정책이나 공약으로 끝나서는 안 되며 일관되게 지속되어야 한다는 것은 두말할 필요도 없다.

│ 대중적 신뢰 얻으려면
│ 좀더 진중해야

한국인은 대통령에게 권위와 위엄 그리고 진중함을 기대한다. 한때 대통령의 소탈함이 국민의 호감을 산 적도 있었고, 그런 캐주얼한 태도에 따뜻한 시선을 보내는 사람도 많았다. 하지만 나는 그때나 지금이나 보통 사람들이 원하는 것은 위엄을 갖춘 대통령이라고 생각한다. 따라서 대통령은 말과 행동이 가벼워서는 안 된다. 말이 많으면 쓸 말이 적고 말실수도 잦아진다. 물론 말의 무게도 떨어진다.

지금까지 여러 대통령을 겪으면서 우리는 잦은 말실수나 과격한 언사 때문에 마음 상하고 실망한 적이 많았다. 가벼움은 곧 권위의 실추로 해석될 수 있다. 대통령이 만만해 보이면 국민의 경멸을 사게 되는데 이것처럼 위험한 것도 없다.

따라서 대통령은 자신의 말과 행동이 국민들 눈에 어떻게 비칠지 각별히 신경 써야 한다. 대통령을 직접 만날 수 있는 사람은 얼마 되지 않는다. 보통 사람들은 텔레비전이나 신문에 비친 모습을 통해 대통령을 평가한다. 나만 잘하면 됐지 꼭 그렇게 꾸며야 하느냐고 반문할지도 모르겠다. 특히 자수성가한 사람일수록 포장보다 실속이 중요하다고 여기고 자기중심으로 세상을 바라보는 경향이 강하다. 대통령의 생각이 그렇다면 주변에서 조언하기도 어렵다. 왜냐하면 그것은 삶의 스타일이므로 이러저러하게 고치라는 말은 삶의 근본을 고치라는 말로 받아들여질 수 있기 때문이다.

공인이 아닌 사인으로 살아갈 때는 나만 열심히 하면 된다. 이명박 대통령이 열심히 성실하게 살아왔다는 사실에 대해 나는 한 치의 의심도 품지 않는다. 자수성가한 사람들은 우리가 상상하는 이상으로 치열하게 살아온 사람들이며, 어지간한 노력 없이는 그만한 성공을 이룰 수도 없다.

이 대통령이 후보 시절에 강연하는 모습을 본 적이 있다. 한창 아침형 인간이 유행하던 때였는데, 부지런함으로 치면 누구 못지않고고 자부하는 나도 새벽 기상과 아침 예배로 이어지는 이 대통령의 부지런함에는 감탄하지 않을 수 없었다.

그러나 일국의 대통령이 보여주어야 할 이미지는 그와는 또 다르다. 대통령에게는 개인 그 이상의 무언가가 요구된다. 아무리 한 개인으로서 성실하게 살아왔고 남다른 자질을 가졌더라도 대통령이 참을 수 없이 가벼운 존재로 비친다면 보통 큰 일이 아니다. 그리고 한번 그런 인상을 심어주면 회복하기가 힘들다.

인간적인 묵직함은 타고나는 면이 많기 때문에 그렇지 못한 사람이라면 각별한 노력을 기울여야 한다. 대중적인 호감을 얻으려면 적절한 이미지 관리도 필요하다. 이명박 대통령은 권위나 진중함이 자연스럽게 배어나는 인물이라고 보기는 어렵다. 그런 사정을 직시한다면 국민의 호감을 사기 위해 어느 정도 이미지 관리가 필요하다는 사실을 알아야 한다.

얼마 전 이문동 시장 골목에서 어묵을 먹는 이 대통령의 사진이 신문에 큼직하게 실린 적이 있다. 내 기억으로는 역대 어느 대통령도 음식 먹는 사진을 신문에 대문짝만 하게 실은 적은 없었다. 이는 아주 예외적인 경우다.

물론 대통령의 친서민적인 풍모를 강조하기 위해 보좌진들이 생각해 낸 고육책이었겠지만, 신문에서 그 사진을 본 순간 나는 친근함 같은 감정보다는 어색함과 실망에 가까운 느낌을 받았다. 대통령의 서민적인 모습에 호감을 느낀 사람도 있었겠지만 많은 사람들이 나와 비슷한 반응을 보이지 않았을까 싶다.

그 사진을 보면서 나는 이 대통령과 보좌진들이 대중적 이미지의 중요성을 인식하지 못하는 것 같아 안타까웠다. 한번은 이 대통령이 "내가 어떻게 이회창 선진당 대표보다 극우적인 인물로 비치느냐"라며 섭섭함을 드러낸 적이 있다. 본래 이미지란 그런 것이다. 내가 생각하는 게 아니라 남이 보아주는 그 무엇인 것이다. 국민들 눈에 어떻게 비치는지를 가볍게 생각해선 안 된다.

더구나 집권 이후 상당 기간이 지나도록 이 대통령은 자신만의 스타일을 만들어내는 데 별 성과를 거두지 못했다. 물론 그것이 쉬운 일은 아니다. 그것은 자신이 처한 상황을 정확히 파악하는 감각을 필요로 하기 때문이다. 주변 사람들이 아무리 조언하고 준비해 주어도 그런 이미지를 멋지게 소화해 내는 일은 대통령 자신의 몫이다.

지지 세력을 아우르는
덕장의 태도 보여야

이명박 대통령의 주요 경력은 기업 경영자와 서울시 시장이다. 기업과 공직 세계는 '돌격 앞으로!'라는 구호가 통하는 곳이다. 지시와 명령에 따라 움직이는, 수직적 리더십이 지배하는 조직이라 할 수 있다. 그러나 국가는 다르다. 대통령이 행사할 수 있는 인사권은 물론, 직접 통제할 수 있는 기관도 한정되어 있다. 그만큼 수평적 리더십, 즉 공감대를 형성하고 인간적인 매력으로 사람들을 이끌어가는 능력이 반드시 필요하다.

이 대통령은 그런 차이를 인식해야 한다. 상황 변화를 정확히 읽고 그에 걸맞게 대처할 수 있는 '상황 지능'을 발휘해야 한다는 말이다.

이때 대통령 본인의 매력이란 부분도 무시할 수 없다. 사람을 묘하게 끌어당기는 힘, 지시나 통제 없이도 사람들을 자연스럽게 자기 편으로 끌어들이는 그런 힘 말이다. 이렇다 할 잘못이 없는데도 대통령을 바라보는 국민들의 시선이 곱지 않고 대통령의 행동 하나하나에 비난성 댓글들이 달리는 것을 보면 안타까운 마음을 금할 수 없다.

그리고 아무리 바쁘더라도 오늘의 자신을 있게 해준 정치적 지지 세력에 대한 배려가 있어야 한다. 이 대통령은 실용적인 사람이라 그런지 모르겠지만 펜의 힘을 대단치 않게 여기는 것 같다. 대통령의 정치적 이념에 공감하고 그것을 널리 알리는 데 도움을 줄 수 있는 사람들에게 별 관심을 기울이지 않는 듯한 인상을 받는다. 보좌진들이 제대로 챙기지 못해서 그럴 수도 있겠지만, 지식인에 대한 이 대통령의 생각의 일단을 엿볼 수 있다.

대통령이 궁지에 몰렸을 때 도움의 손길을 내밀 수 있는 사람들은 광범위한 우호 세력이다. 그런데 그중 많은 사람들이 이 대통령에 대한 지지를 공개적으로 또는 묵시적으로 접었다. 이 점에 대해 이 대통령과 집권 세력은 고민해 봐야 한다.

지난 10여 년 동안 음지에서 우파 정권의 집권을 돕고 더 나은 나라를 만들기 위해 고생해 온 사람들이 많다. 그중에서도 지식인들은 임기 동안뿐만 아니라 임기가 끝난 뒤에도 이명박 대통령의 치적을 체계화하고 이론화하는 데 많은 도움을 줄 수 있는 사람들이다. 그런데 많은 사람들이 모인 자리에 함께 불러 밥 한 끼 사고 마는 식이 아니라 작은 모임을 마련해 그들의 이야기를 찬찬히 들어본 적이 있는지 궁금하다. 만약 그런 만남을 가졌다면 다행스런 일이지만, 그렇지 않다면 이 대통령과 그 주변 사람들은 문제의식을 가질 필요가 있다.

또한 집권 세력의 외연을 확장하는 일은 반드시 필요하다. 그 출발점은 정치적 입장을 같이하는 사람들과의 관계를 공고히 하는 것이어야 한다. 그 다음에는 정치적으로 입장을 달리하는 사람들까지도 포용하려고 노력하는 일이다. 이따금 이 대통령이 단골 고객은 제쳐두고 신규 고객만 챙기는 영업자 같다는 생각은 나만 하는 것인지 궁금하다.

믿음과 감동을 선사하는 리더십을 기대한다

한편 인사권은 대통령의 고유 권한이지만 그에 따른 책임도 막중하다. 대통령의 권한 중에서도 인사권만큼 판단력이 돋보이는 부분도 없을 것이다. 그런데 현 정부 들어 감동적이라고 할 만한 인사권 행사가 몇 번이나 있었던가? 한국관광공사 사장에 이참 씨를 임명한 정도가 아닐까?

텔레비전 화면을 통해 각료회의 장면을 보면 각료들 대부분이 나이 많은 사람들이다. 물론 나이만큼 연륜도 깊겠지만, 정치란 결국 감동을 만들어내는 일이고 국민들은 늘 새롭고 참신한 변화를 원한다. 대통령 자신과 비슷한 연배의 사람들로 구성된 내각을 보면서 국민들이 무슨 생각을 하겠는가? 오래 데리고 있던 사람, 자기 말 잘 듣는 사람들로만 채웠다고 생각할지도 모른다.

개각에 대한 국민들의 줄기찬 요구는 새 인물을 등용하라는 뜻이다. 그런데 다 잘하고 있는데 왜 사람을 바꾸라는 거냐는 식으로 대응하니 상황 파악을 전혀 못하고 있다는 인상을 지울 수 없다. 정치력을 발휘해 한국 사회의 성장통을 줄이기는커녕 더욱더 심화시켜 온 것이 이 대통령이 걸어온 그간의 행보라는 생각이 든다.

그나마 집권 중반기로 접어들어 초기의 실수를 만회하는 모습이 눈에 띄는 것은 반가운 일이다. 북한 조문단이 방문했을 때 이 대통령이 과거 10년과는 다르다는 점을 김 위원장에게 전달해 달라고 절제된 어조로 당부하는 대목은 인상적이었다. 철도 파업 문제도 위엄 있는 언행으로 잘 해결했다. 이 대통령은 점차 자신만의 리더십 스타일을 찾아가고 있으며, 앞으로 더 나아지리라고 기대하고 싶다.

국가 지도자 자리는 본래 어렵다. 이렇게 하면 이런 비판이, 저렇게 하면 저런 비판이 튀어나온다. 게다가 나를 포함한 한국인들이 지도자에 대해 지나친 기대감을 품고 있는 것도 사실이다. 대통령이 구체적인 도움을 줄 수 있다면 좋겠지만, 국민 한 사람 한 사람을 챙긴다는 것은 현실적으로 불가능하다.

국민들은 대통령이 혼란스런 세상에서 국가가 나아갈 올바른 길을 제시하고, 뿌리 깊은 나무처럼 그 길을 꿋꿋이 지키고, 특정 집단을 편애하지 않고 국정을 두루 보살피고, 때로는 인간적인 면모로 감동 그 이상을 보여주기를 바란다. 그리고 대통령이 적어도 국민들에게 불편을 끼치지 않기를, 경멸과 무관심의 대상으로 전락하지 않기를 바란다.

이 대통령은 새로운 것을 배우는 면에서는 대단히 빠르기 때문에 앞으로 더 나은 성과를 만들어낼 것임을 믿어 의심치 않는다.

말 한 마디로 천 냥 빚을 갚는다는 속담은 대통령의 리더십에도 적용된다. 이 대통령의 리더십 여하에 따라 국민에게 불편을 줄 수도 있고 희망을 줄 수도 있다. 냉정하게 평가해 보면 지금까지 이 대통령의 행보는 희망의 원천이 될 때보다는 불편의 원천이 될 때가 더 많았다. 그럼에도 불구하고 우리는 이 대통령의 리더십에 기대를 건다. 그리고 우리의 기대가 실현된다면 이 대통령의 리더십이 대한민국 성장통의 한 원인이라는 내용은 이 책에서 사라져야 할 것이다.

한창 이 책의 원고를 다듬던 중에 바버라 월터스의 자서전을 읽게 되었다. '인터뷰의 여왕'으로 불리며 40여 년 간 저널리스트로 활동해 온 그녀는 지금까지 만난 수많은 정치 지도자들 중 가장 인상 깊은 인물로 마가렛 대처 전 영국 수상을 꼽는다. 그리고 리더십에 대한 대처 여사의 말을 다른 인터뷰 때도 즐겨 인용한다고 한다. 이 시대에 우리가 원하는 리더와 리더십이 무엇이냐는 질문에 대한 대답의 일단을 담고 있기에 잠깐 소개하겠다.

어린 시절 대처 여사의 아버지는 딸에게 늘 이런 말을 들려주었다고 한다. 그리고 그녀는 훗날 정치인으로 활동하면서 아버지의 조언을 잊어본 적이 없다고 한다.

"'무슨 일을 해도 다른 사람이 하니 따라서 한다는 생각으로 해서는 절대로 안 된다. 그건 잘못된 것이다. 사람들과 맞서기 싫다는 이유 때문에 군중들이 하는 대로 해서는 절대로 안 된다. 어떤 것이 옳은 일인가에 대해 자신의 생각을 정리하도록 해야 한다. 그런 다음에는 자기를 따르도록 다른 사람들을 설득해 나가야 한다.' 어린아이가 받아들이기에는 무척 어려운 말이었지만 이 말은 아버지께서 우리를 키울 때 그야말로 확고한 방침이었답니다. 그때부터 죽 그 말은 내게 확고한 가르침으로 남아 있어요." — 바버라 월터스, 『내 인생의 오디션』

"세상은 기업국가로 간다. 그리고 그 추세는 어느 누구도 막을 수 없다. 하지만 그럴수록 '기업에 좋은 것이 늘 대한민국에도 좋다'는 명제 역시 많은 경우에는 진실이지만 그렇지 않은 경우도 있을 수 있음을 인정해야 한다."

돈이 지배하는 세상, 기업국가의 전개

5 역대 정권 중에서 이번 정권처럼 자주 재벌 총수들과 회합을 가진 정권이 있을까? 물론 어려운 경제 상황에서 고용 창출 등에 대한 협조를 당부하기 위해 만난 것이라면 이해가 간다. 다만 현 정권 들어 이런 회합이 눈에 띄게 잦아졌다는 것만은 누구도 부인할 수 없는 사실이다. 회합 분위기가 화기애애했다는 점 못지않게 대통령이 재벌 총수들에게 일방적으로 지시하기보다는 부탁하는 태도를 보였다는 점도 주목할 만하다.

어려운 때일수록 투자를 더 해야 한다든지, 일자리 만들기에 더 노력해 달라든지, 내가 도울 일이 있다면 지체 없이 알려달라는 식의 협조를 구하는 내용이 주를 이룬다. 물론 대통령 개인의 성격도 반영되었겠지만, 정치와 경제의 역학관계 변화를 엿볼 수 있는 대목이기도 하다.

특히 과거 20여 년 동안의 대통령과 재벌 관계를 떠올려보면, 이제 대통령과 재벌 총수의 만남에서 무게중심이 돈을 가진 사람 쪽으로 기울고 있다는 것을 알 수 있다. 이번 정권 들어 대통령이 다른 이해 관계자들, 예를 들어 사용자의 대척점에 있는 노동 단체 관계자들을 만난 적이 몇 번이나 되는가? 정권의 성격에서 그 원인을 찾을 수도 있겠지만, 힘의 이동이라는 관점에서 바라볼 필요도 있다.

한편 언론에 보도되는 비중 면에서도 정치와 경제 간의 힘의 이동이 확인된다. 일부 기업인은 유명 연예인을 능가할 만큼 세인의 관심을 끈다. 그들이 던지는 말 한 마디 한 마디에 사람들의 주의가 온통 쏠리고, 그들의 사생활까지도 보통 사람들의 점심 대화에 오르내린다. 사람들은 이제 장관이 무슨 말을 하는가보다 인기 기업인들이 무슨 말을 하고 그 말이 어떤 뜻을 갖는지에 더 예민하게 반응하고 열광한다.

바야흐로 '모든 것은 로마로 통한다'는 격언이 '모든 것은 대기업으로 통한다'는 말로 바뀔 판국이다. 그만큼 세상은 변했고 변하고 있다.

한국 사회는 본격적으로 '기업국가'의 길로 들어섰다. 기업국가란 '기업의 비중과 영향력이 크게 증가한 상태의 국가'를 이른다. 나는 기업국가의 특징으로 다음의 일곱 가지를 꼽는다.

첫째, 기업이 정치, 사회, 문화 등 사회의 다른 부문에 비해 외형적으로 현저히 빠른 속도로 성장하는 국가다. 둘째, 기업의 용어나 관행이 다른 분야에서 자연스럽게 사용되면서 일반화된 국가다. 셋째, 기업 오너와 전문경영인, 즉 기업 고위직 인사들의 언행이나 생각 등이 사회에 큰 영향을 미치는 국가다. 넷째, 대중 매체가 다루는 내용 중에서 기업 관련 비중이 현저히 높은 국가다. 다섯째, 기업 고위직 인사들이 내놓는 의견이나 전망에 일반인들이 크게 주목하는 국가다. 여섯째, 고급 인력들이 사기업 분야로 집중되는 경향이 두드러지는 국가다. 일곱째, 제도나 정책을 만드는 과정에 기업의 의견이나 이해관계가 강하게 반영되는 국가다.

세계는 지금 기업이 주도하는 슈퍼자본주의 체제로

한국은 이런 특징들을 보이는 기업국가를 향해 가고 있다. 물론 한국만 그런 것은 아니다. 글로벌 자본주의가 확산되면서 기업국가는 세계적인 현상으로 자리 잡아가고 있지만, 한국은 유독 그런 현상이 두드러지는 나라다. 이런 현상을 체제라는 더 넓은 시각에서 접근하여 『슈퍼자본주의』를 집필한 로버트 라이시 교수는 '슈퍼자본주의(super capitalism)의 승리'라는 표현을 사용한다.

슈퍼자본주의란 신기술, 세계화, 탈규제의 전개와 더불어 소비자와 투자자가 큰 힘을 얻고 동시에 대기업들이 보다 경쟁적, 지구적, 혁신적으로 탈바꿈함으로써 자본주의(시장)의 힘은 점점 더 강해지는 반면, 시장의 경기 규칙을 만드는 민주주의(정치)의 힘은 축소되는 자본주의를 말한다. 라이시 교수는 "미국과 그 밖의 다른 곳에서도 정치 분야에서 돈의 역할이 점점 더 커지고 있다"고 지적하면서, 경기 규칙을 결정하는 과정에 기업들이 지나치게 영향력을 미치는 것을 경계해야 하며, 민주주의가 본래 기능을 회복해야 한다고 주장한다.

그러나 라이시 교수는 이미 일어나고 있는 변화의 실상은 제대로 전하지만, 그런 현상을 해소할 명확한 대안은 제시하지 못한다. 그 이유는 바로 어느 누구도 거스를 수 없는 막강한 시장의 힘 때문이다.

날로 확대되어 가는 세계 시장은 기초가 탄탄한 기업들에게 계속 성장해 나갈 충분한 기회를 제공하고 있으며, 결과적으로 기업국가 현상이 가속화될 수밖에 없다. 기업국가로 나아가는 지금의 추세는 앞으로 역전될 가능성이 있을까? 전쟁이나 천재지변 같은 극단적인 상황이 장기에 걸쳐 일어나지 않는 한 상상할 수 없는 일이다. 그러므로 한국 기업들이 지닌 유무형의 기반이 꾸준히 성장하는 것을 막을 수 없는 한 기업국가를 향한 우리 사회의 움직임은 저지하기 어렵다.

다른 시각에서 보면 한국은 이미 물적 기반을 담당하는 경제 영역과 그 밖의 정치, 사회, 문화, 교육 영역 간의 분리 현상이 뚜렷해지고 있다. 경제 영역을 하부 구조라고 부르고 나머지 영역들을 상부 구조라고 부른다면, 상부 구조와 하부 구조의 분리 현상이 심화되고 있다는 점에 주목해야 한다.

1995년 김영삼 정부 시절에 삼성그룹 이건희 회장이 "정치는 4류, 행정은 3류, 기업은 2류"라고 말해 큰 사회적 파장을 일으킨 적이 있다. 당시만 해도 기업은 정치와 행정의 압도적 영향력 아래 놓여 있었고, 이 회장의 발언은 그런 상황에 대한 답답한 심경의 토로였을 것이다. 당시 이 회장의 발언에 대해 일부 사람들은 발끈했지만, 대다수 사람들은 현실의 핵심을 찌른 표현이라며 공감하는 분위기였다.

지금도 그 구조를 유지하고 있지만 기업만은 외부 영향을 훨씬 덜 받는 분야로 성장하는 데 성공했다. 이건희 전 회장의 발언 이후 15년 동안 기업계와 다른 영역 간의 성장률 격차는 크게 벌어졌다. 치열한 글로벌 경쟁과 절체절명의 외환위기 속에서 멋지게 살아남은 기업들은 다른 분야들과는 비교도 안 될 만큼 성장해 그 격차를 더욱더 벌려 놓았다.

아직도 상부 구조가 하부 구조의 성장에 기여할 수 있는 면이 없지는 않지만, 하부 구조는 이미 성장을 위한 자체 동력을 갖추는 데 성공했다. 한국 기업들, 특히 대기업들은 탄탄한 성장 기반을 확충하고 다른 영역의 영향을 거의 받지 않고도 자체 성장할 수 있는 실력을 갖추게 된 것이다.

대한민국은 기업국가로 간다

대한민국은 점점 더 기업이 주도하는 사회로 갈 것이다. 이것은 『10년 후, 한국』이란 책 이후 7년 만에 내놓는 이 경제 시론서에서 내리고 싶은 핵심 결론 중 하나다. 물론 어떤 성격의 정권이 등장하느냐에 따라 앞으로 사업 환경은 기업에 우호적일 수도 있고 비우호적일 수도 있다.

그러나 그런 환경이 기업에 미치는 영향력은 5~6년 전에 비하면 현저히 낮아졌다. 그것은 기업의 실력 향상이라는 내부적 요인도 있지만 세계화와 IT 혁명을 기초로 하는 시장 환경의 변화도 큰 요인으로 작용하고 있다. 그리고 이 같은 경향은 앞으로 더욱더 강화될 것이다.

한국이 1960~1970년대 산업화 시대를 거치면서 세계 시장에서 기회 선점에 성공해 삼성, LG, SK, 현대자동차, 포스코 같은 굴지의 대기업들을 만들어내는 데 성공했다는 점에서 그런 전망을 해볼 수 있다. 이들 기업은 세계 시장에서 치열한 경쟁을 뚫고 글로벌 기업을 향한 행보를 계속해 나가고 있다.

한국의 일부 기업이 글로벌 자본주의가 본격화되기 전에 이미 자체 성장 동력을 갖추었다는 것은 기업뿐만 아니라 한국 입장에서도 다행스런 일이다. 앞으로 중국이나 인도처럼 거대한 내수 시장을 갖지 못한 국가에서 자체 기술력과 브랜드 파워를 갖춘 세계 굴지의 기업이 나오기는 어렵기 때문이다. 연구 개발, 조직 관리, 인재 육성, 영업 등 거의 모든 면에서 일정 규모 이상을 갖추지 못한 기업이 과거처럼 특정 분야에서 성장의 교두보를 확보하기란 쉽지 않다. 소도 비빌 언덕이 있어야 한다는 속담은 글로벌 자본주의 시대의 기업에 대한 비유로도 적절하다.

지나치게 미래를 낙관하는 것이 아니냐고, 지나치게 대기업, 선진국 입장에서 생각하는 것이 아니냐고 반문할 수도 있다. 그러나 나는 엄연한 현실을 직시하고 싶다. 학자들은 세상이 공평해야 한다고 주장하지만, 현실 세계는 그런 믿음과 달리 움직인다. 세상은 원래 불공평하다. 물려받은 유전자나 유산도 공평함과는 거리가 멀다.

한국은 누구도 불공정 무역을 탓하지 않던 시대에 나라 문을 적당히 잠그고 상대국의 문을 활짝 열어젖힌 채 무역으로 큰돈을 벌었다. 기업들에게 선별적으로 유무형의 보조금을 지불하는 일도 서슴지 않았다. 당시 한국은 상황을 제대로 이용했다. 이제 그런 시대는 다시 오지 않는다. 공정한 경기를 하자고 아무리 주장해도 메아리 없는 외침일 뿐이다.

개인이든 기업이든 간에 도약은 쉽지 않다. 기존 질서를 인정하는 한도 내에서 승자를 가리는 경기가 펼쳐진다. 한국은 제조업과 금융업 기반이 적절히 조화를 이룬 나라 중 하나이기 때문에 국가 차원의 산업 포트폴리오도 이상적이다.

특히 자금과 인적 자원, 연구 개발 기능 등을 효과적으로 활용할 수 있다는 재벌 체제의 장점이 부각되고 있다. 그동안 재벌 체제에 대한 논란도 많았지만, 과거에 새로운 사업을 만들어내는 데 재벌 체제가 유리했던 것처럼 앞으로도 그럴 것이다. 그룹의 시너지를 이용해 신규 프로젝트에 뛰어들고 전문경영인 체제에서는 엄두도 내지 못할 장기적인 대규모 투자를 과감히 시도할 수 있는 재벌 체제의 장점을 한껏 발휘할 것이다.

재벌 체제의 단점으로 지적되던 불투명한 지배 구조 문제도 많이 개선되었다. 정부의 노력도 있었지만 자본 시장의 요구에 따를 수밖에 없는 상황이 전개되면서 재벌들은 자의반타의반으로 경영 불투명성을 개선하기 위해 노력해 왔다. 물론 아직도 비자금 조성이나 불법 내부 거래 같은 문제가 불거지지만 외환위기 이전에 비해 개선된 것이 사실이다.

이남우 메릴린치증권 전 전무(아시아 태평양 본부 고객 관리 총괄)는 한국적 재벌 모델에 대해 "지난 3분기(2009년)의 경이적 경영 실적이 증명하듯, 한국적 재벌 비즈니스 모델은 지배 구조를 중심으로 운영의 묘만 잘 살린다면 우수한 제도"이며, "그 장점이 객관적으로 입증된 한국적 재벌 비즈니스 모델을 한 단계 격상시키기 위해서는 지배 구조를 중심으로 질적 변화를 꾀해야 할 것이다"라고 조언한다.

대기업이 이끄는
사회 전반의 변화와 혁신

재벌 기업들이 글로벌 시장에서 앞서 나가면 그 협력 업체 성격의 기업들도 수혜를 입는다. 이들 선도 기업과 중소 협력 기업의 동반 성장이 가능함은 물론이다. 그에 못지않은 긍정적인 영향은 이들 글로벌 기업의 성장이 한국 사회 전체의 수준을 끌어올린다는 점이다. 이른바 '혁신의 확산(spill-over)' 현상이다.

우리는 거리, 지방자치단체, 상품 소비와 투자 형태, 유행 등 한국 사회 곳곳에서 아주 빠르게 혁신이 공유되고 있는 현상들을 발견할 수 있다. 즉 기업 혁신의 결과물인 스타일, 디자인, 유행, 제도, 관행, 생각 등이 다양한 모습으로 지방자치단체나 공기업 등 사회 다른 부분으로 확산되고 있는 것이다.

이처럼 한국인은 빠를 뿐만 아니라 더 좋은 것, 돈 벌이가 되는 것이라면 무엇이든 쉽게 받아들인다. 영국의 경영평론가 찰스 핸디는 유럽인과 미국인의 차이를 흥미롭게 비교하고 있다. 유럽을 방문한 한 미국인이 "왜 여기서는 내가 무언가에 대해 이유를 물을 때마다 제도든, 의식이든, 법규든 상관없이 하나같이 역사적인 이유를 대는 겁니까?"라고 의문을 제기한다. 미국에서는 기능과 역할 중심으로 설명한다는 것이다. 핸디는 "유럽인들은 행복했던 과거를 돌아보며 가능한 변화를 거부하려 하고, 미국인들은 앞을 내다보며 가능한 많이 변화하려 한다"고 지적한다. 그렇다면 한국인은 유럽인에 가까울까 미국인에 가까울까? 당연히 후자이다.

사람들은 삶이 점점 더 팍팍해지고 있다고 불평하는데, 이는 기업의 빠른 변화와 혁신 속도에 한국 사회의 다른 부분들이 영향을 받고 있어서 그렇다. 물론 이런 혁신의 가속화에 대한 평가는 사람마다 다 다를 수 있다.

다만 분명한 것은 글로벌 자본주의라는 새로운 환경에서 한 사회가 변화와 혁신을 공유하는 일은 단점보다 장점이 훨씬 많다는 점이다. 경기 규칙이 바뀌면 경기 방법도 바뀌어야 한다. 거부할 수 없는 환경 변화라면 신속하게 적응하고 변신하는 것이 최선의 대응책이다.

사실 대기업들이 새로운 경기 규칙과 방법을 전파하는 데 큰 몫을 담당하지만, 이것은 대기업들이 원해서라기보다는 다른 분야에서 그들을 본받고 싶어하기 때문이다.

한번은 주요 지방자치단체를 방문해 창조 경영에 대해 강연할 기회가 있었는데, 한창 그 지역이 창의 경영과 디자인 분야에 관심을 갖고 있던 때였다. 강연 중에 나는 "공공 분야만 보지 마시고 가능하면 사기업에서 가장 앞선 기업들을 살펴보시기 바랍니다. 시간을 내서 H 기업을 방문해 어떻게 하는지 살펴보면 민간 기업에서 선진 사례를 효과적으로 배울 수 있을 것입니다"라고 제언했다.

그런데 나중에 전해 들으니, 너무 많은 사람들이 견학 신청을 하는 바람에 H 기업이 일상적 경영 활동에 지장을 받을 정도였다는 것이다. 그후 H 기업은 특별한 경우가 아니면 견학 신청을 받지 않는다고 한다.

새삼 한국인의 극성스러움에 놀라지 않을 수 없었다. 이런 국민성에 자의반타의반으로 불을 지르는 것이 바로 대기업들의 변신이다.

대기업 중심으로 재편되는 국가 경제 지형도, 그 그림자에 주목하라

기업국가로 가는 과정에서 개인이 당면하게 되는 도전 과제도 만만치 않을 것이다. 제도가 어떻게 변하든 상관없이 계약직 형태의 고용 관행은 일반화될 것이다. 업무 능력을 향상시키고 일자리를 유지하는 책임은 점점 더 개인 몫이 된다.

또한 특별한 조치가 취해지지 않는 한 대기업들의 진출 영역은 계속 확장될 것이다. 대학이나 병원은 물론이고 과거에는 눈길도 주지 않던 제조업과 서비스업의 틈새시장에까지 대기업들이 진출하게 될 것이다.

결과적으로 큰 자본 없이도 시작할 수 있었던 자영업 분야에서 개인의 설 자리는 더 좁아질 수밖에 없다. 이제 혼자서는 할 수 있는 게 없다는 절망의 목소리가 여기저기서 들려올 것이다. 대기업들이 진출 영역을 확대해 가는 것은, 특히 소비자 입장에서는 더 저렴하고 나은 상품과 서비스를 공급받는다는 면에서 환영할 만하다. 그러나 양지가 있으면 음지가 있듯이, 해당 분야에서 철수할 수밖에 없는 사람들에겐 그런 상황이 극도로 고통스럽다.

요컨대 자본력과 경영 능력을 갖춘 대기업들이 그동안 개인이나 중소 자영업자들이 활동하던 분야로 진출하면서, 정책적 판단에 힘이 실리지 않는 한 효율성의 우열에 따른 시장 재편이 이뤄지게 된다. 이런 변화는 소수의 승자에게는 새로운 사업 기회를 주지만, 다수의 패자에게는 기존의 일자리를 포기하고 새로운 길을 찾아야 하는 거대한 압박감으로 다가올 것이다. 바로 여기서 대한민국 성장통의 또 하나의 원인을 발견하게 된다.

이처럼 시대의 대세인 기업국가의 그림자 측면에도 주목해야 한다. 로버트 라이시 교수는 미국뿐만 아니라 여러 선진국에서도 정치 분야에서 돈의 영향력이 증대되고 있는 현실을 우려한다.

이 돈은 대부분 대기업에서 나오며, 대기업들은 막대한 돈을 투입해 자신들에게 유리한 정책이 채택되도록 정치인들을 움직인다. 그래서 로비가 합법화되어 있는 미국의 상황은 시사하는 바가 크다. 대기업의 막대한 로비 자금 규모에 비하면 비기업 집단의 로비 자금은 새 발의 피다.

2005년에 미국에서 로비 자금을 가장 많이 투입한 100개 단체의 순위를 살펴보면 전미상공회의소가 1위를 차지했다. 미국 최대 노동조합 연합체인 산별노조총연맹(AFL-CIO)은 74위에 올랐으며 환경 보호, 아동 복지, 인권 옹호 같은 활동을 하는 공익 단체들은 순위에도 들지 못했다. 더욱이 로비 활동은 1970년대부터 급증해 계속 강화되는 추세다.

로비가 합법화되지 않은 나라에서도 대기업을 비롯한 재력 집단들은 자신들의 의사를 관철시키기 위해 풍부한 재력을 활용해 정책 결정 과정에 개입한다. 그런 점에서 기업국가 시대에는 대기업들이 정치적 영향력을 올바르게 행사하도록 규제하려는 노력이 그 어느 때보다 필요하다.

기업은 태생적으로 고객을 만족시키는 게임에서 성공해야 생존과 번영을 보장받을 수 있으며, 그런 점에서 자원 배분 과정 등에 자신들의 이익을 반영하기 위해 얼마든지 영향력을 발휘할 수 있다. 즉 기업이 정계나 관계, 학계, 언론계에 과도한 영향력을 행사해 합리성을 상실한, 자신들에게 유리한 정책이나 제도를 강제할 수 있다는 말이다.

사법계에 대해서도 영향력을 행사할 가능성이 얼마든지 있다.

과거에 비해 운신의 폭이 훨씬 넓어진 기업들, 특히 재벌 기업들은 정권의 유한성을 누구보다도 잘 안다. 그래서 종종 엄청난 돈을 써가며 정책 입안자나 집행자들을 자기 입맛에 맞게 움직이려 들기도 한다. 기업 스스로 자신의 영향력을 올바로 사용하고 적절히 단속하기를 기대하기는 어렵다. 그렇기 때문에 기업 활동에 대한 철저한 감시 감독과 적절한 사회적 규제가 필요하다.

환율 문제만 해도 그렇다. 정부는 경상수지 흑자 유지가 경제의 대외 신인도 유지에 중요하다고 거듭거듭 강조한다. 시장에 맡겨놓으면 원화 가치가 더 오를 수 있는데도 인위적인 시장 개입을 통해 원화 가치가 일정 수준 오르는 것을 막는 데 적극적이었다. 정부 개입에 의한 이 같은 고환율 정책은 수출 기업을 돕고 무역수지 흑자를 늘림으로써 대외신인도 유지에 도움이 된다.

때문에 공익 차원에서 합리화될 수 있는 정책이지만 부정적인 측면도 있다. 글로벌 금융 위기 상황에서 한국의 수출 기업들은 환율 효과의 덕을 톡톡히 보았지만, 수입 물가 상승으로 인한 부담은 일반 국민에게 고스란히 전가되었다. 모든 정책은 이처럼 모두가 윈윈할 수 없는 경우가 많다.

기업 이익을 옹호하는 단체들은 환율이 조금만 떨어져도 '더 이상 지탱하기 힘들다'고 마지노선을 제시하며 정부 개입을 요구하고 나선다. 결국 환율 정책뿐만 아니라 다른 사회 정책에서도 공익의 이름으로 대기업 이익을 보호하는 정책들이 양산될 가능성은 얼마든지 있다.

기업 이익이 공익을 해치지 않도록 적절한 규제가 필요하다

기업이 정권에 유착해 자원 배분 과정에 자신들의 의도를 과도하게 개입시키거나 불법을 저지르고도 사법 판단을 관대하게 만드는 행위 등은 근절되어야 한다. 또한 자신들에게 유리하게 여론을 끌고 가기 위해 언론에 개입하고, 특정 지역을 개발제한구역에서 빼내는 등의 행위에 대해서도 규제가 있어야 한다고 본다.

인간의 선의에만 의지해서는 안 된다. 적절한 규제가 없는 한 선의는 언제든지 악용될 수 있다는 것을 알아야 한다. 그런 점에서 시장에 대한 감시 감독과 정치와 경제의 유착 가능성을 줄이는 제도 개혁은 계속되어야 한다. 그리고 건전한 시민 사회 단체 활동 역시 시장 감시 기능을 일부 담당할 수 있다고 본다.

내 경험을 미뤄보면 기업은 자신의 이익에 대단히 충실한 집단이며 기업을 이끄는 사람들 역시 자신의 이익에 대단히 충실하게 행동한다. 이익이 된다면 모든 수단과 방법을 동원하는 것이 기업의 세계이자 사업가의 세계다. 그리고 인간은 매사를 자기중심으로 보기 때문에 사업가들은 '기업에 좋은 것이 사회에도 좋다'고 굳게 믿는다. 하지만 기업에 좋은 것이 국가 전체의 자원 배분을 왜곡할 수 있음을 인정해야 할 때도 있다. 이는 기업국가로 나아가는 과정에서 나라 일을 맡은 사람들이 명심해야 할 부분이다.

그리고 기업국가 시대에는 기업이 저지르는 명백한 불법 행위와 그 처리 문제에 대해서도 각별한 주의가 필요하다. 우리는 기업들이 막강한 법률 팀과 로펌 그리고 각종 사회적 관계망을 동원해 법망을 교묘히 빠져나가는 '유전무죄'의 사례를 종종 목격한다. 그런 경우 보통 사람들은 '저 친구들이 다 저렇지 뭐' 하고 냉담하지만, 결국 이런 일들이 체제에 대한 대중적인 반감을 만들어낼 여지는 얼마든지 있다. 기업의 불법 행위에 대해 응분의 대가를 치르도록 하는 원칙이 엄격히 지켜지지 않는 한 어떤 정권이 등장하더라도 체제에 대한 국민들의 반감과 분노를 막을 수 없다.

이러한 체제에 대한 불신과 반감은 곧바로 정치적 행동으로 연결될 수 있다. 그래 봐야 별일 있겠느냐고 물을 수도 있다. 그러나 정치 지형도의 변화는 누구도 장담하지 못한다. 앞으로 특정 정권에 대해 '가진 자를 위한 정권'이란 인식이 광범위하게 형성될 가능성은 낮지만, 이런 오해나 반감이 확대되어 완전히 다른 색깔의 정치권력을 등장시킬 가능성까지 배제할 수는 없다.

이제는 창업자와 2세를 넘어 일부 기업에서는 3세 경영이 자리를 잡아가고 있다. 가족 지배 성격이 강한 한국 전통을 미뤄보면 기업에서의 가족 지배적 색체는 쉽게 엷어지지 않을 것이다. 따라서 부의 세습의 정당성 확보, 경영자의 불법에 대한 엄격함, 경영자 자신의 노블레스 오블리주(가진 자의 도덕적 의무) 등이 조화를 이루지 않는다면 가뜩이나 평등에 대한 욕구가 강한 보통 사람들의 반발로 이어질 수 있다.

이런 문제에 있어서도 '방어적'이기보다는 '선제적'인 대처 방식이 훨씬 효과적이다. 사회적 공분이나 반감이 일지 않도록 적극적으로 예방 조치를 취하는 것이 현명하다.

그리고 대다수 사람들은 이성적으로는 기업국가로의 이행을 좋은 일이라고 받아들이겠지만, 그 과정에서 상대적으로 성장률 격차가 큰 분야를 중심으로 시기, 질투, 소외감, 박탈감 같은 심리적 갈등이 생겨날 수 있다는 점에도 유의해야 한다. 그런 미묘한 감정들도 성장통의 한 부분을 차지한다.

기업국가로의 이행은 거스를 수 없는 대세지만 이런 내재된 부정적 에너지, 그리고 그 부정적 에너지의 정치적 폭발력에 대해서도 깊은 고민이 있어야 한다.

세상은 기업국가로 간다. 그리고 그 추세는 어느 누구도 막을 수 없다. 'GM에 좋은 것이 곧 미국에 좋은 것이다'라는 유명한 말이 있다. 대부분 옳지만 부분적으로 틀릴 수도 있는 주장이다. '기업에 좋은 것이 늘 대한민국에도 좋다'는 명제 역시 많은 경우에는 진실이지만 그렇지 않은 경우도 있을 수 있음을 인정해야 한다.

기업에 좋은 것이 반드시 대한민국에도 좋은 것이냐고 회의적인 반응을 보이는 사람들이 늘어나지 않도록 적절한 규제 시스템을 마련하는 것이야말로 기업국가의 주역들과 나라 일을 맡은 사람들이 챙겨야할 부분이다.

"한국의 성장통은 보통 사람들을 위한 일자리 창출 속도가 더디다는 데서 원인을 찾을 수 있다. 그렇다고 해서 그들이 더 나은 일자리를 찾아서 이동할 수 있는 가능성의 문이 활짝 열린 것도 아니다. 구조적 문제이기 때문에 해법 역시 구조적이어야 한다."

고용 없는 성장 속에 일자리가 위태롭다

6   얼마 전 통계청 발표를 통해 우울한 소식을 접하게 되었다. 2010년 1월 고용 동향에 따르면 현재 우리나라 실업자 수가 약 121만 6,000명인데, 실업자가 100만 명을 넘어선 것은 2001년 3월 이후 약 9년 만에 처음 있는 일이라고 한다. 그중에서도 청년실업률은 9.3퍼센트로 전년 동기 대비 무려 1.1퍼센트가 증가한 수치다.

문제는 이것이 다가 아니라는 점이다. 18시간 미만 취업자, 취업 준비자, 구직 단념자 등 '사실상 실업자' 수까지 더하면 461만 명을 훌쩍 넘는 수치로 이 또한 외환위기 이후 최대이다. 경기 회복세에도 불구하고 실업률은 계속해서 높아지고 있고 특히 경기, 인천, 대구 같은 지자체의 실업률은 더더욱 악화되는 상황이다.

한국상장사협의회 자료에 따르면 2005~2009년의 5년 동안 546개 상장사의 전체 매출은 24퍼센트 증가한 반면 직원 수는 오히려 2퍼센트나 감소했다. 경제 성장이 고용 증가로 이어지지 않는다는 사실을 새삼 확인할 수 있는 대목이다.

경기 회복과 함께 조금씩 나아지기는 하겠지만 우리 사회에서 '괜찮은 일자리'가 큰 폭으로 늘어나기는 힘들 것으로 본다. 이유는 여러 가지만 특히 우리가 주목해야 할 것은 이미 상당 부분 진행된 경제의 구조적 변화이다. 세상에는 통제할 수 있는 것도 있고 통제할 수 없는 것도 있는데, 경제의 구조적 변화는 통제할 수 없는 것들의 주요 목록에 반드시 포함되어야 한다.

그런 사실을 인식한다면 엉뚱한 곳에 울분을 터뜨리는 일도 피할 수 있으며, 막연한 낙관론을 근거로 미래에 대한 준비 없이 과거의 관성에 따라 살아가는 태도도 바로잡을 수 있을 것이다.

정규직 해고, 아웃소싱 그리고 자동화

글로벌 자본주의는 한마디로 세계적 차원에서 진행되는 '효율성 지상주의'다. 기업들은 극심한 경쟁에서 살아남기 위해 자기 혁신에 박차를 가할 수밖에 없으며, 예측 가능성이 점점 낮아지는 시대에 스스로를 보호해야 하는 도전 과제를 떠안게 되었다. 결과적으로 기업들은 규모에 관계없이 전일제 근무를 하는 정규직 직원들을 줄여나가는 추세에 있다. 경기 상황에 따라 정규직 해고를 통해 기업 규모를 신축적으로 조정할 수 있는 기업은 그나마 사정이 낫지만, 그렇지 않은 환경에서 기업을 꾸려가야 하는 경영진이라면 정규직을 늘리는 일에 보수적일 수밖에 없다.

정규직 해고는 노사의 이해관계가 첨예하게 맞서는 부분이기 때문에 역사적으로 또는 문화적으로 기존의 제도를 변경하기 어렵다. 장기적으로는 해고에 관대한 미국형 노동 시장과 고용자 보호를 중시하는 유럽형 노동 시장이 서로의 장점을 수용할 수 있겠지만 근본적 특성은 변경할 수 없을 것으로 본다.

따라서 당분간 한국의 노동 시장에서 정규직 근로자 보호에 실린 무게중심을 뒤집기는 힘들 것이다. 이런 조건에서는 경제 상황이 호전되더라도 전일제 정규직 증가 속도는 더딜 수밖에 없다. 이것이 바로 한국 사회에서 현재뿐만 아니라 앞으로도 '괜찮은 일자리'가 늘어나리라는 전망에 대해 유보적인 견해를 보일 수밖에 없는 이유다.

기업 입장에서 몸체를 줄이는 또 하나의 방법은 아웃소싱을 적극 활용하는 일이다. 아웃소싱은 대규모 조립 가공 분야에서 이미 일반적인 현상으로 자리 잡았으며, 앞으로 기업들이 환경 변화에 적응해 가는 과정에서 더욱더 활용하게 될 조치다. 결국 기존의 괜찮은 일자리들은 더 저렴한 비용에 똑같은 서비스를 제공하는 아웃소싱 형태로 채워질 것이다. 다시 말해 과거에 100퍼센트의 임금을 지불하던 정규직 일자리는 70퍼센트나 50퍼센트의 임금만 지불하면 되는 외주 노동으로 대체되고 있다. 대부분의 외주화된 일자리는 원래의 괜찮은 일자리에 비해 노동 강도는 높으면서 임금은 낮다.

아웃소싱의 확산은 거스르기 힘든 대세다. 저렴한 비용에 같은 서비스를 제공하겠다는 사람들이 노동 시장에 얼마든지 대기하고 있기 때문이다. 노동력 과잉 공급으로 인한 임금 인하 압력으로부터 자신을 보호할 수 있는 아웃소싱 대상이 얼마나 될까? 특별한 기술이나 노하우가 필요한 직종이라면 상대적으로 안전하지만 보통 사람들에게는 먼 나라 이야기다.

비정규직을 보호하는 다양한 조치들이 취해지더라도 치열한 경쟁 환경에서 살아남아야 하는 기업 입장에서는 그런 조치에 탄력적으로 반응할 수 있는 또다른 대안을 찾아내게 마련이다. 즉 비정규직 보호 정책이 정교해질수록 이를 피하기 위한 기업들의 대책도 정교해진다는 말이다. 그리고 대개 그런 정책들은 오히려 보호 대상에게 추가적 부담을 안기는 형태로 정리되기 십상이다.

또한 기업들은 필수 부분을 제외한 나머지 부분에 대해 적극적으로 자동화 시스템을 도입하고 있다. 인건비가 변동비가 아닌 고정비 성격을 띠게 되고 그런 경향이 강화되면 결국 기업들은 인력을 대체할 자동화 시스템을 대폭적으로 도입하게 된다. 투자 증가에 따른 일자리 증가를 나타내는 고용계수 또는 취업계수는 꾸준히 떨어지는 추세다. 한마디로 기업들은 고용을 늘리는 대신 자동화 시스템 도입을 통해 1인당 생산성을 높이는 방향으로 투자를 늘리고 있다.

그동안 고급 교육을 받지 않은 보통 사람들이 제대로 된 일자리를 얻을 수 있었던 제조업 분야의 1인당 생산성은 놀랄 만큼 높아졌다. 한국의 경우, 정도 차이는 있지만 제조업 분야에서 1인당 생산성의 빠른 증가로 인한 절대적 고용 인력 감축이 두드러지게 나타나고 있다. 기업 입장에서는 바람직한 일이지만 사회적 측면에서는 고용 인구의 둔화로 이어질 수밖에 없다.

일자리 없는 고통이
성장통의 주요 원인

지금까지 왜 괜찮은 일자리가 더디 게 늘어날 수밖에 없는지 세 가지 요인을 중심으로 살펴보았다. 이것 은 기업 입장에서 바라본 일자리 창출의 현황과 미래다.

이 땅에서 활동하고 있는 직업인이라면 이 세 가지 제약에서 벗어나 기 힘들다. 지금 우리가 발 딛고 선 현실이기 때문이다. 그리고 이런 현실적 제약이 보통 사람들에게 주는 아픔은 우리 사회가 앓고 있는 성장통의 중요한 부분을 차지한다.

이 책을 준비하던 중에 한 27세 청년이 쓴 사회시론서를 접할 기회 가 있었다. 취업 전선에 나선 사람이나 이런저런 사유로 조직 생활을 떠나본 사람이라면 이 청년이 느끼는 아픔과 분노에 공감할 것이다.

"우리는 초중고 12년과 대학 교육 4년까지 총 16년의 시간을 사회인 이 되기 위한 지식을 배우는 데 사용했다. 시간뿐이겠는가? 만만찮은 비용, 그 비용만큼 많은 노력이 들어갔다. 그런 준비를 끝마치고 사회 에 나와보니 설 곳이 없다.

이는 안정적 월급과 소속의 부재만을 의미하는 게 아니라 사회적 실 현의 장, 더 나아가 한 개인으로서 자아실현의 장이 사라진 것을 의미 한다. 또한 머지않은 시일에 무력한 장년층과 노년층이 양산될 것이라 는 또다른 불행의 전주곡이다.

사회와 국가는 그 구성원을 통제하는 대신 하나의 중요한 보장을 해 준다. 그 구성원들에게 적절한 노동의 장을 제공하고, 각자가 노동을 통해 삶의 의미와 가치, 즉 자아를 실현할 수 있도록 돕겠다는 약속이다. 이것은 근대 국가 초창기의 계약서에 분명히 명시된 목록이다. 그래야만 그 구성원들도 국가를 믿고, 그 사회를 전복하려는 불온한 행동을 하지 않고 순종하고 협조할 수 있다.

그런데 지금 이 사회와 국가는 20대에게, 더 나아가 지금껏 협조해 온 모두에게 무엇을 주었는가? 16년을 참아가며 제도권 교육을 성실히 받아온 대부분의 청년들에게, 꼬박꼬박 한 해 1,000만 원 등록금을 갖다 바친 이들에게 이 사회와 국가는 무엇을 주고 있는가? 우리의 분노는 바로 이 공평하지 못한 거래에서 시작된다." ─이승환, 『고 어라운드』

이 청년의 문제 제기는 취업 전선에 뛰어든 사람들의 본마음을 담고 있는 것 같아 그냥 넘겨버리기 어렵다. 그러나 사회와 국가의 보장을 역설하는 주장에 대해선 선뜻 '그렇다'고 동의하기 어렵다. 누가 누구를 보장해 준단 말인가? 한시적으로 사회를 이끄는 정치 지도자가 거대한 시대 변화를 어떻게 통제할 수 있단 말인가?

한때 일군의 경제학자들이 국가 경제 정책의 목표를 완전 고용에 두기도 했다. 하지만 그 어떤 정부 정책도 완전 고용에 성공하지 못했으며 결국 그런 시도는 재정 지출을 늘려 인플레이션을 일으켰다는 것이 역사적 경험이다.

일자리를 만들어내는 주체는 장사나 사업을 하는 사람들이다. 그런데 이들 역시 자선 사업을 하는 것이 아니다. 오늘날 한국 사회의 실업 문제는 대학 정원을 대폭 늘려 취업에 대한 젊은이들의 기대 수준을 지나치게 올려버린 과거 정책 입안자들이나 '쓸모 있는' 지식을 가르치는 데 실패한 교육 관계자들 책임이기도 하다.

일자리 없는 고통이야말로 당연히 성장통의 목록에 포함시켜야겠지만, 지금 와서 무슨 수로 그들에게 책임을 묻는단 말인가?

고용 없는 성장, 기업 이익과 국가 이익의 괴리

개별 기업의 글로벌화도 국내 고용 사정을 악화시키는 큰 요인이 되고 있다. 한국에 본사를 둔 기업의 매출 증가가 반드시 한국 내 고용 증가로 연결되는 것은 아니다. 이는 글로벌 소싱의 활성화라는 측면에서 이해할 수 있다. 미국 역시 이 문제로 고민하고 있는데, 한국에 기반을 둔 기업들이 외국에서 생산량을 늘리는 일을 어떻게 받아들여야 하느냐는 것이다.

기업 입장에서는 당연히 생산 입지가 유리한 곳을 선호한다. 그러나 일자리 만들기라는 문제를 고민하는 정책 입안자 입장에서는 누구를 위한 기업이냐는 의문을 던질 수밖에 없다. 삼성전자의 휴대전화 부문은 그동안 눈부신 성장을 이루었다. 글로벌 금융 위기 속에서도 삼성전자와 LG전자의 약진이 돋보였다.

하지만 삼성전자의 경우만 해도 2005년 75퍼센트에 이르던 국내 생산 비율이 2006년에는 63퍼센트, 2007년에는 52퍼센트, 2008년에는 35퍼센트, 2009년 상반기에는 30퍼센트 밑으로 떨어졌다. 이것은 기업의 글로벌 소싱과 고용 창출이 충돌한 사례다.

삼성전자의 한 관계자는 이렇게 말한다. "세계 휴대전화 시장의 중저가 비중이 60퍼센트 이상인데, 글로벌 업체들과 경쟁하려면 신흥 시장의 경우 현지 생산 체제를 통해 원가를 낮추고 규모의 경제를 이뤄 이익률을 높여야 한다. 그리고 국내는 프리미엄 제품 생산과 연구 개발 기지 역할을 계속 수행할 것이다."

이것은 비단 삼성전자만의 문제가 아니라 오늘날 한국의 대다수 기업체들이 직면한 현실이다. 실제로 기업은 성장하지만 보통 사람들을 위한 일자리에 있어서는 국가간 재분배가 이뤄지고 있는 현실을 확인할 수 있다. 한 업계 관계자는 "고용 없는 성장이 우리 경제의 구조적 문제로 지적되는 가운데 삼성전자의 휴대전화 국내 생산량 축소는 아쉬운 대목이다. 효율성을 높여야 하는 것은 이해가 되지만, 국내 대기업이라면 국내 부품업체들의 동반 성장과 고용 창출을 위한 노력도 함께 해나가야 할 것이다"라고 안타까움을 드러낸다.

사실 삼성전자의 해외 생산 기지 이동으로 가장 큰 수혜를 입는 곳은 2009년 10월에 문을 연 베트남 현지 공장이다. 앞으로 휴대전화 생산량을 월 600만 대 수준으로 늘릴 계획을 갖고 있고 장기적으로 연간 1억 대 이상으로 늘릴 전망이며, 이는 구미 공장 생산량인 2,879만 대를 크게 웃돈다.

정보통신연구진흥원은 〈2009년 상반기 휴대전화 부품업체 경영 실적 분석 보고서〉에서 삼성전자 휴대전화 부품 공급 업체 A사의 매출이 2007년 600억 원에서 2009년에는 450억 원으로 역성장할 것으로 전망했다.

결국 고용 감소로 인해 직장을 떠나는 사람들이 더 많은 임금을 받고 새 직장을 구할 가능성은 그다지 높지 않다. 취업 시장의 문을 두드리는 사람들뿐만 아니라 이미 취업이 된 사람들조차 어려운 상황에 놓여 있기는 마찬가지다.

그러나 국가간 일자리 재분배 문제를 부정적으로만 볼 것은 아니다. 삼성전자 같은 대기업의 국내 생산 비중 감소가 일방적인 일자리 이동으로 보일 수도 있지만, 자본주의의 역동성 또한 간과해서는 안 된다. 이를테면 코스닥 상장 기업의 양적·질적 성장도 주목할 필요가 있다. 이들 일자리가 정체된 대기업 일자리보다 더 많은 임금을 지불하기엔 아직 역부족이지만, 일자리의 국제적 재편 과정에서 한쪽에서 일자리가 사라지면 다른 쪽에서 일자리가 생겨나는 상황은 부단히 진행되고 있다.

물론 작은 기업들의 성장에도 불구하고 과거 고도 성장기에 비해 대기업 일자리의 증가 속도가 정체되거나 둔화되는 상황이 괜찮은 일자리의 증가 속도를 늦추는 현상은 피할 수 없을 것이다. 하지만 한국 사회에서도 일자리 교체와 관련해 역동적인 순환이 이뤄지고 있다는 사실은 무시할 수 없다. 그리고 그 속도 여하에 따라 한국 사회의 일자리 상황은 크게 달라질 것이다. 괜찮은 일자리의 성장은 더디지만, 나는 한국의 일자리 창출 상황에 대해 낙관적인 시각에 더 무게를 둔다. 대기업의 성장이 중소 부품업체의 성장을 이끌면서 역동적인 일자리 순환이 이루어질 것으로 내다보기 때문이다.

앞으로 기업 이익과 국가 이익의 간격은 더욱더 벌어질 것으로 보인다. 기업들은 내수 시장을 넘어 세계화의 기회를 잡기 위해 전력투구할 것이다. 그러나 기업의 세계화는 우리가 생각하는 것보다 더 큰 문제를 내포하고 있다. 그것은 바로 세계화된 기업과 국가의 이익이 점점 더 괴리되어 가는 현상이다.

기업들은 고성장을 통해 엄청난 이익을 남기고 우리 국민도 자부심이라는 무형의 기쁨을 누리겠지만, 실상 그 기업들이 일자리 창출에 얼마나 기여하고 있느냐 하는 문제에 이르면 현실과 인식 사이에 큰 격차가 있음을 알 수 있다. 일자리 부족이 한국 사회가 앓고 있는 성장통의 큰 원인이라면 기업 이익과 국가 이익의 괴리 문제를 꼼꼼히 짚어봐야 할 것이다.

《조선일보》 송희영 논설실장은 '기업의 이익, 국가의 이익'이란 칼럼에서 이 둘 사이에 얼마나 큰 간격이 생길 수 있는지 지적한다. 그는 기업이 설비 투자를 늘리면 세금을 감면해 주는, 27년 전에 만들어진 임시투자세액공제 제도는 수선해야 할 때가 한참 지났다고 말한다. 27년 전만 해도 기업이 10억 원을 투자해 공장을 지으면 60명 안팎의 젊은이를 고용할 수 있었기 때문에 10억 원의 설비 투자에 대해 약 1억 원의 세금을 감면해 주는 제도는 고용 창출 면에서 효과적이었다.

그러나 이제는 그 60명이 10명으로 줄었으니 고용세액공제 제도를 신설해 한국 국적 젊은이를 1명 고용할 때마다 해당 기업에게 1,000만 원씩 세금을 감면해 주는 쪽으로 기업 지원 정책을 전환하는 것이 바람직하며, 그렇게 되었을 때 세금 1조 원으로 줄잡아 10만 명의 일자리를 만들어낼 수 있다는 주장이다.

일자리 성장이 속도 면에서 얼마나 우리의 기대에 부응할 수 있느냐 하는 문제는 국가 정책에도 달렸다. 만약 정부가 고용 보호 정책을 강화하고 고용 부대비용을 높이는 정책을 추진한다면 장기적으로 보았을 때 일자리 창출 속도는 더뎌질 수밖에 없을 것이다.

근본적 해법 없이 반짝 일자리 만들기에만 급급

일자리 문제와 관련해 우리가 직면한 또 하나의 심각한 문제는 괜찮은 정규직 근로자의 앞날도 과거처럼 평탄하지만은 않다는 사실이다. 시장 변화 속도가 급격히 빨라지면 조직 구성원들도 그에 맞게 혁신 속도를 높여나가야 한다. 이것은 구성원 개개인이 학습을 통해 변신 속도를 높여나가는 일과 직결된다.

이때 중요한 변수는 연령이다. 젊은 사람들이 상대적으로 유리하다는 말이다. 연령이 채용이나 업무 평가의 기준이 되어선 안 되겠지만, 특별한 경우를 제외하면 조직 내에서 나이를 먹어간다는 것이 생산성 면에서 불리한 조건으로 작용하는 것은 피할 수 없는 현실이다.

결과적으로 조직 내에서 나이가 많은 구성원들의 입지는 점점 좁아지고 있다. 저출산 문제로 인한 생산 가능 인구 감소가 목전의 문제가 되기까지는 시간이 남았다. 그 전까지는 조직 내에서 상대적으로 나이 든 사람의 퇴출 문제는 이미 고용된 사람들에게도 중대한 과제가 될 수밖에 없다. 어떤 조직에서나 경험이나 리더십 같은 특별한 능력을 갖춘 연장자는 있어야 하지만, 경영 기법의 발전에 힘입어 과거와 달리 그렇게 많은 고위직은 필요 없게 되었다. 결국 우리가 직면한 시대 변화는 연령을 기준으로 조기 퇴직을 부추기는 경향이 있다.

일을 한다는 것은 생계유지의 방편에 그치지 않고 인간으로서 자존감을 확인하는 방법이기도 하다. 일자리를 잃어본 사람이라면 그 중요성을 뼈저리게 느낄 것이다. 그런 의미에서 일자리를 늘리는 일뿐만 아니라 일자리를 구하는 사람들의 능력을 배양하는 일까지 좀더 체계적인 접근법이 필요하다.

한국의 성장통은 특별한 교육을 받은 사람들이 아닌 보통 사람들을 위한 일자리 창출 속도가 더디다는 데서 원인을 찾을 수 있다. 그렇다고 해서 그들이 더 나은 일자리를 찾아서 이동할 수 있는 가능성의 문이 활짝 열린 것도 아니다. 구조적 문제이기 때문에 해법 역시 구조적이어야 한다.

그러나 근본적 문제 해결보다는 단기적이고 반짝 효과를 내는 대응책만 난무하고 있는 실정이다. 일자리 만들기를 중요한 정책 어젠다로 내걸고 집권에 성공한 현 정부 역시 문제 해결에 고심하고 있다.

그런데 누가 일자리를 만들어내는가? 결국 리스크를 안고 사업을 하는 사람들이 칼자루를 쥐고 있다. 그렇다면 그들이 왜 투자를 꺼리는지에 초점을 맞춰 장애물을 하나하나 제거해 나가야 한다. 사업하는 데 걸림돌이 되는 규제들을 찾아내어 개선하는 것이다. 신규 인력을 고용할 때 간접비 부담이 얼마나 되는지 파악해 세금이나 준조세 경감 조치 등을 취해 나가야 한다.

물론 정부도 사업하기 좋은 환경을 조성하기 위해 기업 활동에 따르는 각종 부대비용을 줄여주어야 한다는 것은 안다. 그러나 그런 조치들이 효과를 내려면 시간이 걸리기 때문에 결국 정부는 단기간에 가시적인 성과를 내는 조치에 더 골몰하게 된다. 청년 인턴 제도를 도입하고, 특정 산업 육성을 위한 지원금을 대고, 취업자 수를 늘리기 위해 대규모 토목 공사를 일으킨다.

대개 이런 조치들은 정부가 돈을 흘려주는 동안만 존재하는, 반짝 일자리를 만들어내는 데 그친다. 그리고 재원 마련을 위해 증세할 방법을 찾게 되면서 사업 환경을 더욱 어렵게 만드는 부작용을 낳는다. 결국 근본적 처방을 배제한 정부의 모든 일자리 만들기 조치들은 전시성 행사라고 볼 수밖에 없다.

정치인들은 임기라는 마감 시간을 갖고 움직이는 사람들이다. 재임 기간 동안 성과를 내야 한다는 압박감 때문에 무리수를 둘 수밖에 없다. 자율화의 미명 아래 대학 수를 엄청나게 늘려놓은 과거 정책 입안자들의 실책도 그중 하나다. 미래를 내다보는 일이 쉽지는 않겠지만, 우리 사회가 다 수용할 수 없을 정도로 대학 졸업자를 양산하도록 만든 것이 과연 올바른 정책인지 따져봐야 한다. 지금이라도 교육 제도의 근본을 바로잡는 일, 즉 그 효용성이 극히 의심스러운 일부 대학들을 정리해 대학 수를 적정하게 유지하려는 노력이 필요하다고 생각한다. 학자금 융자에 소요되는 11조 원이라는 엄청난 돈이 대학이라고 부르기 어려운 기관에까지 흘러들도록 만드는 제도가 과연 타당한지도 찬찬히 점검해 봐야 한다.

앞으로도 일자리 문제와 관련된 성장통은 오래 지속될 것이다. 사회적 차원의 노력 못지않게 개인의 자조 노력도 필요하다. 사회 구성원 각자가 전일제 노동력 수요가 줄어들 수밖에 없다는 사실을 분명하게 인식해야 한다. 이를 통해 전일제 고용에서 벗어나는 시점에 대비해 노동 시장에서 자신의 특별함을 거래할 수 있는 능력을 갖출 수 있도록 노력하고 스스로를 적극적으로 보호할 수 있도록 하자.

"글로벌 자본주의가 현재의 속성을 유지한다면 극심한 불황은 과거보다 빈번히 발생할 수 있으며 그 예측도 힘들다. 간신히 파도 하나를 넘으면 더 큰 파도가 밀어닥치는 상황에서 심각한 타격을 입는 사회 주변부 사람들은 점점 더 늘어날 수밖에 없다."

///

끊임없이 우리를 노리는
경제 위기의 공포

7

"나는 이번 위기 때 얼마를 잃었어!" 글로벌 금융 위기 동안 투자가나 기업가들 사이에서 심심치 않게 들리던 말이다. 당시 특정 투자 상품에 손댔다가 막대한 손실을 입은 사람들도 많다. 바야흐로 보통 사람들도 한국 내 상황뿐만 아니라 나라 밖 상황에까지 촉각을 곤두세워야 하는 시대가 되었다. 글로벌 금융 위기는 글로벌 자본주의의 빛과 그림자를 고스란히 드러내 보였으며, 앞으로 우리의 삶이 어떻게 전개되어 갈지 단적으로 보여주는 사건이었다.

지금까지 힘들게 모은 돈을 단번에 날려버리는 것만큼 뼈아픈 일이 있을까? 대한민국 성장통의 한 원인은, 금융의 세계화 추세 속에서 경제 주체들이 더 빈번하게 그리고 더 강도 높게 위험에 노출되고 있으며 그로 인해 과거와 비교할 수 없을 만큼 큰 손실을 입을 가능성이 높아지고 있다는 데 있다.

이런 상황은 개인에게만 국한되지 않고 기업, 지방단체, 국가까지도 그 영향권에 편입되어 가고 있다. 현명하게 대처하지 못하면 순식간에 패자가 될 수밖에 없는 게임에 우리 모두가 뛰어든 셈이다.

자본은 고수익을 찾아서 움직인다. 금융 세계화에 대한 비난이 거세지만, 과거 같으면 자본 접근 가능성이 차단된 국가나 기업들에까지 자본이 흘러드는 것만으로도 금융 시장 통합의 기여는 대단하다. 원활한 자본 공급은 그동안 전 세계의 평균 성장률을 끌어올리는 데 큰 몫을 했다. 예전 같으면 해외 투자가들이 신흥 국가의 기술력 있는 중소기업에 초기 자금을 투자할 수 있었을까? 또한 신흥 국가의 증권 시장에 선진국 투자가들의 대규모 자금이 쉽게 유입될 수 있었을까? 뿐만 아니라 한국의 개인 투자가들이 선진 금융 기관들이 만든 투자 상품에 접근하기도 힘들었을 것이다.

기업은 최적의 생산지를 찾아서 전 세계를 누빈다. 생산비를 줄이고, 시장을 늘리고, 원료를 확보하기 위해 자국을 떠나는 기업들이 늘고 있다. 노동력 착취와 환경오염에 대한 비판의 목소리도 불거져 나오지만, 최적지를 향한 기업들의 이런 움직임은 후진국 국민들에게 가난의 굴레를 벗어날 기회를 준다.

또한 이런 기업들이 생산한 상품은 선진국과 중진국 소비자에게 소비 선택의 폭을 넓혀주고 상대적으로 저렴한 가격에 상품을 구입할 기회를 준다. 지난 10여 년 간 저금리로 인해 과잉 공급된 통화가 신용 팽창을 초래했음에도 불구하고 인플레이션 압력이 거의 존재하지 않았던 이유 중 하나는 바로 저렴한 가격에 상품을 공급할 수 있었기 때문이다.

투기화하는 금융 시장, 카지노 자본주의

그러나 글로벌 자본주의는 엄청난 변동성을 내포하고 있다. 특히 금융 시장이 통합되면서 국지적 상황 변화가 빠른 속도로 가격에 반영되고, 그런 가격 변화는 연결된 시장에 참여하는 수많은 사람들에게 동시적인 영향을 미친다. 오늘날 시장 참여자들은 과거에 경험한 적 없는 크나큰 심리적 변동성에 노출되어 있다.

우울한 뉴스는 시장 참여자들 사이에 필요 이상의 비관적 시각을 확산시킨다. 낙관적 전망도 마찬가지다. 따라서 시장 상황에 관계없이 심리적 요인 때문에 시장 자체가 급격히 오르내리는 롤러코스트를 탈 가능성이 한층 커졌다.

여기서 '변동성'이란 '시장 변동성'과 '금융 시스템 불안정성'을 모두 포함하는데, 엄밀히 말해 이 둘은 구분되어야 한다. 시장 변동성은 자산 가격이 장기 추세선에서 벗어나는 정도를 가리키기 때문에 '가격 변동성'을 뜻한다. '금융 시스템 불안정성'은 일종의 시스템 리스크, 예를 들면 경제 성장률 급락, 자본 유출 급증, 급격한 환율 변동 등을 일으키는 경제 위기를 말한다.

두 가지 변수는 밀접하게 연결되어 있으며, 특히 금융 시스템 불안정성은 시장 변동성의 원인이자 결과다. 여기서는 이 두 가지를 구분하지 않고 '변동성'이란 말을 사용하기로 한다.

한편 글로벌 자본주의의 중요한 축인 금융 시장은 과거와 비교할 수 없을 만큼 그 자체가 투기화되고 있다. 여기서 투기화라는 말에 편견을 개입시킬 필요는 없다. 인덱스펀드 창시자이며 투자자 이익을 최우선하는 철학으로 유명한 존 보글(John C. Bogle)은 "우리는 역사상 투기가 가장 심한 시대에 살고 있다"고 말한다. 보글이 제시한 자료에 따르면, 미국 증권 시장에서 1951년에 연 25퍼센트이던 주식 회전률(거래 주식 수를 발행 주식 수로 나눈 비율)은 1998년에 100퍼센트를 넘어섰고, 2000년 후반에는 143퍼센트로, 2008년에는 2배까지 뛰어올랐다. 더욱이 주식 시장 외에도 선물이나 옵션 시장이 활성화되면서 시장 투기화는 날개를 달게 되었다.

다른 금융 상품에 의해 가치가 결정되는 파생 상품의 총 거래 규모는 20년 전만 해도 미미한 수준이었지만, 2002년 106조 달러를 거쳐 지금은 약 600조 달러 규모로 성장했다. 이것은 기초 상품 규모에 비해 기형적으로 큰 규모로, 전 세계 GDP인 66조 달러의 근 10배에 이르는 거액이다.

자본주의는 더 많은 사람이 미래를 전망하고 그 전망에 따른 의사 결정의 과실을 나누어 갖는 체제로 변모해 왔다. 이를 두고 '카지노 자본주의'라는 용어를 사용하는 사람도 있는데, 여기서는 용어 자체가 선입견을 불러일으킬 수 있어 사용하지 않겠다. 그러나 오늘날 자본주의 체제의 변화된 속성을 두고 '카지노 자본주의' 또는 '자본주의의 카지노화'라는 용어를 사용하는 데에는 충분히 동의한다.

시장 투기화는 글로벌 자본주의의 내적 특성이다. 그만큼 시장 참여자가 늘고 있을 뿐만 아니라 더 높은 수익을 원하는 시장 참여자들에 의해 다양한 혁신이 이뤄지고 있다.

리먼브러더스 도산으로 대표되는 글로벌 금융 위기 역시 규제의 틀을 벗어난 활발한 혁신의 결과가 일조했다. 결국 시장 참여자뿐만 아니라 일반 납세자에게까지 상당한 비용 부담을 떠안겼지만, 보통 사람들이 이해하기 힘든 다양한 파생 상품은 금융업에서 이뤄진 혁신의 결과물이다.

그러나 '월스트리트의 양심'이라고 불리는 존 보글은 부채담보부증권(회사채나 금융사의 대출 채권 등을 한데 묶어 유동화시킨 신용 파생 상품) 같은 최신 금융 상품이 "투자자들의 대차대조표를 황폐화시키는 동안, 신용 평가 기관을 포함한 금융 부문은 엄청난 수수료를 챙겨 부자가 되었다"고 쓴 소리를 거두지 않는다.

보글은 현재의 금융 시스템이 스스로 만들어내는 가치에 비해 너무 많은 비용을 요구함으로써 투자자의 이익을 보호하지 못하는 체제로 나아가고 있으며 이런 추세는 앞으로도 역전될 가능성이 없다고 말한다. 그는 "최근 무척이나 복잡하게 만들어진 혁신적 펀드들은 주로 판매자들의 이익에 초점을 맞춰 설계되었으므로 다가오는 10년 동안 주식 및 채권 펀드의 수익률은 역사적 평균보다도 크게 뒤떨어질 것이다"라고 전망한다.

확장적 금융 · 재정 정책이
구조적 불황 부른다

이번 글로벌 경제 위기를 계기로 금융 시장에 다양한 규제가 더해지겠지만 글로벌 금융 시장이 새로운 고

수익을 찾아 혁신을 계속해 나가는 것까지 근본적으로 막을 수는 없을 것이다. 그 결과 글로벌 자본주의 체제에서는 시장 전체가 감당해야 하는 리스크의 양이 증대하고 있으며, 그런 경향은 앞으로 더 심화될 것으로 보인다.

리스크 양이 증대하면서 이를 관리하는 분야에 종사하는 사람들과 이를 새로운 비즈니스 기회로 활용하는 사람들도 늘어나게 될 것이다. 또한 각각의 경제 주체들이 위험 관리에 주의를 기울이고 이를 다루는 부분에 더 많은 자원을 투입하게 될 것이다.

그런데 이번 위기를 겪으면서 글로벌 자본주의가 안정성을 확보할 수 있는 방법들, 즉 통화와 신용 팽창을 제어할 수 있는 장치 마련에 대해서는 제대로 된 조치가 취해지지 않았다. 불황이 닥쳤을 때 요리조리 쉽게 불황을 피해 가려는 사람들의 심리, 재임 기간 동안 어떻게든 불황의 고통을 누그러뜨리려는 정치가와 행정가들의 조급함과 계산, 불황으로 인해 고통 받는 각종 이익단체의 요구 등이 맞물려 저금리에 바탕을 둔 신용 팽창 같은 수단에 의존하려는 강한 관성에 브레이크를 거는 건설적인 조치는 이번처럼 큰 위기를 겪으면서도 취해지지 않았다. 구조적 해결책을 찾기보다는 손쉬운 대증요법, 즉 신용 팽창으로 인해 발생한 문제를 다시 신용 공급을 대폭 늘림으로써 해결하려 한 것이다.

전용덕 교수는 저서 『국제 금융 위기와 신자유주의』에서 미국 연방준비위원회가 2001~2008년의 짧은 기간에 1913~2001년에 창출된 요구불예금 총액의 70퍼센트에 맞먹는 막대한 액수의 요구불예금을 창출했다고 지적한다. 단기적 신용 팽창이 이번 위기의 결정적 원인이었음을 짐작할 수 있다. 이번 위기의 원인도 전혀 새로울 것이 없다.

일찍이 자유주의의 위대한 현자 루트비히 폰 미제스가 한 다음의 말은 핵심을 짚고 있다. "주기적으로 찾아오는 경기 순환에서 벗어나거나 혹은 그 정도를 경감시키고 이로써 위기에서 완전히 벗어나는 유일한 방법은 낮은 금리로 신용을 제공하는 금융 정책으로 번영을 이룩할 수 있다는 그릇된 믿음을 버리는 것이다."

그러나 사람들은 늘 손쉬운 방법을 찾는다. 마취제처럼 단시간에 통증을 없애주는 방법이라면 더더욱 애용하게 된다. 이번 위기의 원인이나 처방도 예외가 아니었다.

문제 해결 방법을 어디서 찾아야 하는지는 너무나 명백하다. 하지만 앞으로 얼마든지 비슷한 위기를 일으킬 수 있는 제도에 대해서는 아무런 손질도 가해지지 않았다. 한마디로 근본적 문제 해결에 나서기보다는 확장적 금융 정책과 확장적 재정 정책으로 얼렁뚱땅 넘기고 말았다. 이에 대해 전 교수는 "두 정책들은 미래의 언젠가 위기를 발생하게 될 것임을 '지금' 예상할 수 있다"고 전망한다. 경제란 건너뛰는 법이 없으며, 언젠가 그 비용을 치르도록 만든다.

결국 세계 각국은 신용 팽창으로 인한 거품 발생 가능성을 한층 높였으며, 이런 거품이 한 국가를 넘어 다른 국가로 옮겨갈 가능성도 더 커졌다. 한 국가의 경제 위기가 전 세계로 파급될 수 있다는 말이다. 또한 크기와 강도에 따라 큰 거품, 중간 거품, 작은 거품이 반복적으로 생겨날 수 있는 기반을 만드는 데 글로벌 자본주의가 큰 역할을 했다고 볼 수 있다.

우려스럽게도 이번처럼 거품 붕괴로 인해 경제가 심한 불황에 빠질 가능성은 과거보다 더 높아졌다. 이는 글로벌 자본주의가 지금의 체제를 유지하는 한 피할 수 없는 일이다.

한국 역시 신용 팽창을 통해 경기 불황을 모면하려는 유혹으로부터 자유로울 수 없다. 특히 대통령 단임제 체제에서는 좌파가 집권하든 우파가 집권하든 간에 미래 소득을 끌어다 쓰고 저금리 통화 정책을 시행하는, 이른바 '언 발에 오줌 누기식' 처방에 의존하기 쉽다.

특히 한국처럼 수직적 위계질서가 강하고 관치의 영향력이 뿌리 깊은 사회에서는 통화 정책이 독립성을 유지하기 힘들다. 따라서 신용 팽창으로 인한 거품이 주기적으로 발생하고 그 과정에서 크고 작은 경기 불황이 반복될 가능성도 높아질 수밖에 없다.

결국 개별 경제 주체들 스스로 위험을 관리해야 할 필요성이 커짐에 따라 위험 관리 능력을 갖추지 못한 사람들이 겪게 될 고통은 과거에 비해 한층 커지게 되었다.

세계 금융 위기의 진원, 글로벌 불균형과 금융의 증권화

또다른 측면에서 글로벌 금융 체제의 구조적 문제점이 미완의 과제로 남아 있다. 가까운 미래에 국가간 경상수지가 균형을 회복할 가능성이 희박하다는 점이 문제의 핵심이다. 중국은 정책적 환율 결정을 통해 쌓여만 가는 외환 보유고를 어떻게 운용할 것이냐를 두고 고민할 것이며, 수출 지향형 산업 구조를 가진 일본과 한국 같은 아시아 국가들과 미국 간의 경상 수지 불균형 문제가 획기적으로 해소될 가능성도 희박하다.

이 같은 국가간 자본 수지 불균형 현상이 해소되지 않는 한 국제 금융 시장의 시스템 안정성은 확보되기 어려울 것이라고 전망하는 학자들도 있다. 프랑스 경제학자 앙통 브랑데(Anton Brender)와 플로랑스 피사니(Florence Pisani)는 「글로벌화된 금융과 그것의 붕괴 (*Globalized Finance and It's Collapse*)」라는 논문에서 국제 금융 시장의 구조적 불안정성을 흥미롭게 분석하고 있다.

핵심 용어는 국제간 '위험 전이'다. 두 저자에 따르면, 현재의 세계 금융 시장은 '위험 전이' 현상을 피할 수 없기 때문에 앞으로도 강도는 다르겠지만 이번과 비슷한 금융 위기가 발생할 가능성은 열려 있다고 한다. 한마디로 우리는 시스템 리스크가 대폭 증가한 시대를 살고 있다.

그들의 분석에 따르면 1970~1990년대에 세계 총생산 대비 1퍼센트 수준을 유지하던 경상수지 적자국과 흑자국 간의 불균형 규모는 2000년 이래 3퍼센트로 증가했다. 또한 1990년대 중반까지만 해도 세계 총생산 대비 4퍼센트 수준을 유지하던 글로벌 금융 자본의 흐름도 2007년에 20퍼센트로 증가했다. 이 같은 글로벌 불균형과 자본 흐름 문제를 해소할 만한 방법을 어떻게든 찾아야 한다.

다음 문제는 경상수지 흑자로 축적된 달러를 어떻게 활용하느냐다. 구조적 경상수지 흑자국들은 두 가지 방법을 택한다. 하나는 미국 재무부가 발행하는 국채를 구입하는 것이고 다른 하나는 투자은행들이 내놓은 증권화된 상품을 구입하는 것이다. 투자은행들은 증권화를 통해 모기지 대출 같은 장기 대출 상품을 위험을 분산시키고 기간을 단축시킨 단기 증권 상품으로 탈바꿈시킨다. 경상수지 흑자 규모가 큰 국가일수록 만기가 짧은 투자에 대한 수요가 크기 때문에 단기 증권 상품은 글로벌 금융 위기 이전까지 인기를 끌었다. 궁극적으로 장기 대출 상품이 가질 수밖에 없는 위험은 증권화를 통해 국제 수지 흑자국들이 구입한 단기 증권 상품으로 전이된다. 이것이 바로 글로벌 금융 시장에서 위험 전이 현상이 발생하는 메커니즘이다.

따라서 글로벌 불균형(global imbalance)이라는 구조적 문제가 해결되지 않는 한 위험 전이 현상은 피하기 어려우며, 국제 금융 시장은 언제든지 다시 불안정해질 수 있다는 이야기다.

이번 글로벌 금융 위기의 기억이 사람들의 뇌리에 남아 있는 동안은 경상수지 흑자국들도 미국의 국채 매입에 집중하겠지만, 사실상 막대한 액수의 흑자를 국채 매입만으로 처리할 수는 없다. 그렇다면 또다시 민간 부문이 제공하는 증권화된 금융 상품 구입에 나설 테고, 그 과정에서 정도 차이는 있겠지만 비슷한 유형의 금융 위기가 재발할 수 있다.

《파이낸셜타임스》의 칼럼니스트 볼프강 문차우(Wolfgang Munchau)는 '어떻게 오염된 금융이 불안정한 세계를 만들었는가'라는 2009년 8월 23일자 칼럼에서 "글로벌 불균형과 금융의 증권화는 더욱 심각하게 고민해야 할 이슈다"라고 강조한다.

국가간 위험 전이 현상의 심화가 한국 사회에 던져주는 메시지는 명확하다. 국가 경영 차원에서 위험 관리에 더욱더 힘을 쏟아야 한다는 것이다. 정치적 원칙 없이 인기에 연연하는 정치 지도자일수록 방만한 재정 지출에 의존할 가능성이 높다. 특히 단임제 체제에서는 그럴 가능성이 더 높다.

재정 건전성 악화는 국제 환경 변화에 따라 대외 신인도 추락으로 연결될 수 있으며, 그로 인해 급격한 자본 유출과 환율 변동 상황이 빚어지면서 또다시 경제 위기를 불러올 가능성이 크다. 그리고 그런 경제 위기 상황에서 경제 주체들이 경험하는 고통은 한국 사회의 성장통을 증폭시키게 될 것이다.

거듭되는 불황,
격차 확대 사회의 갈등

금융의 세계화는 국가 차원에서 손쉽게 돈을 빌릴 수 있는 상황을 만들어주었다. 다시 말해 정치적 목적으로 해외 부채를 끌어다 쓸 수 있는 문을 활짝 열어준 셈이다. 그런 만큼 각국은 과거에 비해 스스로 재정 건정성을 규율할 책임을 더 많이 안게 되었다.

또한 각종 금융 기관들도 손쉽게 국제 금융 시장으로부터 돈을 빌릴 수 있게 되었다. 한국의 은행권이 해외 단기 부채를 끌어다 쓴 것이 이번 글로벌 금융 위기 초기 단계에서 한국 경제 위기론의 단초를 제공한 것처럼 정교한 감시 감독 하에서도 금융 기관들은 얼마든지 자신의 이익을 극대화할 수 있다.

최근 우리 사회에서도 눈길을 끄는 제도 개선이 추진되고 있다. 금융사 경영진의 기회주의적 행동을 방지하기 위해 앞으로 성과급의 40~60퍼센트만 선지급하고 나머지는 3년 이상 경과한 후에 투자 리스크에 대한 평가를 거쳐 지급하도록 하는 '리스크 연계 보상 제도'를 도입할 예정이다. 금융위 관계자는 "미국 투자은행(IB)들의 과도한 성과 보상 체계가 위험한 투자를 조장해 금융 부실을 초래했다는 지적에 따라 은행·증권·보험 회사에 적합한 성과급 보상 체계를 개선하는 것"이라고 이 제도의 도입 취지를 밝혔다.

이런 제도 개선에도 불구하고 금융 시장 통합은 새로운 형태의 변동성 증가를 초래하고 있다. 지난 수년 간 신흥국들에 대한 해외 투자는 직접 투자보다는 유가증권 투자가 주를 이루었다. 그런데 이들 국가나 지역에 대한 신뢰성 상실이 발생할 경우 해외 투자가들은 보유하고 있던 유가증권 매도에 나서게 되고, 급작스런 자본 유출은 국가 부채 위기와는 또다른 차원의 문제를 일으킬 수 있다.

물론 외환 시장에서의 화폐 가치 조정을 통해 어느 정도 충격을 완화할 수는 있겠지만, 자국 화폐 가치의 급락은 외환 보유고를 감소시키고 동시에 불안을 느낀 해외 투자가들의 탈출을 조장할 수 있다.

위기 상황에서는 합리적으로 행동하기보다는 쉽게 집단 심리에 휩쓸리기 때문이다. 위기가 사실보다 크게 증폭될 가능성이 있다는 말이다. 이런 상황은 앞으로 줄어들기는커녕 더 늘어날 것으로 예상된다.

그러면 글로벌 자본주의의 특성인 변동성 증가는 어떤 결과를 가져올까? 1997년 외환위기 이후 우리 사회에서는 대대적인 부의 재편이 이뤄졌다. 급격한 환율 변동과 경기 침체, 연쇄 부도, 해고 급증으로 인해 중산층에 속하던 사람들이 바닥으로 떨어지는 경우가 허다했다. 2008년 10월을 전후한 글로벌 금융 위기 또한 심각한 경기 침체를 불러왔다.

일반적으로 불황으로 인해 가장 큰 타격을 입는 계층은 사회 주변부 사람들이다. 이들은 자신을 보호할 만한 능력이나 방법을 제대로 갖추고 있지 못하기 때문에 불황이 거듭되면 재기하기 힘든 상황에 빠질 가능성이 높다.

글로벌 자본주의가 현재의 속성을 유지한다면 극심한 불황은 과거보다 빈번히 발생할 수 있으며 그 예측도 힘들다. 간신히 파도 하나를 넘으면 더 큰 파도가 밀어닥치는 상황에서 심각한 타격을 입는 사회 주변부 사람들은 점점 더 늘어날 수밖에 없다.

한국은 1997년 외환위기 이전만 해도 소득 분배 수준이 유럽 복지국가들과는 비교할 수 없지만 영미 계열 국가들에 비해 나은 상태를 유지하고 있었다. 그러나 외환위기 이후 상황은 크게 악화되었다. 한국개발연구원(KDI)의 조사는 이를 뒷받침한다. 2000년대 들어 한국의 도시 가구 상대 빈곤율(전체 세대 중에서 소득 수준이 중위 소득의 50퍼센트 이하인 세대의 비율)은 가파르게 증가해 2008년에는 14.3퍼센트로 1992년 7.7퍼센트의 2배에 육박하게 되었고 2000년 10.5퍼센트에 비해서도 크게 악화되었다.

추세를 보더라도 한국의 빈곤층 증가에 주목해야 할 이유가 있다. 최근 10년 동안 OECD 회원국의 빈곤층 증가율은 연평균 0.6퍼센트 정도인데, 같은 기간 한국은 무려 4~5퍼센트였으며 이런 추세는 낮아질 기미를 보이지 않는다.

│ '국경 없는 경제의 먹잇감'이
│ 되지 않으려면

제조업 주도의 사회에서는 생산성을 올리면 잘살 수 있다. 그러나 금융업이 또 하나의 축으로 등장하면서 생산성 향상과 더불어 위험 관리도 중요해졌다. 위험 관리는 누가 더 잘할 수 있을까? 아무래도 지식이나 정보 면에서 앞선 사람들, 그리고 그런 사람들을 활용할 능력을 가진 사람들이 유리하다. 말하자면 위험 관리의 성공 여부에 따라 부의 재편이 일어날 수 있다는 말이다.

실제로 자신을 보호할 능력을 갖추지 못한 사람들이 경제 변동성 증가로 인해 피해를 입는 사례가 속출하고 있으며, 그런 현실은 한국 사회가 앓고 있는 성장통의 주요 원인이 되고 있다.

오마에 겐이치는 최근작 『지식의 쇠퇴』에서 영어, 정보통신(IT) 그리고 금융 지식을 미래 인재가 갖추어야 할 핵심 능력으로 들면서, 스스로 위험을 관리하는 금융 지식을 갖추지 못하면 "국경 없는 경제의 먹잇감이 될 뿐이다"라고 역설한다.

따라서 빈번한 경기 변동으로 인한 리스크를 어떻게 관리하느냐는 문제는 개인과 기업 그리고 국가 차원에서 중요한 과제다. 글로벌 자본주의는 경제 전반에 걸친 변동성 증가를 불러오고, 그로 인해 경제 주체들이 입는 피해는 한국 사회의 성장통의 한 원인이다.

특히 우리 사회 주변부 사람들이 겪는 고통은 극심하다. 구조적 불황이 거듭되면서 사회 주변부 사람들은 속수무책으로 당할 수밖에 없다. 자신의 잘못도 아닌데 삶은 점점 더 팍팍해지고 시름도 깊어만 간다. 이것이 바로 글로벌 자본주의가 본의 아니게 만들어내는 그림자라 하겠다.

투자 전문가이자 베스트셀러 『리스크』의 저자인 피터 번스타인의 다음 이야기를 새겨들을 필요가 있다. "'리스크를 안는 일'은 투자와 인생에서 불가피한 요소이다. 하지만 당신이 굳이 안을 필요가 없는 리스크를 결코 안지 않도록 하라."

"초등학교부터 대학 때까지 아이들을 쳇바퀴 도는 다람쥐처럼 내돌리고, 부모들로 하여금 돈과 시간과 에너지를 자녀 교육에 올인하게 만드는 그런 기이한 게임에 우리 사회 전체가 빠져 있는 것 같아 가끔 울적해진다."

이 땅의 교육은
너무나 많은 희생을 요구한다

8

얼마 전 한 모임에서 만난 지인의 이야기가 생각난다. 지방 출장을 다녀오느라 거의 자정이 다 된 시간에 귀가하면서 아파트 단지 앞에 승용차들이 길게 줄지어 서 있는 모습을 보게 되었다. 학원이 밀집한 상가 건물에서 중학생 정도로 보이는 아이들이 쏟아져 나오고 승용차에서 내린 부모들은 자기 아이를 찾느라 여념이 없었다고 한다.

나중에 아내에게 물어보니, 경기도 신도시에 있는 그 학원의 유명 강사 수업을 들으려고 서울에서까지 아이들이 찾아오고, 그런 아이들을 데려다주고 데리고 가느라 늦은 시간까지 부모들이 학원 앞에 차를 대고 기다린다는 이야기를 들려주었다.

큰아이를 면회하러 대전에 내려갔다가 돌아오는 길에 나도 비슷한 광경을 목격했다. 토요일 점심나절에 한 학교 앞을 지나는데, 오전 수업을 마치고 하교하는 아이들을 기다리는 학부모들과 학원 버스들로 교문 앞은 흡사 시골 장터 같은 분위기였다.

사교육비 부담으로 휘청거리는 가정 경제

지인 중에 얼마 전 오랜 공직 생활에서 은퇴한 분이 있다. 아주 넉넉하진 않겠지만 노후 연금도 제법 될 테니 별 어려움 없이 지내고 있으리라 짐작하고 인사치레로 "별 일 없이 잘 지내시지요?" 하고 물은 적이 있다.

돌아온 그분 대답은 나의 예상을 빗나갔다. "제가 늦둥이가 있는 건 아시지요? 큰애는 직장에 잘 다니고 있으니 괜찮은데 작은애가 아직 중학생이라 학원비 대기도 만만치 않습니다. 요즘은 그 걱정이 가장 큽니다."

같은 부모 입장으로 요즘 젊은 사람들에게 아이를 낳아 키우라고 적극적으로 권하기가 솔직히 힘들다. 실제로 자녀를 키워보면 언론에서 떠들어대는 것보다 훨씬 더 돈이 많이 든다. 자녀 교육에 대한 기대 수준을 낮추면 되지 않느냐고 말할 수도 있겠지만, 부모 된 도리로 열심히 공부하려는 아이들의 의지를 꺾을 수도 없지 않은가? 정말이지 아이들 뒷바라지에 허리가 휜다는 말이 절로 나온다.

자식들 밑으로 한정 없이 돈이 들어가다 보니 열심히 벌어도 저축이 늘지 않고 노후 대책이 서지 않는 것이 대한민국 부모들의 현실이다. 그만큼 자녀 양육비, 그중에서도 교육비 부담이 크다는 이야기다.

사교육비 부담을 줄이겠다고 정부가 강력한 단속에 나서고 있지만, 실효성을 기대하기는 힘들 것으로 보인다. 모든 직접 규제 정책이 그렇듯 심야 학원 수업 단속도 시작부터 실패가 예상되던 정책이다. 그럼에도 불구하고 이런 방법을 쓰지 않을 수 없는 정부의 입장도 딱하다. 사교육비를 낮춰야 한다는 시중 여론과, 집권 초에 약속한 정책 중 무엇 하나라도 지키는 것을 보여줘야 한다는 절박함에서 심야 학원 수업 단속 같은 무리한 정책이 나오는 것이다.

그러나 역사적으로 이 같은 직접 규제 정책이 성공한 사례는 찾아보기 힘들다. 우리의 경우만 보더라도 1980년대 초 공권력이 서슬 퍼렇던 시절에도 과외 금지는 실패하고 말았다.

《문화일보》의 추계에 따르면 우리나라의 사교육비는 2001년 10조 6,634억 원에서 꾸준히 증가해 2008년에는 20조 9,095억 원에 달한다. 그러나 음성적인 사교육비를 포함하고 조사 대상자들의 과소 보고 경향을 고려하면 실제 사교육비 규모는 이 추계치를 크게 웃돌 것이며, 추계치의 최대 2배까지 예상하는 전문가도 있다.

강원대 철학과 신중섭 교수는 이렇게 말한다. "정부가 해야 할 일은 (사교육에 대한 단속보다는) 사교육의 원인에 대한 사실적 관계를 좀더 선명하게 밝혀 사교육의 근본 원인이 정부의 정책적 오류 때문이 아니라는 것을 시민들에게 설득해야 한다. 사교육의 원인이 교육 제도의 구조적 모순에서 나오는 것이 아니라 시민들의 욕구와 심성에서 나왔다는 것을 밝혀주어야 한다."

효율성 떨어지는 입시 위주의
사교육이 번창하는 이유

인간은 남보다 특별하기를 원하며, 이런 차별화 욕망은 특히 교육 분야에서 두드러진다. 부모들은 형편만 된다면 무리해서라도 자녀에게 남보다 나은 교육 기회를 주려고 애쓴다. 교육에 대한 차별화 욕망은 본능에 맞먹을 만큼 강하기 때문에 이것을 막으려는 시도는 그 어떤 경우든 실패할 수밖에 없다.

한국의 부모들은 유난히 교육열이 높은 데다 번듯한 직장을 잡으려면 웬만한 대학은 나와야 한다는 사실을 잘 알고 있다. 그만큼 자녀가 어릴 때부터 교육에 큰 관심을 쏟을 수밖에 없다. 그런데 이런 수요를 공교육이 흡수하는 데는 한계가 있고, 결과적으로 사교육 시장이 다양화와 고급화 추세를 보이며 날로 번창할 수밖에 없다.

한국의 사교육 분야는 대학 입시를 중심으로 돌아가는 독특한 구조를 띠고 있다. 최근에는 외고나 과학고 등의 입시도 중요한 위치를 차지하지만, 뭐니 뭐니 해도 사교육의 정점에는 대학 입시가 있다.

대입을 앞둔 특정 시기에는 갈급한 학생들과 학부모들이 돈을 싸들고 입시 학원으로 몰려든다. 그리고 그런 고객들을 유치하기 위해 입시 학원들 사이에 치열한 경쟁이 벌어지고, 그 과정에서 입시 학원들은 학교 교육을 멀찌감치 따돌린 채 경쟁력을 높여가고 있다.

사교육 관련 업체들의 경쟁력 강화의 한 단면을 보여주는 사례가 바로 메가스터디이다. 온라인 교육의 선두주자로 꼽히는 메가스터디의 경우 코스닥 시장에 상장한 데 이어, 2010년부터는 베트남을 중심으로 해외 시장까지 진출할 것이라고 한다. 앞으로도 이런 추세는 변하지 않을 것이다. 한쪽은 경쟁의 무풍지대이고 다른 한쪽은 생사를 건 경쟁이 벌어지고 있으니 당연한 결과라고 볼 수 있다.

통계청 같은 기관들이 조사해 발표하는 몇십만 원대의 과외비 액수는 과소 추정치라고 생각한다. 집집마다 다르겠지만 중고생 자녀를 둔 가정에서는 보통 가처분 소득의 몇십 퍼센트를 자녀 교육에 들인다. 조기 유학이 이미 중산층까지 확산되어 있는 점을 고려하면, 자녀 교육에 돈을 쏟아 붓고 있다고 해도 과언이 아니다.

이 땅에서 아이를 낳아 제대로 가르치려면 부모들은 엄청난 희생을 감내해야 한다. 자녀가 중학교에 들어가면 변변한 외출복 한 벌 장만하기도 힘들다는 말이 나올 정도로 자녀 교육에 올인한다. 생활비의 3분의 1, 심지어 절반을 사교육비로 지출하는 가정도 심심찮게 볼 수 있지만 이들은 통계에 잡히지 않는다. 과도한 사교육비 지출은 자녀를 둔 일반 가정을 압박하는 가장 큰 부담 중 하나라고 생각한다. 모두가 출혈 경쟁에 뛰어든 형국이다.

그런데 이런 사교육의 효율성을 한번 짚어볼 필요가 있다. 우리끼리 경쟁하는 입시에서 좋은 성적을 거둔다는 점을 제외하면, 한국 학생들은 지나치게 오랫동안 입시 위주의 사교육에 노출되어 왔다. 한 인간의 진정한 경쟁력을 기르는 데 사교육이 별다른 도움이 되지 않는다는 말이다. 따라서 투자 효율성 면에서 사교육을 새롭게 조명할 필요가 있다.

공교육이 정상화되면 사교육이 줄어들 것이라는 희망적인 전망을 내놓는 사람들도 있다. 그러나 외고나 과학고에 다니는 학생들이 일반고 학생들보다 과외를 덜 받느냐는 점을 따져보면 쉽게 답이 나온다. 내가 보기엔 특목고 학생들이 사교육을 덜 받기는커녕 별도의 사교육을 더 받는 경우가 많다.

결국 사교육은 개인적 선택의 성격이 강하기 때문에 억지로 누른다고 해서 누를 수 있는 문제가 아니다. 더 근본적인 원인은 획일적인 대학 입시에 있다. 사교육이 비난받아야 한다면 사회에서 별 쓸모도 없는 지식을 배우는 데 온 나라가 막대한 시간과 돈을 쏟아 붓도록 만드는 교육 시스템의 잘못부터 따져봐야 한다.

시스템을 바꾸기 어렵다면 교육관을 바꿔야

그러나 시스템을 바꾸는 일은 말처럼 쉽지 않다. 물론 미시적인 조정은 가능하겠지만 근본을 흔드는 개혁은 일어나기 힘들다. 이미 그 시스템을 중심으로 이해가 얽힌 사람들이 너무도 많고 한번 만들어진 체제는 관성에 따라 움직이기 때문이다.

대학 입시를 전면 자율화할 수 있는가? 중앙 정부와 지방 정부는 현재의 교육 관련 행정 관료 수를 몇 분의 1 수준으로 줄일 수 있는가? 중학교와 고등학교의 경쟁력을 사교육 분야 수준까지 끌어올릴 수 있는가? 모든 학교의 정보를 명명백백하게 공개할 수 있는가? 중고교 교장의 외부인 선임이 자유롭게 이뤄질 수 있는가? 중고교 내에서 학교장 재량으로 충분한 교육 실험이 이뤄질 수 있는가?

이런 문제들에 대한 해결책이 전혀 없는 것은 아니다. 그러나 그런 혁명에 가까운 조치들이 시행된다면 이해 당사자들은 목숨을 걸고 반발할 것이다. 그래서 앞으로 조금씩 나아지긴 하겠지만, 당분간 지금과 같은 '고비용 저효율 교육 시스템'이 크게 개선되기는 힘들 것이다.

학부모 입장에서 선택할 수 있는 것은 두 가지다. 하나는 자녀 교육비 부담을 줄이는 일이고, 다른 하나는 현행 교육 시스템 안에서 내 아이에게 적합한 경로를 다시 한 번 생각해 보는 일이다. 다른 아이들이 모두 학원에 다닌다고 해서 우리 아이도 꼭 학원에 다녀야 한다는 법은 없다. 부모들은 좀 색다른 실험을 해봐야 한다. 그냥 남들이 하니까 형편에 넘치는 사교육을 무턱대고 시키는 것은 바람직하지 않다.

한국처럼 온라인 교육 프로그램이 잘 갖추어진 나라도 드물 것이다. 메가스터디나 강남구청 인강 같은 온라인 강좌들은 이미 효과나 비용 면에서 우수성이 입증된 교육 프로그램이다. 물론 교육에서는 여전히 대면 접촉이 중요하다. 비싼 과외비를 댈 만큼 형편이 넉넉하다면 과외를 시켜도 좋다. 그러나 또다른 대안이 있다는 사실도 잊지 말아야 한다. 어릴 적부터 주도적으로 학습하는 법을 가르치고 부족한 부분은 온라인 강좌를 통해 보충하는 방식으로도 충분히 공부 잘하는 아이로 키울 수 있다.

온종일 텔레비전을 틀어놓고, 자녀들이 몇 시간씩 인터넷이나 휴대전화를 쓰도록 내버려두고, 부모가 책 한 권 읽지 않는 집 안 분위기에서 사교육비를 줄일 방법을 내놓으라고 국가에 요구하는 것은 무리라고 생각한다. 세상은 바꿀 수 없지만 나 자신과 내 가족은 바꿀 수 있다. 집 안 분위기를 쇄신하고 공부하는 분위기를 조성하는 일 정도는 부모들도 얼마든지 할 수 있다. 사교육비 부담은 하기에 따라 얼마든지 줄일 수 있다는 것이 내 생각이다.

천재 소년으로 유명한 미국의 쇼 아노는 이미 아홉 살의 어린 나이에 전액 장학금을 받고 최연소 대학생으로 명문 로욜라대학에 입학해 화제가 된 바 있다. 그의 어머니인 한국인 진경혜 씨는 도대체 어떤 '특별한' 교육법이 있느냐는 질문을 수도 없이 받았다.

그러나 그녀는 예상과 달리 특별한 영재 교육을 시키기보다 '배움은 부모로부터 시작된다는 믿음으로 아이들의 호기심과 학습 욕구가 식지 않도록 자유로운 교육 환경을 만들어주었다'고 한다. 그 한 가지 방법으로 특별히 여러 학원에 보내는 대신, 함께 고른 책을 여러 차례 같이 읽는 노력을 기울였다는 것이다. 《중앙일보》, 2001.12.1)

이는 특출난 재능을 지닌 아이의 이야기라고 치부하기에 앞서, 과도한 사교육 이전에 함께 공부하는 집안 분위기가 더 중요함을 일깨워주는 사례라고 할 수 있다.

나 역시 그리 우수한 학생은 아니었지만 학교를 다니면서 과외라곤 받아본 적이 없다. 부모님에게 부담을 드리기가 싫어서 대학 입시부터 유학까지 대부분 혼자 힘으로 해결했다.

세월이 흘러 직업인으로 살아가면서 이따금 나는 자신에게 이렇게 묻는다. '나의 핵심 경쟁력은 어디서 나오는가?' 여러 가지 대답이 떠오르지만 그중에서 으뜸으로 꼽고 싶은 것은, 어린 시절부터 혼자서 무언가를 계획하고 추진한 경험들과 그 과정에서 몸에 밴 좋은 습관이다. 요컨대 다른 사람에게 의지하지 않고 혼자서 자기 일을 해내는 습관이야말로 내 삶의 큰 자산이 된 것이다.

나는 직업 세계에서 활동하면서 저마다 내로라할 만한 똑똑한 동료들을 많이 만났다. 그런데 좋은 집안에서 태어나 좋은 교육을 받았으면서도 의외로 뒷심이 부족한 사람들이 많았다. 돌이켜 생각해 보니 그들에게는 혼자서 헤쳐 나가는 힘이 부족했던 게 아닌가 싶다.

타인에게 지나치게 의존하는 버릇은 정답 없는 세상살이에서 불확실성을 뚫고 자신만의 길을 만들어가는 일을 어렵게 만든다. 그런 면에서 과외는 순기능도 있지만 의타심을 키운다는 역기능도 있다.

공부는 주도적으로 해나가야 한다. 처음에는 서툴고 더디지만 그런 노력들이 쌓이고 쌓여 인생 전반에 걸쳐 막강한 효과를 발휘한다. 주도적인 학습 능력은 학창 시절을 넘어 주도적인 인생 경영 능력으로 발전해 간다. 그런 의미에서 부모들은 무작정 사회적 통념을 따를 것이 아니라 우리 가족만의 교육 방식 찾기에 대해 더 고민해야 한다.

정답 없는 인생, 스스로 개척하는 삶이 더 값지다

자녀의 진로 지도 문제도 그렇다. 가도 그만 안 가도 그만인 대학교를 몇 년씩 다닐 필요가 있는지 자문해 봐야 한다. 우리 사회에는 대학이라 부르기도 민망한 곳들이 많다. 외국에서 대학교나 고등학교를 다니는 경우도 마찬가지다. 한국의 학교보다 수준이 떨어지는 학교에 1년에 수만 달러씩 갖다 바치면서 자녀를 유학시킬 필요가 있을까?

앞으로 어중간한 대학을 나와 빈둥대는 사람들이 늘어나게 되면 학부모들의 생각도 바뀔 것이다. 무조건 대학을 가야 한다는 생각에서 다른 길도 얼마든지 있다는 식으로 말이다. 인생에는 정답이 없다. 공부에 아무런 열의도 없는 아이들까지 군이 대학을 나와야 한다고 등 떠밀 이유가 어디 있단 말인가?

얼마 전 나는 인문계 고교에서도 충분히 두각을 나타낼 만한 학생들이 마이스터고(독일의 마이스터학교(Meisterschule)를 본뜬 제도로 유망 산업 분야 전문 기술자를 양성하는 취업 특성화 고교)에 진학하는 것에 대해 한 주간지 지면을 통해 의견을 밝힐 기회가 있었다. 그 글이 자녀의 미래를 계획하는 부모들에게 다소나마 조언이 될 것 같아 여기에 옮겨본다.

"사실 인생에는 정답이 있을 수 없다. 바로 가는 방법도 있지만 돌아가는 방법도 있다. 특히 오늘날처럼 평생직장이란 개념이 무너져내리고, 대졸자들의 취업난이 심해지고 있는 시대에는 더더욱 정답이 있을 수 없다. 그럼에도 불구하고 사람들은 가능한 경험적으로 증명된 인생의 길을 선택한다. 그 길은 인문계 고등학교를 거쳐서 대학을 진학한 다음에 직업인의 길로 나서는 선택이다. 대개의 학생들이나 부모들은 이런 선택에 대해서 어떤 의문도 갖지 않는다.

그런데 최근 들어서 세상 사람들이 갖고 있는 고정관념에 맞서서 자신의 길을 고집하는 학생들이 나타나고 있다. 괜찮은 성적임에도 불구하고 인문계 고교를 선택하지 않고 산업 수요 맞춤형 고교(일명 '마이스터고')를 과감하게 선택하는 학생들이 등장하고 있다. 뛰어난 성적을 갖춘 학생들 가운데 '마이스터고'를 선택하는 학생들은 주변 사람들에게 놀라움을 안겨다 주기에 충분하다.

전문가의 입장에서만이 아니라 필자처럼 대학 진학을 앞둔 아이를 둔 학부모의 입장에선 '정말 놀랍다'는 표현을 사용하기에 부족함이 없을 정도다. 과연 이런 선택이 가진 의미는 어떤 것일까. 대졸자들의 취업난이 힘들어지고 있지만, 이 같은 특성은 앞으로도 크게 변화할 가능성이 보이지 않는다. 다시 말하면 불황의 문제라기보다도 세계화로 인한 생산지의 재편과 지식 중심의 사회 그리고 자동화 등과 같은 경제 구조의 특성에서 문제의 원인을 찾을 수 있다. 그렇다면 이런 변화의 시대에서 학생들이라면 저마다 타인과 자신을 어떻게 '차별화'할 수 있을 것인가를 생각하게 되고 이런 과정에서 우수한 학생들의 마이스터 고교 입학을 생각해 볼 수 있다. 시대의 변화 속에서 스스로를 차별화할 수 있는 경력의 로드맵을 생각한 학생들의 선택이 핵심 포인트이다.

(…) 나는 학생들의 선택에 대해서 무비판적으로 찬양할 의도는 없다. 다만 세상의 편견에 맞서서 자신의 길을 고집한 용기에 대해서는 그 가치를 충분히 인정하고 싶다. 무엇보다 타인과의 차별화에 대해 일찍 관심을 갖게 된 점을 높게 평가하고 싶다.

인문계 고교에서 소화해 내야 할 다양한 과목들을 배우는 데 3년을 보낼 수도 있지만, 그런 비중을 다소 줄이고 자신이 무엇보다 좋아하고 잘할 수 있는 기술을 동시에 배울 수 있는 기회를 갖는 의미가 있다. 그런 선택이 긴 인생살이에서 보통의 길을 선택한 타인과 자신을 차별화하는 데 어느 정도 기여할 수 있을 것이다. 특히 훗날 직업 세계에 뛰어들더라도 인문계 고교 출신들에 비해 스스로 자기 기업을 창업할 가능성을 한층 키워줄 것이다.

되돌아보면 인생에서 어떤 경험이든 간에 아주 소수의 경우를 제외하면 삶에서 큰 도움이 되었다. 따라서 고교 3년을 새로운 경험으로 무장한 학생들의 선택도 결코 필자의 경험과 다르지 않을 것으로 본다.

(…) 인생은 자신이 선택하고 그 결과에 대해 책임을 지는 것이다. 그리고 자신이 선택한 길에서 얻을 수 있는 결과 역시 주어지는 것이 아니라 스스로 만들어가는 것이다. 남들이 가지 않는 길을 먼저 가는 사람에겐 늘 불확실함과 위험이 함께하지만 도전이 있을 때만이 인간은 성장한다. 세상의 고정관념과 통념에 반란을 꾀한 젊은이들이 멋진 미래를 만들어갈 수 있으리라 기대한다." — '마이스터고 1세대를 향한 응원의 메시지',

《주간조선》, 2010. 1. 12

소비 위축·내수 부진·저출산으로 이어지는 사교육비 부담의 악순환

우리가 사교육비 문제에 깊은 관심을 갖지 않을 수 없는 이유는 사교육비 문제가 그 자체로 끝나지 않기 때문이다. 그것은 우리 사회의 중요한 고민거리의 하나다. 생활비 대부분을 사교육비로 지출하는 가정은 당연히 다른 재화나 서비스를 구입하는 비용을 줄인다.

엄밀한 연구 결과로 뒷받침되어야 할 사안이지만, 과중한 사교육비 부담은 가계 소비를 위축시키고 이것이 내수 부진의 한 원인이 되고 있다고 생각한다. 실제로 자녀 교육비가 본격적으로 증가하는 시점에 이르면 교육비가 가계 지출의 최우선순위를 차지하면서 나머지 지출은 크게 감소한다.

한편 교육비에 대한 경제적, 심리적 중압감은 출산율 저하의 큰 원인이 되기도 한다. 세계적 기준에서 볼 때 한국의 합계출산율은 1.19로 바닥권이다. 두 사람이 만나 겨우 한 명의 아이를 낳는 실정이다. 과중한 교육비 부담에 허덕이는 주변 가정들을 보면서 누가 서넛씩 아이를 낳겠는가?

결국 사교육비 부담을 줄일 적절한 방안을 마련하지 못한다면 출산율을 끌어올리기 위해 투입되는 막대한 정부 재정도 별 성과를 내지 못할 것이다.

1970년에 100만 6,000명에 이르던 신생아 수가 2005년 들어 그 절반도 되지 않는 43만 8,000명으로 떨어졌다는 소식이 전해지던 날, 신문 기사에서 한 남성은 자신의 심정을 이렇게 밝혔다. "50세를 바라보는 가장으로서 한국에서 아이를 낳고 기른다는 것이 너무나 힘들고, 실제

아이에게 장래 고통만 주는 것 같아 신혼 초로 돌아간다면 아이를 낳기가 두려울 정도이다." 그는 또 "교육비는 가장을 너무 힘들게 한다"고 덧붙인다. 이것은 과중한 사교육비 부담에 시달리는 평범한 대한민국 50대 가장의 하소연일 것이다.

　요컨대 과중한 사교육비 부담은 내수 부진, 경제적·심리적 부담, 저출산 등의 원인이 되고 있다. 그럼에도 불구하고 한국인의 뿌리 깊은 교육열이 수그러들지 않는 것은 입시 위주의 왜곡된 교육 시스템 때문이다. 무엇보다 먼저 사교육과 입시 위주의 교육 시스템을 시대 변화에 맞게 고쳐나가야 한다.

　초등학교부터 대학 때까지 아이들을 쳇바퀴 도는 다람쥐처럼 내돌리고, 부모들로 하여금 돈과 시간과 에너지를 자녀 교육에 올인하게 만드는 그런 기이한 게임에 우리 사회 전체가 빠져 있는 것 같아 가끔 울적해진다.

"절차적 민주주의가 예사롭게 무시됨으로써 사람들은 언제 어디서든 목소리부터 높인다. 목소리 큰 사람이 이긴다는 사실을 알기 때문이다. 처음부터 귀를 틀어막고 자기 주장만 떠들어대는 소통 부재의 현실이 안타까울 따름이다."

'목소리가 커야만' 살 수 있는
스트레스 대한민국

9 먹고 사는 문제가 웬만큼 해결되면 사람들은 다른 것들, 이를테면 아름다움이나 품위 같은 가치에 관심을 갖기 시작한다. 사회나 국가도 마찬가지다. 근래 공공 디자인에 대한 사회적 관심이나 국가의 품격을 높이자는 움직임 역시 이런 추세를 반영한다고 볼 수 있다. 자신에 대해서뿐만 아니라 자신이 몸담고 있는 공동체에 대한 기대 수준도 그만큼 높아졌다는 뜻이다.

그래서 예전에는 말도 안 되는 행동을 해도 '사정이 얼마나 딱하면 저럴까' 하고 눈감아줄 수 있었던 일들이 한층 더 짜증스럽게 느껴진다. '아직도 우리가 이정도 수준밖에 안 되나' 하는 자괴감과 불만이 쌓여간다.

시대가 변하면서 과거에는 그럭저럭 참아 넘길 수 있었던 일들이 사회 구성원들의 스트레스 총량을 끌어올리고 사회 갈등을 증폭시키고 있으며, 이것이 한국 사회의 성장통의 한 부분이 되고 있음에 주목할 필요가 있다.

OECD 회원국 중 네 번째로 사회 갈등이 심한 나라

한국개발연구원은 〈법 질서 준수가 경제 성장에 미치는 영향〉이라는 보고서에서 2009년 기준으로 한국의 법과 질서 준수 수준이 OECD 30개 회원국 중 27위라고 발표했다. 또한 이 보고서는 한국이 OECD 평균 수준 정도만 법 질서를 지켰다면 매년 약 1퍼센트의 추가 성장이 가능했을 것이라는 흥미로운 지적을 내놓고 있다.

2008년 기준 불법 시위 등으로 인한 사회적 손실 규모는 GDP의 약 1.53퍼센트로 추계되며 총액만도 약 14조 원에 달한다고 한다. 이처럼 한국은 사회의 다른 부분들은 눈에 띄게 성장하고 있음에도 불구하고 유독 법 질서 준수 문제에서만은 크게 나아지는 기미가 보이지 않는다.

한편 삼성경제연구소는 〈한국의 사회 갈등과 경제적 비용〉이라는 보고서에서 한국이 OECD 회원국 중 네 번째로 사회 갈등이 심한 나라라고 지적했다. '사회갈등지수'를 기준으로 순위를 매기면 터키

(1.2), 폴란드(0.76), 슬로바키아(0.72), 한국(0.71) 순이다.

OECD 평균보다 높은 사회 갈등 수준으로 말미암아 1인당 GDP의 27퍼센트를 그 비용으로 지불하고 있으며, 만약 한국이 OECD 평균치인 0.44 수준으로 사회갈등지수를 낮춘다면 1인당 GDP가 27퍼센트 더 상승할 것으로 예상된다고 한다. 즉 2002~2005년 평균 1인당 GDP 기준으로 1만 8,602달러에서 2만 3,625달러로 5,023달러가 증가한다는 계산이다. 추가적인 자본이나 노동력 투입 없이 사회 갈등을 줄이는 것만으로도 이 같은 효과를 거둘 수 있다니 놀라울 따름이다.

어느 사회든 간에 사람들이 모여 사는 곳이라면 문제가 생기게 마련이고, 그런 문제들을 해결하는 과정에서 갈등과 반목도 불거져 나온다. 그런데 그 과정에서 유독 갈등 조정 비용이 많이 드는 나라가 한국이다. 급격한 물적 성장을 의식의 성장이 따라잡지 못하는 것이 한 원인일 것이다. 물질 면에서는 압축 성장이 가능하지만 의식 면에서는 그것이 쉽지 않기 때문이다. 원인이 무엇이든 간에 이 같은 구조적 문제로 인해 현재 한국 사회가 치르는 사회적 비용이 만만치 않은 것만은 엄연한 사실이다.

감정을 다스리지 못한다면 성숙한 인간이 아니다

평균적인 한국인은 자기주장이 강하고 자기 잘난 멋에 산다. 요즘 우리 사회에서 '소통'이란 말이 부쩍 많이 들리는 이유도 남의 말을 잘 듣지 않는 한국인의 특성 때문일 것이다. 과거에 비해 많이 나아졌다고는 하지만 한국인의 이런 특성은 더불어 사는 사회에서 긴장감과 불쾌함을 높이는 요인이 된다.

얼마 전 부산의 한 사격장에서 화재가 발생해 일본인 관광객 여럿이 사망한 사고를 기억할 것이다. 그때 급히 내한한 일본인 유가족들이 보여준 절제된 태도는 깊은 인상을 남겼다. 죽음을 대하는 문화적 차이도 있겠지만, 만약 똑같은 사고를 한국인이 당했다면 어땠을까? 아마 삿대질과 주먹다짐은 물론이고 '내 자식 살려내라'고 멱살잡이를 하며 난동을 부리는 유족도 있었을 것이다.

이것은 생사관의 차이라기보다는 세상을 살면서 맞닥뜨리게 되는 불가피한 상황을 어떻게 받아들이느냐의 차이에서 비롯되는 바가 크다. 사망 사고 같은 극단적 상황에서뿐만 아니라 이해가 충돌하고 갈등이 불거질 때마다 우리 사회 곳곳에서는 비슷한 일들이 예사롭게 일어난다.

그 즈음에 나는 사이토 마사아키라는 일본 작가가 쓴 『나는 회사 생활의 모든 것을 참치 어선에서 배웠다』라는 재미난 제목의 책을 읽게 되었다. 이 책에서 작가는 대학 졸업 후 한 바이오기업 연구소에서 일하던 중 상사의 명령으로 참치 어선을 타게 되고 43일 간의 어선 생활을 통해 성공의 비결을 배우게 된다.

며칠째 고기가 잡히지 않는데도 선원들이 의기소침해하지 않고 열심히 자기 일을 하는 모습을 보면서 작가는 선장에게 그 이유를 묻는다. 선장은 이렇게 대답한다. "좋은 일이 생기면 기뻐하고 나쁜 일이 생기면 짜증낸다면 개나 다를 게 뭐가 있나?" 바다 사나이들은 모두 화통하고 감정 조절이 미숙할 거라는 작가의 생각은 선입견이었던 것이다.

이어지는 선장의 말은 오래도록 작가의 머릿속을 떠나지 않는다.

"참치를 잡을 수 없을 때야말로 감정을 잘 다스려야 해. 그걸 못하면 그거야말로 개만도 못한 인간이지, 자네는 그런 사소한 것도 모르나? 자네 바보야?"

인간으로서 마땅히 희로애락의 감정을 다스릴 줄 알아야 한다는 따끔한 질책이다. 자신의 감정을 단속하고 서로서로 예의를 지키는 것은 사회생활의 기본 소양이다. 그런 기준에 비춰볼 때 우리 사회는 아직도 갈 길이 멀다는 생각이 자주 든다.

듣지 않는 사회, 소통 부재로 인해 늘어나는 스트레스

프리랜서 작가로 13년 동안 한국에서 생활한 릭 러핀(Rick Ruffin) 씨는 한 신문 칼럼에서 이렇게 말한다. "한국인들은 의사소통을 더 잘하는 방법을 배워야 한다. 이는 절대적으로 중요하다. 일반적으로 한국인들은 자신의 뜻을 잘 전달하지 못한다." 그는 그 이유도 명쾌하게 제시하는데, "남의 말을 잘 듣지 않는다"는 것이다. 영어로 말하든 한국어로 말하든 남의 말에 주의깊게 귀 기울이지 않는 것이 한국인의 특성이란 뼈아픈 지적이다.

이런 한국인의 특성이 우리 사회가 겪는 성장통의 한 원인이 되고 있음은 물론이다. 타인에 대한 배려 없이 자기 감정만 앞세우고 당연히 지켜야 할 규칙을 자기 편의대로 해석함으로써 서로가 서로에게 불필요한 긴장과 불편, 고통을 주고 있다. 한마디로 끊임없이 짜증과 스트레스를 주고받는 상황이다.

국민 소득 수준에 비해 상대적으로 흡연 인구 비율이 높고 알코올 소비량이 많은 것도 그런 영향 때문일 수 있다. 〈OECD 건강백서 2007〉에 따르면 15세 이상 한국 남성의 흡연율은 46.6퍼센트로 OECD 회원국 중에서 터키(51.1퍼센트) 다음으로 높다. 그나마 다행스러운 것은 1997년의 68퍼센트에서 크게 감소 추세를 나타내고 있다는 점이다. 이 역시 짜증나는 상황을 극복하기 위해 사람들이 지불하는 사회적 비용의 일부라고 볼 수 있다.

집 밖을 나서는 순간부터 조심 또 조심해야 하는 것이 서울살이다. 택시를 타고 '안녕하세요' 하고 인사를 건네도 묵묵부답인 기사 분들이 많다. 썰렁한 분위기 속에서 택시를 타고 가면서, 다들 살기 힘들어서 그러려니 하고 이해하려 해도 '휴' 하고 한숨이 새어나오는 것은 어쩔 수 없다. 어디 그뿐인가? 길거리에서도 서로 조금만 조심하고 배려하면 좋을 텐데 상대방의 기분을 다치는 말이나 행동을 서슴지 않는 사람들을 심심찮게 만나게 된다. 어지간히 신경 줄이 튼튼하지 않고서는 배겨내기 힘든 것이 서울 생활이다.

도시 생활에서는 어디를 가든지 시끌벅적하고 사람들 간의 자질구레한 알력과 갈등이 끊이지 않는다. 그러나 이런 문제는 함께 노력하면 얼마든지 줄여나갈 수 있다. 사회 구성원들이 스스로 지켜야 할 한계나 범위를 넘어서지 않는다면 추가 비용을 투입하지 않고도 사회적 스트레스 수준을 낮출 수 있다. 성장통을 줄이는 데 반드시 물적 자원을 쏟아 부어야 하는 것은 아니다. 서로 조금만 더 조심하고 배려한다면 얼마든지 한국 사회 전체의 행복 수준을 끌어올릴 수 있다.

그런 점에서 우리 사회는 여전히 개선할 점이 많다. 상식, 예절, 교양, 시민의식 등 뭐라고 부르든 간에 그런 사회적 소양의 부족이 우리 사회의 성장통을 부추기고 있다는 사실에 주목할 필요가 있다.

절차적 합법성 없이는
민주주의도 없다

개개인의 행동은 그렇다 치더라도 집단적 행동과 관련해서는 단순한 불쾌함과 불편함의 정도를 넘어선다. 대형 노사 분규 현장에서는 법을 위반하는 일들이 예사롭게 일어난다. 쌍방이 법의 테두리 안에서 대화와 설득을 통해 문제를 풀어나가면 될 것을 수십 일씩 조업을 중단시키면서까지 파업과 농성을 일으켜 결국 수백억에서 수천억 원대의 피해를 내기도 한다.

또한 이런저런 명분을 내걸고 공공장소를 무단 점거해 다른 사람들이 그 공간을 평화롭게 이용할 권리를 침해해 놓고도 자신들의 정당성만 주장한다. 그런데 결국 지루한 협상 끝에 농성을 풀고 나면 그걸로 끝이다. 불법 시위와 파업을 주동한 사람들에 대해 민형사상의 책임을 묻기는커녕 좋은 것이 좋다는 식으로 흐지부지 덮어버리고 마는 경우가 허다하다.

인간은 자신이 지불해야 하는 비용에 매우 민감하다. 만약 불법 행위에 대해 철두철미하게 책임을 묻는 사회적 관행이 정착된다면 아무도 함부로 행동하지 못할 것이다. 다양한 연구를 통해서도 입증된 사실이지만, 불법 행위에 대한 엄중한 제재는 사람들로 하여금 불법 행동의 강도를 스스로 조절하게끔 만드는 인센티브로 작용한다.

그러나 우리 사회는 여전히 자칭 사회적 약자들의 집단행동에 대해선 지나치게 관대하다. 그러니 불법 시위나 파업으로 인한 사회적 비용은 줄어들 기미가 보이지 않는다. 사고는 내가 치고 수습은 남이 한다면 누가 바르게 행동하겠는가? 집단행동에도 '무임승차' 하는 사람들이 정말 많다. 집단행동으로 인해 제삼자가 피해를 입더라도 대개의 경우 그냥 넘어가고 만다.

인간 사회에서는 이해관계를 둘러싼 집단 간의 충돌이 일어날 수밖에 없으며, 법은 그것을 조율하는 마지막 수단이다. 그런데 법에 대한 도전은 비단 노사 분쟁이나 정치적 집단 시위에서만 찾아볼 수 있는 것은 아니다. 법을 수호해야 할 국회에서 벌어지는 불법 행동을 목격할 때마다 정말이지 참담하고 씁쓸하다.

특정 법안을 두고 얼마든지 여야의 이해가 충돌할 수 있다. 자기 당의 이익을 반영하는 법안을 상정하고 통과시키기 위해 지루한 밀고 당기기를 벌일 수도 있다. 만약 여야가 타협을 통해 서로 만족할 만한 양보를 받아내기 힘들다면 다수결의 원칙에 따라 결판내면 된다.

민주주의는 다수결의 원칙이라는 절차적 합법성에 기반하며, 그 결정은 반드시 지켜져야 한다. 그런데 다수결로 의결된 안건을 거부하며 국회 회의장을 점거하고 "자유민주주의의 조종(弔鐘)을 울리다"라는 선동적인 발언을 서슴지 않고, 법안이 통과되었는데도 장외로 뛰쳐나가는 국회의원들을 보면 깊은 한탄이 절로 나온다.

자신들의 주장을 관철하고 싶다면 다음번 선거에서 원하는 법안을 통과시킬 만큼 의석을 차지하면 된다. 그것이 민주주의 체제가 가진 장점 아닌가? 사실 정치인의 수준이 어디 그들만의 수준이겠는가? 그런 국회의원들을 뽑은 것은 바로 우리 국민이다.

중요한 법안이나 예산안이 국회의원들의 명분 싸움에 밀려 막판에 겨우 통과되는 일도 다반사다. 국회의원들이 꼼꼼하게 따지고 챙겨야 할 법안과 예산안이 시간에 쫓겨 허술하게 처리되는 사태는 보통 큰일이 아니다. 한번 잘못 만들어진 법률은 두고두고 사회적 비용으로 작용하며, 예산안이 제때 통과하지 못해 발생하는 국가적 낭비도 만만치 않다.

국회의원들 입장에서야 아쉬울 것이 없겠지만, 법안과 예산안 심의 의결에 대한 그런 무책임한 행태는 이해 당사자들에게 부정적인 영향을 미치는 데 그치지 않고, 국가 전체의 효율성까지 크게 떨어뜨린다.

결국 다수결의 원칙이 흔들리면서 법안의 심의와 의결이 지연되고 이해관계를 조정하는 데 많은 비용이 들어간다. 막무가내로 떼를 쓰고, 고함과 욕설이 튀어나오고, 폭력이 난무하는 국회 상황은 그대로 사회의 다른 분야에도 부정적인 영향을 미친다.

절차적 민주주의가 예사롭게 무시됨으로써 사람들은 언제 어디서든 목소리부터 높인다. 목소리 큰 사람이 이긴다는 사실을 알기 때문이다. 상대의 입장을 헤아리고 차근차근 말로 풀어나가는 대신 처음부터 귀를 틀어막고 자기 주장만 떠들어대는 소통 부재의 현실이 안타까울 따름이다.

이처럼 우리 사회에서 이해의 충돌이 극단으로 치닫는 이유는 무엇일까? 내 생각에는 억지와 막무가내 행동에 대한 제동 장치가 제구실을 못해서 그렇다. 즉 한국 사회가 겪는 성장통의 한 원인으로 공권력의 무기력함을 들지 않을 수 없다.

인간 사회에는 이익의 충돌이 있게 마련이고 그것이 대화와 타협을 통해 원만하게 해결되지 못할 때 폭력이 등장한다. 그런 폭력을 막을 수 있는 유일한 수단은 법의 테두리 안에서 엄격하게 집행되는 공권력, 즉 합법적인 힘의 행사다. 국회의원들이 회의장을 점거하고 시위를 벌인다면 경호권 발동이 필요하다. 여기서 중요한 것은 예외 없는 엄중함이다. 자기 행동을 책임지게 함으로써 막무가내 식의 행동이 용납되는 않는다는 것을 확실히 보여줘야 한다. 이런저런 정치적 고려가 주어지고 경호권 발동 권한을 가진 사람이 그런 정치적 고려를 의식할 수밖에 없다면 국회 무질서 문제의 해결 전망은 요원하다.

이명박 정부 출범 당시만 해도 법 질서 확립이라는 부분에 대해서 상당한 기대를 걸었다. 집권 한 달이 채 되지 않았을 때 법무부 업무 보고를 받는 자리에서 이 대통령이 가장 강조한 것은 '법과 질서 지키기'였다. 이 대통령은 취임 전에 《월스트리트 저널》과 가진 인터뷰 이야기로 말문을 열었다. 이 대통령은 "경제 살리기를 위해 맨 먼저 해야 할 일이 무엇이냐는 기자의 질문에 법과 질서를 지키는 일부터 하겠다고 말하자 의아해하더라"라는 말을 전하면서, "선진 국가를 만들고 경제를 살리는 것은 모두 법과 질서를 지키는 데서부터 시작되어야 한다는 생각을 하고 있다"고 말했다고 한다.

그러나 내가 기억하기로는 그후 법 질서 확립에 대한 이 대통령의 강력한 의지가 현장에서 제대로 실천에 옮겨진 사례는 철도 파업 사태 때 정도였다. 예나 지금이나 한국의 거리와 사업장에는 여전히 무책임한 행동들이 만연하다.

"평화는 간절히 바라는 것만으로는 실현되지 않는다"

시오노 나나미의 저서 『로마 멸망 이후의 지중해 세계』에는 오늘을 사는 우리가 새겨들어야 할 역사적 교훈이 풍성하게 담겨 있다. 로마가 멸망하자 이탈리아와 프랑스 그리고 스페인 해안은 북아프리카의 튀니지, 알제리 등에 근거를 둔 해적들의 노략질에 시달렸다. 해적들의 약탈은 해안 지역뿐만 아니라 로마에까지 미쳤지만, 정치 지도자는 이를 근절하려는 강력한 의지를 보이지 않았다.

정치 지도자의 그런 무기력한 행태에 대해 작가는 이렇게 말한다. "평화는 간절히 바라는 것만으로 실현되지 않는다. 인간에게는 유감스러운 일이지만, 누군가가 평화를 어지럽히면 가만두지 않겠다고 분명히 언명하고 실행해야만 비로소 평화가 현실화되는 법이다."

여기서 평화는 질서라는 말로 바꿔도 무방하다. 평화든 질서든 간에 굳건한 수호 의지 없이는 지켜질 수 없다. 시오노 나나미는 "평화를 확립하는 것은 군사가 아니라 정치적 의지였다"라고 결론짓는다. 평화를 지키겠다는 정치적 의지와 실천 없이는 불법과 혼란을 막을 수 없다. 그것은 누구든 다수를 상대로 질서를 뒤흔드는 행동을 한다면 공권력을 발동해 제제를 가하겠다고 천명하고 그것을 실천에 옮길 때에만 가능하다.

그런 정치적 결단은 법 질서에 대한 굳건한 믿음을 가진 정치 지도자와 이를 뒷받침하는 정치 세력으로부터 나온다. "우리를 시험에 들지 말게 하옵소서"라는 주기도문 구절처럼 의지력을 시험하는 세력들이 우후죽순처럼 등장하기 때문이다.

시위 행위를 법으로 단속하는 일은 많은 저항이 뒤따를 수밖에 없다. 더욱이 그 대상이 집단이라는 점에서 고통의 강도는 훨씬 더 크리라고 생각한다. 그러나 접근 금지선인 옐로라인을 설정하고 이를 어길 경우에 엄중한 공권력을 발동한다면 함부로 법을 어기지 못할 것이다.

나의 표현의 자유를 주장한다면 다른 사람의 표현의 자유도 존중해야 한다. 내 권리를 지키고 싶다면 남의 권리도 인정해야 한다. 그러나 우리 사회에서는 이런 원칙들이 아무렇지도 않게 무너진다. 현장에 출동한 경찰관을 폭행하는가 하면 불법 시위 진압 장면을 모바일 기기로 촬영, 편집해 경찰관이 폭력을 휘둘렀다고 주장하는 일도 다반사다. 폭력을 제압하기 위해서는 정당한 힘의 행사가 필요하며 그것은 지극히 정상적인 일이다. 공권력은 불법 행위를 막고 우리 사회의 법 질서를 수호하는 최후의 보루다.

그런데 활자 매체보다 영상 매체를 중시하는 시대에는 고려해야 할 변수가 하나 더 있다. 매사를 깊이 생각하고 일의 옳고 그름을 찬찬히 따지기보다는 눈에 보이는 대로 직관적인 느낌에 의지하는 사람이 많아졌다는 점이다.

그런 상황에서 정치인들이 온정주의에 빠지거나, 여론의 눈치를 보며 공권력 행사에 소극적인 태도를 보이거나, 정당하게 공권력을 행사한 사람에게 책임 추궁을 한다면 법 질서를 깔보고 안하무인으로 행동하는 사람들이 늘어날 수밖에 없다.

자유로운 권리 행사는 자유민주주의 사회에서 충분히 보장되어야 하지만, 그것이 법의 테두리를 벗어난다면 제재가 가해질 수밖에 없다. 비록 단기적인 저항은 있겠지만 억지와 어리광이 통하지 않는 사회, 불법이 발붙일 수 없는 사회를 만들기 위해서는 엄정한 공권력 행사가 꼭 필요하다는 사실을 명심해야 한다.

오늘날 한국 사회는 불법 시위로 인해 막대한 사회적 비용을 치르고 있다. 공권력이 제구실을 못하는 현실을 보면서 양식 있는 사람들은 분노와 허탈감에 빠질 수밖에 없다. 사회가 이렇게 막가도 되는지 안타깝고 개탄스럽다. 지금처럼 불법 시위가 판친다면 법을 우습게 여기는 풍조가 만연하게 될지도 모른다는 걱정이 앞선다.

사회 지도층에도 예외 없는
공정함이 법 질서의 기본

그런데 공권력 행사에서 특히 주의해야 할 것은 바로 공정함이다. 만인은 법 앞에 평등하다는 자유민주주의 원칙이 철저히 지켜져야 한다. 만약 공권력이 돈 있고 힘 있는 사람들만 봐준다면 국민들이 '유전무죄무전유죄'의 풍조를 꼬집으며 법 질서와 사회 권위에 반발할 수 있다. 그러므로 누구에게나 예외 없이 엄정한 법의 잣대를 적용하는 일이야말로 법치국가로 가는 지름길이다.

막대한 액수의 비자금 축적이나 분식 회계를 통한 불법 기업 활동 같은 화이트칼라 범죄는 불법 시위보다 사회적으로 훨씬 더 큰 물의를 일으킨다. 이런 범죄는 눈감아주면서 공권력의 공정성을 들먹인다면 결코 국민들에게 아무런 감동도 믿음도 줄 수 없다. 법 질서에 대한 불신, 정권에 대한 실망과 허탈감, 끼리끼리 다 해먹는다는 냉소와 비난은 국민을 분열시키고 우리 사회를 좀먹는다. 이것은 두말할 필요도 없이 한국 사회의 성장통의 한 원인이다.

솔선수범은 공권력 행사에서도 반드시 지켜져야 할 원칙이다. 이명박 정부의 재경부 장관을 지낸 강만수 국가경쟁력강화위원회 위원장은 한 인터뷰에서 촛불 시위 초기 단계에서 미온적으로 대처한 것이 문제가 아니냐는 기자의 질문에, "그때 단호했어야 했다. 불법은 불법이고 정책은 정책인데, 그때 때를 놓친 거다"라며 아쉬움을 드러냈다.

그러나 나는 그보다 이번 정부가 집권하자마자 대기업 총수들을 비롯한 다수의 사회 지도층 인사들에 대해 특별 사면권을 행사한 일에서 법 질서에 대한 불신을 품게 만든 단초를 찾을 수 있다고 본다. 국민들 사이에 법 지배 원칙을 정립하기 위해서는 사회 지도층 인사가 관련된 불법 행위에 대해서도 예외 없는 엄정함을 유지해야 한다. 여론의 반대를 무릅쓰고 강행한 사면권 행사는 국민을 얕잡아본 처사로밖에 볼 수 없다. 이는 제 앞가림도 못하는 부모가 자식들에게 열심히 공부하라고 말하는 것과 무엇이 다르겠는가?

높은 자리에 있을수록 세상 어려운 줄을 알아야 한다. '내가 하겠다는데 자기들이 어쩌겠어' 같은 독단적인 사고방식은 곤란하다. 보수 진영이 집권 유지를 원한다면, 사회 지도층이 노블레스를 자처한다면 번드레한 말치레 대신 먼저 국민들을 헤아리고 보살펴야 한다.

세상에 비밀이란 없다. 이제 민도도 높아졌고 과거처럼 정보를 통제할 수 있는 세상도 아니다. 집권 기간 동안 자기들끼리는 봐주면서 법질서를 운운한다면 국민들의 비웃음만 살 게 뻔하다. 그렇게 되지 않으려면 사회 지도층부터 스스로 더 경계(警戒)해야 한다. 그 첫 단추는 법 집행의 공정성을 확보하는 일이다.

나는 보수 진영 스스로 법의 지배라는 원칙을 지키는 일이야말로 대한민국을 바로 세우는 지름길이라고 확신한다. 국민의 지지를 잃지 않으려면 사회 지도층이 먼저 각성해야 한다. 일상의 작은 일부터 나라일에 이르기까지 한국 사회의 성장통은 법 지배의 원칙이 제대로 지켜지지 않는 데서 비롯된다. 이를 바로잡기 위해서는 무엇보다 정치 지도자가 만인은 법 앞에 평등하다는 사회 정의를 적극적으로 실현해 나갈 때 가능하다.

"욕망을 부추기는 사회, 그리고 빚을 내서라도 지금 당장 욕망을 채우라고 재촉하는 사회로부터 스스로를 보호하는 일은 누가 대신해 주지 않는다. 그렇다면 이런 사회적 자극으로부터 스스로를 보호할 방법은 없을까?"

소비를 권하는 사회, 욕망의 노예로 살 것인가

10

'컬처 디바이드(culture devide, 문화 격차)'. 최근 스마트폰 같은 첨단 기술을 장착한 혁신적 기기들이 등장하면서 그 대열에 끼지 못하는 사람들은 이른바 컬처 디바이드에 시달린다. 직장인은 물론이고 강남의 젊은 주부들 사이에선 아이폰 등 고가의 첨단 스마트폰이 트렌드의 상징으로 불티나게 팔리고 있다고 한다.

첨단 기술 제품을 수용하는 행동 이면을 들여다보면 욕망과 소비의 문제가 그 뿌리에 자리 잡고 있음을 알 수 있다. 개인의 취향이나 주관과는 상관없이 모든 사람이 '소비의 대세에 편승하지 못하면 소외될 수밖에 없다'는 동조 압력의 영향력 속에서 살아간다. 본래 자본주의의 속성이 그렇지만 어지간히 줏대가 강하지 않고서는 대세에 따를 수밖에 없을 만큼 압박감이 심한 시대다.

오늘날 우리는 소비자로서 과거 어느 때보다도 많은 정보와 선택의 기회를 누리고 있다. 그러나 모든 일에는 양면성이 있듯이 선택의 폭이 넓어졌다는 것은 기쁨도 주지만 때로 고통도 준다. 처음에 기쁨을 주던 것들은 이내 시들해진다. 그것이 물질의 속성인데, 심리학자들은 이런 현상을 '쾌락 적응'이라고 부른다. 인간의 욕망을 계속 충족시키려면 자극 정도를 높여갈 수밖에 없다는 것이다.

시장의 세계화 현상이 혁신을 가속시키면서 끊임없이 쏟아져 나오는 더 좋은 상품들이 마케팅을 통해 급속히 확산되면서 소비자를 자극한다. 소비자의 욕망을 추동하는 시장의 생리는 끝없이 자극의 강도를 높여가고, 그런 정보에 노출되지 않았다면 괜찮았을 사람들까지 들썩이게 만든다. 결국 사야 하나 말아야 하나 또는 유행을 좇아야 하나 말아야 하나를 두고 우리는 끝없이 갈등하고 망설이게 된다. 고민의 끝은 대개 지갑을 여는 쪽으로 기울게 된다.

뒤처지지 않도록
더 빨리! 더 빨리!

시장이 확산되고 심화되면서 우리는 삶의 모든 면에서 '과잉 자극의 시대'를 살아가게 되었다. 글로벌 자본주의의 동력 가운데 하나인 IT 혁명은 정보 전달 매체에 획기적인 변화를 가져왔다. 소비를 자극하는 새로운 메시지들이 다매체를 통해 끊임없이 전달된다. 이제 젊은이들은 거리에서 그리고 지하철 안에서 휴대전화나 DMB 기기를 통해 끊임없이 자신을 광고에 노출시킨다.

기업들도 발 빠르게 움직이고 있다. 기업은 이익이 된다면 합법의 테두리 안에서 무엇이든 한다. 과잉 자극이 문제가 된다고 해도 그것은 소비자의 문제일 뿐이다. 휴대전화만 해도 듣는 휴대전화에서 보는 휴대전화로 진화하고 있다. 듣는 시대에서 보는 시대로 진입하면서 기업은 소비자의 시간과 관심을 더 쉽게 빼앗고 자신들이 원하는 메시지, 즉 '빨리 대세에 편승하라!'는 메시지를 더 쉽게 전달할 수 있게 되었다. 편승하라! 편승하라! 사람들은 이런 메시지에 끊임없이 노출되고 있으며, 이런 경향은 앞으로 더 심화될 것이다.

그런데 이런 메시지는 상품과 서비스 소비에만 그치지 않고 외모마저 남들을 따라가야 한다고 부추긴다. GEMMA 브랜드 컨설팅의 황정희 대표이사는 흥미로운 경험담을 들려준다. 요 몇 년 사이 대학 강의를 나갈 때마다 강의실에 앉아 있는 여대생들의 모습이 다들 비슷해서 깜짝깜짝 놀라곤 한다는 것이다. 간혹 누가 누군지 구분하기 힘든 웃지 못할 상황까지 벌어진다고 한다.

이따금 강남에 나갈 때면 나는 서울 시민이 아니라 여행자의 눈으로 지하철 안을 둘러본다. 그때마다 놀라는 일 중 하나는 젊은 아가씨들이 하나같이 비슷비슷하게 예쁘다는 사실이다. 한번은 아내에게 어쩌면 요즘 아가씨들은 모두 그렇게 비슷하게 생겼느냐고 물어보기까지 했다. 물론 예쁘다는 말은 빼고 말이다. 다짜고짜 어디어디 성형 수술을 받지 않았느냐고 물어볼 수도 없는 노릇이고, 아름다움에 대한 기준이 다들 비슷해서 그럴 거라고 짐작만 할 따름이다.

황 대표는 "쌍꺼풀, 몽고주름을 제거하는 '앞트임', 눈꼬리를 길게 해주는 '뒤트임'에다 서클렌즈까지……. 몇몇은 아예 쌍둥이인가라는 생각이 들게 만들었다"면서, "톡톡 터질 듯한 개성이 넘쳐나는 젊음이, 주물로 찍어낸 듯한 몰개성의 외형을 쓰고 있다면 슬픈 일이 아닐까" 라고 소회를 밝힌다.

나는 이런 현상을 과잉 자극 시대의 강박관념이 만들어낸 새로운 풍조라고 본다. 어떻게든 남들을 따라가야 한다는 강박관념 말이다.

자본주의는 그 자체가 욕망을 부추김으로써 돌아가는 체제다. 그것이 일국을 넘어 글로벌 자본주의 체제로 탈바꿈하면서 욕망을 부추기는 자극은 과잉이라는 말이 무색할 만큼 더욱더 강력해졌다. 아무리 이러한 자극들이 강력해지더라도 소득 범위 내에서 소비가 이뤄진다면 크게 문제될 것이 없다.

그런데 금융 산업의 발전은 보통 사람들에게 또 하나의 도전 과제를 던져주고 있다. 돈을 빌려줄 테니 돈을 쓰라고 부추기는 것이다. 신용 카드만 해도 그렇다. 그 편리함이야 말할 필요도 없지만 일단 카드를 사용하기 시작하면 아무리 절제력이 뛰어난 사람이라도 종종 자신의 소비에 대해 무감각해질 수밖에 없다.

소비 권하는 사회, 빚 권하는 사회

한편 신용 대출이란 이름으로 과거와 비교할 수 없을 만큼 돈 빌리기도 쉬워졌다. 금융업의 혁신 속도에 발맞춰 대출은 급속도로 간편해지고 있다. 누구나 돈을 빌려 지금 당장 소비 욕망을 채울 수 있다. 물론 성인이라면 대출에 대한 책임은 스스로 져야겠지만, 선택의 자유를 무한정 허용하는 것이 능사냐는 문제를 다시 한 번 생각하게 된다.

경제학자들은 선택의 자유를 더 늘려야 한다고 말한다. 나 역시 동의한다. 하지만 아무리 성인 대상이라고는 해도 술, 담배, 도박 등에 대해서는 규제가 필요하다. 최근 들어 인간적인 약점을 인정하고 욕망을 적절히 통제하도록 제도적 장치를 마련해야 한다는 주장이 사회적 지지를 얻고 있다. 지나치게 손쉬운 대출에 대해서도 제어 장치가 필요하다고 생각한다.

말도 안 되는 일이라고 반발하는 사람도 있을 것이다. 그러나 지난 위기 때 은행 창구에서 펀드 판매를 허용함으로써 펀드 상품에 무지하거나 의지력 약한 사람들이 큰 피해를 입었던 일을 생각해 보라. 이후 투자자 보호를 위해 펀드 상품 구매 전에 신중한 결정을 내리도록 유도하는 몇 가지 설문을 제공하고 있다. 이것은 정부가 공익 차원에서 개인의 무제한적 선택의 자유에 개입한 사례라 하겠다.

어떤 사회든 국민 소득이 일정 수준을 넘어서면 소비를 찬양하는 분위기가 조성된다. 그럴 때 정치 지도자는 그런 분위기가 지나치게 빨리 확산되지 않도록 속도 조절에 주의할 필요가 있다. 그런 사회 분위기 속에서도 '소득 범위 내에서 소비하라' '불필요한 곳에 돈을 함부로 사용하지 말라' '미래를 생각하고 소비하라' 같은 시대를 뛰어넘은 기본 원칙들이 지켜질 수 있도록 유도하는 일은 매우 중요하다.

앞서 말했듯이 자본주의는 체제의 특성상 계속 수요를 창출해야만 돌아간다. 그래서 유효 수요 창출을 위한 노력은 기업 측면에서도 국민 경제 측면에서도 꼭 필요하다. 절약이 언제나 미덕은 아니다. 하지만 소비와 저축의 어느 한쪽으로 지나치게 치우치지 않도록 적절히 균형을 유지해 나가는 일이야말로 국가 경제 차원에서뿐만 아니라 개인의 소비 활동에서도 매우 중요한 사안이라고 할 수 있다.

더 많이 누리면서 더 불행한 사람들

『보보스』란 책으로 유명한 데이비드 브룩스는 《뉴욕타임스》에서 이렇게 개탄한다. "지난 30년 동안 미국은 갈가리 찢어졌다. 검소한 생활을 격려하던 기관과 사회 규범이 힘을 잃었다. 부채를 부추겨 순간의 즐거움을 위해 소비하라고 권유하는 기관들이 힘을 얻었기 때문이다."

이런 미국적 상황은 글로벌 자본주의에 편승해 전 세계로 급속히 퍼져나가고 있다. '빚을 내더라도 당장 욕구를 충족시켜라'는 메시지가 끊임없이 사람들을 부추긴다. 또한 브룩스는 "가장 만연한 타락은 금융 타락으로, 돈 사용 방법에 관한 건전한 규범을 짓밟아버리고 있다"고 말한다. 바로 이 부분에 우리는 주목해야 한다. 어떤 가치나 도덕이 무너지면 사람들은 자신이 무엇을 잘못하고 있는지도 모른 채 쉽게 자극이 유도하는 대로 행동하게 된다.

이것은 미국에만 해당되는 이야기가 아니다. 오늘날 과잉 자극을 충족시킬 수 없을 때 생겨나는 불만, 초조, 불안, 스트레스가 한국 사회에서도 성장통의 한 원인이 되고 있기 때문이다. 나는 왜 저것을 가질 수 없고, 나는 왜 이 정도밖에 살 수 없냐는 좌절감에 시달리는 사람들이 늘고 있다.

스마트폰 열풍만 해도 그렇다. 업무상 꼭 필요한 사람도 있을 것이고 새로운 기술에 관심이 많은 사람도 있을 것이다. 경제적 여력이 된다면 구입해서 사용하는 것도 좋다. 하지만 경제적 여력도 없으면서 유행이라는 이유로 무리해서 기기를 구입하고 불필요한 오락성 콘텐츠에 자신을 노출시키고, 결국 다섯 자리 숫자가 찍힌 요금 청구서를 받아들고서야 어쩔 줄 몰라 한다면 생각을 바꿔야 한다. 대중 매체들이 연일 스마트폰 대세론을 외치더라도 자신의 입장에 따라 한동안 상황을 관망하는 자세도 필요하다.

쉽지 않은 일이겠지만 세상의 움직임을 때로는 쿨하게 바라볼 수 있어야 한다. 웬만큼 소동이 가라앉고 질서가 잡히면 그때 자신에게 가장 적합하고 합리적인 소비를 선택하면 된다. 마케팅에 휘둘리면 안 된다는 말이다. 무언가를 구매하기 위해 돈을 쓸 작정이라면 조금 신중하게 움직이더라도 아무런 문제가 없다. 물론 제품을 구입해 사용하는 사람과 제품을 만들어 파는 사람 간에 이해가 엇갈리겠지만, 소비자 입장에서는 좀더 천천히 그리고 좀더 신중하게 움직일 필요가 있다.

열풍이라고 불릴 만큼 한창 유행하던 각종 펀드 상품도 그렇다. 다들 하니까 전문가들이 좋다고 하니까 나도 한다는 식으로 뛰어들었다가 손해를 본 사람이 얼마나 많은가? 결국 자본주의 체제는 끊임없이 새로운 것을 만들고 어떻게든 그것을 팔아야 돌아간다. 사회적 합리성과 개인적 합리성이 충돌한다고 해도 개인 입장에서 우국지사가 될 필요는 없다.

영화와 같은 대중 문화의 경우에서도 상황은 별반 다르지 않다. 화제를 모았던 영화 〈아바타〉의 경우 아시아에서 제일 큰 시장인 중국보다 우리나라에서 거둔 수익이 4배나 높다고 한다. 어떻게 1,000만 명이 넘는 사람들이 한 영화에 열광할 수 있을까? 이런 대중적 쏠림 현상은 때로 대단히 위험할 수도 있다.

욕망은 끝이 없다. 스스로 제어하지 못하면 불평불만만 쌓인다. 예전보다 삶이 나아졌는데도 화난 얼굴로 주변을 두리번거리는 사람들이 많아졌다. 그러니 행복 지수가 높아질 수가 없다. 안분지족이 지나쳐도 발전이 없지만, 지금 자신이 누리는 것들에 대해 감사하고 흡족해하는 마음가짐이야말로 행복의 총량을 끌어올린다. 그러나 이 시대는 현재에 만족하는 대신 더 많이 욕망하고 더 빨리 움직이라고 쉴 새 없이 떠민다.

가라오케 자본주의, '노래만 부르다' 인생 끝날지도

욕망을 부추기는 사회 그리고 빚을 내서라도 지금 당장 욕망을 채우라고 재촉하는 사회로부터 스스로를 보호하는 일은 누가 대신해 주지 않는다. 그렇다면 이런 사회적 자극으로부터 스스로를 보호할 방법은 없을까?

일본의 대표적인 논객 오마에 겐이치 박사는 최근작 『지식의 쇠퇴』에서 흥미로운 책 한 권을 소개한다. 요나스 리더스트럴러와 첼 노오스트롬의 『창조적 괴짜가 세상을 움직인다(Karaoke Capitalism)』란 책인데, 여기에는 '인류를 위한 경영(Management for Mankind)'이란 부제가 붙어 있다. 의미심장한 것은 '가라오케 자본주의'라는 원제와 부제의 묘한 대비다. 제목의 메시지는 '자본주의 사회에서 보통 사람들은 어떻게 자신을 경영해야 하는가' 정도로 이해할 수 있다. 책의 서문에서 저자들은 이렇게 집필 동기를 밝힌다.

"우리들은 시장 경제의 광기에 노출되어 있다. 우리는 배금주의에 물든 사회, 자유가 늘 행복과 일치하지 않는 사회, 신기술을 개발하는 것이 반드시 이익과 직결되지 않는 사회에 살고 있다. 이런 현실을 직시하기 바란다. (…) 중요한 것은 당신이 지금 경험하고 있는 변화들에 대해 당신 자신의 의견을 만들어내는 것임과 아울러 그런 변화들이 어떤 미래를 만들어낼지에 대해서도 당신 자신의 의견을 만들어내는 것이다. (…) 이 책을 쓴 첫 번째 목적은 독자에게 무엇을 생각해야 하는가를 제시하는 것이 아니라 생각하는 것 자체를 권하는 것이다. 두 번째 목적은 독자들을 시대의 가장 효과적인 무기, 즉 지식으로 무장시키는 것이다." ― 요나스 리더스트럴러, 첼 노오스트롬, 『창조적 괴짜가 세상을 움직인다』

이 책에서 우리는 가라오케에서 신나게 노래를 부르는 사람은 누구인지, 노래 부를 기회와 가라오케 기기를 제공함으로써 돈을 버는 사람은 누구인지를 생각하게 된다. 오마에 박사가 이 책에서 얻은 영감은 자본주의 사회, 특히 가라오케 자본주의 사회에선 대부분의 사람들이 스스로 생각하는 능력이 없기 때문에 그냥 신나게 노래나 부르다가 좋은 시절을 다 보내고 만다는 점이다. 사회적으로 조장된 욕망의 반주에 맞춰 신나게 노래를 부르다가 볼 장 다 보기 전에 자신이 지금 어디서 무엇을 하고 있는지 깨달아야 한다. 오마에 박사는 일본판 추천사에서 이렇게 말한다.

"우리들은 대부분 어떠한 가라오케 자본주의에 젖어 있고 그 기술의 비호하에 가무를 즐기고 있는 데 불과하다. 하지만 중요한 것은 다른 한편에서는 모두가 달려들고 싶을 만한 가라오케 구조를 창조하는 사람들이 있다는 것이다. 당연히 세상의 부는 그쪽으로 옮겨간다." ─ 오마에 겐이치, 『지식의 쇠퇴』

모두가 '가라오케 기기'를 제공하는 사람이 될 수는 없다. 그런데도 우리가 열심히 공부하고 치열하게 노력해 가라오케 자본주의의 메커니즘과 시대 변화의 실상을 깨우쳐야 하는 이유는, 남의 장단에 박수 치고 노래만 부르다가 끝나는 인생을 살지 않기 위해서다.

아무런 자각 증세도 문제의식도 느끼지 못하다가 훗날 가라오케 반주가 끝나고 현실로 돌아왔을 때를 상상해 보면 오싹하다. 돌이킬 수 없는 시간, 가라오케에서 노래만 부르다가 헛되이 보내버린 세월이 얼마나 억울하겠는가?

욕망의 고삐를 바싹 죄고 자극을 받아들이는 지혜

읽는 사회에서 보는 사회로! 언제 어디서나 영상을 접할 수 있는 시대다. 과거에는 무언가를 읽으면서 시간을 보냈다면 지금은 무언가를 보면서 시간을 보낸다. 특히 젊은 세대일수록 이런 경향이 강하다. 내 편견일 수도 있지만 아무리 세월이 흘러도 결국 부가가치의 상당 부분은 생각하는 힘에서 나온다. 그것도 남과 똑같은 생각이 아니라 자신만의 생각을 만들어내는 힘 말이다.

그렇다면 영상 매체를 접하는 것도 일종의 소비라고 볼 수 있다. 물론 그런 정보 유입이 창조나 상상력에 도움을 줄 수도 있겠지만, 재미나 오락 같은 소비 활동에 더 큰 비중을 두고 있음을 부인할 수 없다.

누구에게나 시간은 제한된 자원이다. 그 시간을 남이 만들어낸 콘텐츠를 일방적으로 소비하는 데 다 써버린다면 스스로 부가가치를 만들어내는 능력은 당연히 떨어질 수밖에 없다. 만약 활자 매체를 멀리하고 소비적인 영상 매체에만 푹 빠져 사는 사람이라면 지금 자신이 가라오케 기기 앞에서 허송세월하고 있지는 않은지 곰곰이 생각해 볼 일이다.

오늘날과 같은 과잉 자극의 시대에는 우리 모두 타인의 의도에 이끌려 허겁지겁 살아갈 수밖에 없는 환경에 노출되어 있다. 욕망을 부추기는 과잉 자극의 강도를 사회가 어느 정도 조절할 수는 있지만 그 거대한 물줄기를 바꿔놓을 수는 없다. 결국 과잉 자극과 욕망 그리고 능력의 격차는 점점 더 벌어질 수밖에 없으며, 이것이 바로 우리 사회가 앓고 있는 성장통의 한 원인이 되고 있다.

이처럼 자극 과잉의 시대를 살아가는 한 가지 요령은 자극을 수용하는 단계에서 그 강도를 한풀 크게 꺾어 받아들이는 것이다. 자극에 즉각적으로 반응해 생각 없이 소비하지 말고, 먼저 자신에게 이렇게 물어보자. '저 사람들의 의도는 무엇일까?' '과연 그렇게 좋기만 할까?' '내게 지금 꼭 필요한 것일까?' 이런 여과 단계를 거치는 것만으로도 과잉 자극과 무분별한 욕망으로부터 어느 정도 자신을 보호할 수 있을 것이다.

"우리가 어떻게 생각하든 '세상은 제 갈 길을 간다.' 다만 사회적 갈등과 반목이 만만찮은 사회적 비용을 발생시키고 국민들에게 왜 우리는 이 정도밖에 안 되느냐는 자괴감과 스트레스를 심어주는 것만은 막을 수 없다."

좁힐 수 없는 생각의 차이, 갈등은 계속된다

11
　　　용산 참사는 발생한 지 근 1년 만에 정부의 선례 없는 파격적인 보상 결정으로 막을 내렸다. 희생자들에 대한 정부 당국자의 거듭된 유감 표명과 보상이란 면에서 결국 시위를 주도한 사람들이 이겼다. 앞으로 비슷한 사태가 발생할 경우 정부가 어떻게 대처할지 두고 볼 일이지만, 불법 시위에 대한 정부의 원칙을 훼손하는 대처 방식을 보면서 한국에서 사회적 현안을 둘러싼 긴장과 갈등이 잦아들지 않는 이유를 새삼 확인했다.

　　지금처럼 앞으로도 한국 사회에서는 다양한 사회적 이슈를 둘러싼 갈등과 분쟁이 지속될 것으로 보인다. 특히 이명박 정부 집권기로 한정하면 소란의 빈도와 강도가 줄어들 가능성은 낮다. 다시 말해 옳고 그름을 협상 대상으로 삼지 않고 원칙에 따라 법을 집행하는 지도자와 정권이 등장하지 않는 한, 한국 사회의 소란은 해소되기 힘들 것이다.

흔들리는 원칙, 사회적 이슈를 둘러싼 긴장과 갈등의 지속은 우리 사회의 성장통의 한 원인이다. 충분히 상식선에서 해결할 수 있는 문제인데도 대결과 반목으로 시간을 허비하고, 국민들은 크나큰 스트레스를 경험할 수밖에 없다.

| 사회 갈등과 반목을 부추기는
| 과도한 명분론

우리 사회에서 긴장과 갈등이 끊이지 않는 원인을 지도자의 소통 능력 부족으로 돌리는 사람들도 있지만, 나는 보다 근본적인 원인으로 우리 사회의 생각 차이에서 찾고 싶다. 그 차이가 행동의 차이를 낳기 때문이다. 좌파와 우파, 진보와 보수, 친북과 반북 진영이 단시간에 간격을 좁힐 가능성은 낮아 보인다.

문화적으로 한국 사회는 실사구시(實事求是)의 전통이 얕다. 조선 후기에 잠시 실학자들이 등장했지만, 그들은 역사의 주인공이 아니라 아웃사이더였다. 한국사를 읽다 보면 선명성과 이상론, 명분론을 앞세우는 사람들이 주류고, 한국인의 핏속에 녹아 흐르는 강한 명분론을 발견할 수 있다.

1926년생으로 평생 한국사를 연구해 온 재일 사학자 강재언 씨는 『선비의 나라 한국유학 2천년』에서 한국인의 특성을 드러내는 상징적인 사건으로 1623년 인조반정을 들면서 "나라가 망해도 명분은 살아 있다"고 지적한다. 국가의 운명이 위태로운데도 자신과 자신의 일파가 믿는 명분만 밀어붙인 결과 조선은 청나라와의 전란에서 혹독한 비용을 치르고 망국의 지경에까지 내몰린다.

해방 이후 정국에서도 비슷한 상황이 전개되었다. 다행히 산업화를 거치면서 실사구시의 정신이 적극적으로 수용되면서 오늘날과 같은 성장을 이룰 수 있었지만, 여전히 한국 사회에는 명분론의 전통이 강하게 뿌리박고 있다. 만약 당시에도 명분론에 목숨 거는 사람들이 역사의 주역으로 등장했더라면 과연 오늘의 대한민국이 존재했을까 하는 생각이 든다.

그러나 해방 전후 대한민국 건국사에 대한 지식인들의 평가에서는 실사구시로 나라를 구한 사람들보다는 명분론을 앞세운 사람들이 여전히 후한 평가를 받고 있는 실정이다.

명분론의 후계자 좌파 지식인, 현실 외면한 구태의연한 주장만

1960년대에 경제 성장이 본격화되면서 실사구시 정신은 우리 사회의 지배적인 정신으로 자리 잡았다. 실사구시 정신이 뿌리 내리기 시작한 곳은 시장을 상대로 물건과 서비스를 만들어 팔아야 살아남을 수 있는 사기업 영역이었다. 그렇기 때문에 지금도 시장 경쟁으로부터 보호받는 영역에서는 한국인의 원형 의식, 즉 명분론의 전통이 면면히 전해 내려오며 힘을 발휘하고 있다. 이런 상황은 당분간 우리 사회에 그림자를 드리울 것이다.

명분론의 전통은 특히 북한 문제에서 두드러지게 나타난다. 북한의 실상이 낱낱이 드러난 지금도 북한에 대해 종북주의적 성향을 보이는 사람들이 우리 사회 곳곳에서 목소리를 높이는 것을 보면 놀라움을 금할 수 없다.

공산주의가 상승세를 타던 1960~1970년대 유럽의 지식인 사회도 공산주의에 대한 환상을 품었던 것이 사실이다. 유럽 지성의 중심지였던 파리는 유독 그런 경향이 강했는데, 사르트르 같은 유명한 철학자까지도 그런 주의 주장에 동조하는 대열에 앞장섰다.

당시만 해도 공산주의의 실상이 제대로 알려지지 않았던 터라 그런 시대 조류가 나타날 수 있었다. 하지만 지금은 탈북자나 각종 국제 구호 단체의 이야기를 언제 어디서나 들을 수 있다. 그런데도 여전히 친북적인 언행을 일삼는 사람들과 각종 시민 사회 단체들을 볼 때면 내가 문제가 있는 건지 그들이 문제가 있는 건지 헷갈리지 않을 수 없다. 북한의 실상을 직시한다면 그런 태도를 보일 수 없다고 생각한다. 게다가 가장 보편적인 가치가 인권 아닌가? 가혹하다는 말도 모자랄 만큼 가혹한 인권 탄압이 자행되는 북한 체제에 대해 그들은 지나치게 관대하다.

좌파 진영에 몸담아온 세월이 너무 길어서 자신의 주의 주장이 잘못된 줄 알면서도 노선을 벗어날 수 없는 경우가 많다. 요컨대 이들이 생각을 바꾸고 기존의 주장에서 이탈할 가능성은 별로 높지 않다. 생각을 바꾸기란 어려운 일이며, 따라서 이들이 주도하는 사회적 소란은 앞으로도 수그러들지 않을 것이다. 소통의 원활화 정도로 해소될 문제가 아니라는 말이다.

현실을 직시하는 사람들과 그렇지 못한 사람들의 생각의 격차가 한국 사회의 갈등과 분열의 진원지 중 하나라고 생각한다.

한국의 진보 세력 발전사를 연구해 『한국 진보세력 연구』라는 책을 펴낸 남시욱 씨는 이 책에서 진보 세력이 시대 변화를 반영하는 새로운 진보 개념, 즉 '새 진보' '새 좌파'를 내놓기는 힘들 것이라고 내다본다. 사회주의 몰락 이후 20여 년이 흐른 지금도 진보 세력이 구태의연한 주장에 머물 수밖에 없는 이유에 대해 그는 "노동 계급이 아닌, 지식인과 학생 출신들이 핵심을 이루어왔던 한국 좌파 세력의 관념주의와 교조주의 경향 때문이다"라고 평가한다.

이 같은 경향이 앞으로 크게 변화할 가능성은 높지 않다. 현실이 어떻게 흘러가든 이들은 계속 자신들의 교조적 주장을 사회에 발신할 것이며, 자신들의 의견을 현실에 반영시키기 위해 투쟁 노선을 버리지 않을 것이다.

이들은 교육 문제, 민영화 문제, 노동 문제, 환경 문제 같은 사회 현안에 대해 자신들의 생각을 관철시키기 위해 조직적으로 행동한다. 예를 들어 일부 교육 단체들은 경쟁과 평가 시스템 도입에 대해 극력 반대하고 나선다. 그들은 '경쟁은 악이다'라는 도식을 근거로, 경쟁은 아이들의 인성을 해치기 때문에 절대로 교육 현장에 수용되어서는 안 된다고 주장한다.

그러나 경쟁과 보상, 차별화 없이는 성장도 없으며, 이것은 역사적 경험이 말해주는 만고불변의 진리다. 좌 편향적인 생각을 가진 사람들의 맹목적인 믿음 때문에 더불어 살아가는 사람들이 겪는 고통은 날로 커져간다.

지식인급 인재의 양산이
사회 소란 증폭시킨다

갈등과 분쟁, 소란스러움 같은 사회 현상이 앞으로 어떻게 전개될지 예상함에 있어서 시장 경제의 성장과 지식인 수의 증가라는 측면도 고려해 보아야 한다. 시장 경제가 성장하면 특정 조직에 속하지 않고도 생계를 유지할 수 있는 지식인 계층이 생겨난다. 과거처럼 제도권에 소속되지 않아도 활동할 수 있는 공간이 많아지기 때문이다.

특히 인터넷 혁명이 가져온 정보 폭증은 전통적 기준과 상관없는 자칭 '지식인급 인재'를 대폭 늘려놓았다. 그들은 공개된 정보를 가공해 자신의 의견이나 주장을 만들고 이를 적극적으로 사회에 발신하는 과정에서 스스로를 지식인이라고 생각하게 된다.

글로벌 금융 위기의 한파 속에 사회적으로 큰 물의를 일으킨 '미네르바 사건'만 해도 그렇다. 독학으로 진리를 깨우치는 일이 불가능하지는 않지만, 독학은 독단이나 편협함으로 흐를 위험이 있다.

미네르바의 필력이 한국 사회를 뒤흔들 때 '참, 뿌리 얕은 사회구나' 하고 개탄하지 않을 수 없었다. 조금만 주의해서 들여다보면 얼마나 허술한 주장인지 금방 알 수 있는데도 배울 만큼 배운 사람들까지 부화뇌동하고, 정부 관계자마저도 예민하게 반응하는 모습을 보면서 누구를 탓해야 할지 암담했다.

사회적 검증 시스템이 작동하지 않으니 자질이 의심스러운 사람들마저 버젓이 지식인 행세를 하고 있으며, 안타깝게도 이런 일은 앞으로도 얼마든지 일어날 수 있다.

"자본주의의 자기 파괴 경향 중 하나는 지식인 계층의 끝없는 확대이다"라고 말한 역사학자 폴 존슨은 이렇게 주장한다. "자본주의는 지식인 계층을 탄생시키고, 자유를 추구하는 체제의 속성에 따라 사회의 통제 권한은 지식인에게 흘러들어간다. 그러면 지식인들은 필연적으로 사회를 파괴하는 역할을 한다." 물론 이런 주장은 어느 정도 과장된 감이 있지만, 지식인 계층의 부정적 영향력 증대에 관한 주장은 주목할 만하다.

한국의 경우 학교 교육에서 주도적 사고 능력을 배울 기회가 별로 없다. 외우고, 풀기를 반복하면서 젊은 날의 대부분을 보내고, 읽고 쓰기를 통해 자신의 생각을 충분히 가다듬을 수 없다. 그렇다고 해서 부모들이 주체적 사고력과 올바른 생각의 중요성을 제대로 가르치는 것도 아니다.

따라서 성인이 되어서도 논리나 이성 그리고 옳고 그름보다는 감정과 감성에 쉽게 이끌린다. 더구나 오늘날과 같은 대중 매체 환경에서는 감성적인 호소력 면에서 월등히 뛰어난 진보적 색체의 주의 주장에 더 많이 노출된다.

게다가 사람들은 자신의 힘으로 자신의 생각을 세우기보다는 손쉬운 방법을 찾는다. 활자 매체 대신 영상 매체의 비중과 중요성이 증대하면서 의견이나 주장을 손쉽게 취사선택하는 사람들이 크게 늘고 있다. 촛불 시위가 기승을 부릴 때 많은 사람들이 언론 보도를 액면 그대로 받아들이고 거리로 나가는 모습을 보면서 미디어 세대의 특성을 가늠할 수 있었다. 따라서 사람들 사이에 감성적 호소력이 큰 진보 색체의 주장이나 의견이 파고들 가능성은 한층 높아졌다. 이런 경향은 얼마든지 정치적 폭발력으로 연결될 수 있다.

새로운 문화 권력 TW세대의
사회적 파괴력을 주목하라

보수 정권이나 기성 정치인
들은 자신들의 정치적 성과나 의사 결정에 대해 지나치게 자신감을 갖
거나 안심해서는 안 된다. 시대 상황, 특히 미디어 환경이 급변하고 있
기 때문이다.

성호철 씨의 『소통하는 문화권력 TW세대』라는 책은 이런 변화를
잘 짚어내고 있다. 기성세대는 일방적인 소통, 즉 텔레비전이나 신문
같은 원웨이 권력에 익숙한 사람들이다. 반면에 신세대는 휴대전화나
게임, 블로그, 트위터, 인터넷 커뮤니티를 통해 빠르게 서로서로 메시
지를 주고받고 자신의 의견을 발신하면서 또 하나의 거대한 여론을 만
들어내는 투웨이(TW)세대다.

신세대의 특징에 대해 성호철 씨는 이렇게 말한다. "그들은 스스로
가 똑똑하다고 믿고 있다. 혹 자신이 똑똑하지 않다고 느끼더라고도
자신의 커뮤니티에 활동하는 많은 사람들이 똑똑하다고 믿는 경향을
보인다."

그리고 TW세대는 자신을 지식인이라고 생각하고, 기존 질서에 반
감을 품고, 스스로 권력을 만들 수 있다고 믿는 경향이 강하다. 나는
똑똑하고 고로 내 생각은 옳다고 믿는 사람들이 우리 사회에 광범위하
게 나타나고 있다. 이른바 지식인급 인재의 등장이다.

"TW세대는 아직 명확한 자리매김이 안 돼 있으며 이에 따라 아군과
적군이 명확하게 분류되지도 않은 채 비논리적이거나 감정적인 선동이
일어난다. 사실 초창기에는 포퓰리즘이나 감성적인 선동, 일부 적극적

참여자 등이 여론을 이끄는 구조가 있을 수밖에 없다. 어찌 보면 원웨이 방식보다 훨씬 더 위험할 수 있다는 말이다. 원웨이 방식은 일방적인 메시지 전달이긴 하지만, 이같은 메시지를 둘러싸고 방송국이나 신문사 내부의 구조적인 프로세스가 존재하기 때문에 훨씬 걸러진 소리가 나온다. 왜곡 방송, 왜곡 기사 등의 지적이 있긴 하지만, 지난 몇십 년 간 쌓여온 시스템은 여전히 작동되게 마련이다.

TW세대는 그런 시스템이 없다. 제대로 된 프로세스가 정착될 때까지 사회적 정치적 갈등 구조는 흔들릴 수밖에 없는 셈이다. 흔들림은 변화를 뜻하며, 변화의 끝은 전혀 다른 사회 시스템의 태동으로 이어질 수 있다." ─ 성호철, 『소통하는 문화권력 TW세대』

문제는 스스로 똑똑하다고 생각하는 사람들은 근원적 원인을 깊이 생각하는 데 시간과 에너지를 투입할 가능성이 낮다는 점이다. 생계와 관련된 분야가 아니기 때문에 대세를 추종하게 될 가능성이 높고, 그 과정에서 기존 질서에 반발하는 선동적인 진보 색체의 주장을 채택할 가능성이 높다. 한번 경험했으니까 앞으로는 노무현식 집권이 불가능할 거라고 믿는 기성세대는 반드시 이런 시대 변화를 새로운 변수로 고려해야 한다. 상황이 갑자기 180도 바뀔 가능성이 과거와 비교할 수 없을 만큼 높아졌기 때문이다.

예상 가능한 이보다 더 어려운 상황은, 영향력 있는 포털 사이트나 영상 매체에서 기사 편집권을 쥔 사람들이 자신의 의견을 의도적으로 확산시키는 경우다. 그런 상황에서 주도적 사고 능력이 부족한 사람들이 한쪽으로 쏠리는 일은 얼마든지 일어날 수 있다.

갈등과 분쟁 가라앉히려면
법의 엄중함 보여야

한편 사회 갈등을 조장하는 일들도 자주 발생한다. 불법 행동에 대해 적절한 규제 조치가 취해지지 않기 때문에 어느 누구도 책임감 있게 행동할 필요성을 느끼지 않는다. 타인에게 피해를 끼치는 불법 시위나 파업에 대해 보상 책임을 지운다면 스스로 말과 행동을 규율할 텐데, 한국 사회에서는 정당한 규제 시스템이 제대로 작동하지 않는다. 그 결과 어리광 문화가 사회 전체에 만연해 있다.

이명박 정부는 출범 초기에 8대 핵심 국정 과제라는 것을 내놓았다. 그중 하나가 불법 행위에 대한 '무관용 원칙'이다. 불법 행위를 엄중히 다스림으로써 법 지배의 원칙을 지키겠다는 것이다. 취지도 좋았고 시점도 맞았지만, 곧바로 화염병이 등장하고 대대적인 수입 쇠고기 반대 시위가 발생하면서 법치라는 말이 쏙 들어가고 말았다.

국가 지도자에게 법 위반을 제어하려는 정치적 의지가 없으면 사람들은 저마다 목소리를 높일 뿐만 아니라 불법적인 집단행동도 예사롭게 저지른다. 법의 엄중함을 보이지 않는다면 혼란과 혼돈 그리고 갈등과 반목이 늘 우리 사회를 시끌벅적하게 만들 것이다.

단기간에 사람들의 생각을 바로잡기는 힘들다. 그것은 일종의 시대정신을 바로잡아나가는 일로서, 현 정권은 그 중요성에 대한 인식도 낮고 그렇게 하려는 정치적 의지도 없는 것 같다. 갈등과 반목의 사회적 비용을 강조하는 경고와 보고서들이 나오겠지만 이미 관행이 되어버린 일들을 정상으로 되돌리기란 쉽지 않다.

게다가 진보 진영은 글로벌 자본주의 체제의 어두운 측면, 즉 소득 격차 심화, 실업 증가, 경기 변동 등을 자신들의 주장을 입증하기 위한 선전 자료로 삼는다. 실상 세상을 움직이는 글로벌 자본주의 질서를 대체할 만한 대안도 없지만 이상향에 대한 그런 감성적 접근은 잠시 동안이라도 사람들에게 위안을 준다. 그리고 이를 적극적으로 이용하는 지식인들이 등장한다. 시장에 대한 정부 개입을 강조하는 시장사회주의자를 원형으로 둔 그들은 선진국의 일방적인 시장 제공, 수입 제한 조치, 유치 산업 보호론 같은 철지난 그리고 현실화될 수도 없고 현실화되어서도 안 되는 주장을 늘어놓는다.

이런 주장들은 감성적 호소력이 크기 때문에 놀랍게도 많은 사람들의 지지를 얻고 사회에 대한 커다란 갈등을 일으키기기도 한다.

그렇다면 그들이 갈등과 반목을 조장하는 일을 마다하기를 바랄 수는 없지 않은가? 그것을 제어할 수 있는 것은 정치적 의지일 텐데 그런 의지를 가진 정치 지도자가 드물다면 사회적 현안을 둘러싼 긴장과 갈등 상황은 한국 사회에서 일상처럼 자리 잡을 수밖에 없다.

그래도 대한민국호의 미래를 낙관한다

그러나 이런 소란스러움이 대세에는 큰 영향을 주지 못할 것이다. 이처럼 많은 성장통을 겪으면서도 대한민국호는 성장해 나갈 것이다. 이미 시장의 힘이 너무 막강하다는 것, 그리고 대다수 사람들은 과거처럼 사회적 이슈에 휩쓸리기보다는 자신의 이익 추구에 더 열심이게 되었다는 것이 그 이유다. 혼란과 동요는 있겠지만 시장의 힘을 인정하고 대세를 수용하는 사람들이 다수를 차지하게 될 수밖에 없다.

기업에서 시작되는 혁신이 사회 전체로 급속히 확산되고, 더 나은 삶을 원하는 사람들이 자의반타의반으로 치열한 경쟁에 뛰어들고 있다. 판을 새로 짜야 한다고 목소리를 높이는 사람들도 등장하겠지만 잘살고 싶은 대다수 사람들의 욕망의 질주를 막을 방법은 거의 없다고 본다.

날로 고도화되는 자본주의 사회를 물신 숭배 사회라고 부정적으로 말할 수도 있겠지만, 마음에 들지 않는 것과 실제로 행동하는 것은 엄연히 다르다. 우리가 어떻게 생각하든 '세상은 제 갈 길을 간다.'

다만 사회적 갈등과 반목이 만만찮은 사회적 비용을 발생시키고 국민들에게 왜 우리는 이 정도밖에 안 되느냐는 자괴감과 스트레스를 심어주는 것만은 막을 수 없다. 현실을 무시한 주장에 열을 올리는 사람들은 세월이 한참 흐른 뒤에 자신이 괜한 짓을 했다고 후회하게 될 것이다. 사회적 소란이 지속되고 이따금 우려와 개탄의 목소리도 나오겠지만 한국이 성장해 나가는 대세는 막지 못할 것이다.

그 극복의 해법을
어디에서 찾을 것인가

시대 상황이 이토록 급격히 변화해 간다면, 개인과 사회는 무엇을 어떻게 해야 하는가? 이 두 가지 과제에 대해 나름의 해답을 찾아 실천에 옮기는 일은 대단히 중요하다. 나라 일에서는 공통된 대안을 제시할 수 있지만 개인적 대처법에서는 각자가 처한 특수 상황이라는 변수를 고려할 필요가 있다. 그러나 개인적 대처법의 공통된 특징을 정리해 보는 것은 충분히 의미 있는 일이다.

2부

성장통을 딛고
진정한 성장의 길로

결단을 내리기 전까지, 사람은 주저하고 뒤로 물러서며 항상 무능한 모습을 보인다. 주도적이고 창조적인 모든 행위에는 한 가지 기본적인 진실이 있다. 이 진실을 모르면 수많은 아이디어와 눈부신 계획이 사라져버린다. 그것은 우리가 확고하게 결단을 내리는 그 순간, 섭리도 바뀐다는 사실이다.

— 윌리엄 머레이(스코틀랜드 작가이자 등반가)

1장
개인적 선택

"자꾸 뒤돌아볼 필요는 없다. 흘러가는 강물처럼 과거는 과거일 뿐이다. 눈앞에 성큼 다가선 현재 그리고 앞으로 다가올 미래에 옳고 그름의 잣대를 들이댈 필요도 없다. 있는 그대로의 현재와 미래를 받아들이고 위기를 피하고 기회를 잡으려고 노력해야 한다."

질주하는 세상을
기꺼이 받아들이자

1

"앞으로 우리나라가 어떻게 될 것 같습니까?"

얼마 전 나는 많은 사람들이 참석한 모임에서 특별한 상을 받을 기회가 있었는데, 화려한 조명이 비추는 무대에서 사회자가 갑작스럽게 이런 질문을 던졌다. 사전에 준비하지 않은 질문이었지만 나는 거두절미하고 '세상은 간다'라는 짧은 말로 우리나라와 우리의 미래상을 요약했다. 물론 그 다음에 이런저런 설명을 덧붙이긴 했지만, 핵심 메시지는 세상은 우리가 어떻게 생각하든 상관없이 더 나은 방향으로 나아간다는 것이었다.

물론 앞으로도 크고 작은 위기가 닥칠 것이다. 또한 여전히 성장이란 길로 나아감에 앞서 해결해야 할 문제들, 또 이미 변화의 소용돌이 속에서 겪고 있는 성장통의 징후들도 결코 만만치 않다. 하지만 그럼에도 불구하고 세상은 대체로 긍정적이고, 활력 넘치고, 더 나은 상태로 성장해 나아가리라 믿는다.

어느 누구도 이러한 시대 흐름을 거스르거나 막을 수 없다. 더 나은 삶을 갈구하는 사람들의 욕망이 건재하고, 돈과 인력 그리고 지식과 정보의 흐름이 원활해지고, 시장과 기술력이 계속 성장해 나갈 것이기 때문이다. 이런 변화들이 지금과 같은 속도로 전개되는 한 세상의 진화에 대해 그 어떤 회의론도 힘을 얻기 어렵다.

특히 대한민국이란 나라의 현재와 미래에 대해 나는 낙관적 전망을 말하고 싶다. 한국인은 상대적으로 상승 욕구와 에너지가 강하다. 게다가 한국 사회는 제조업과 금융업, 행정, 교육 등의 성장 기반이 잘 갖춰져 있다. 또한 IMF와 최초의 글로벌 금융 위기까지, 암울한 경제 상황을 극복해 낸 저력이 있다. 천재지변 같은 예외적인 사고만 없다면 한국의 앞날을 낙관할 만한 이유는 충분하다. 그렇다면 이 땅에서 살아가는 개인은 무엇을 준비해야 하는가?

단 여기서 유의해야 할 것은 평균적으로 나아진다는 뜻이지 개개인 모두가 나아진다는 뜻이 아니라는 점이다. 진화하는 세상 속에 스스로를 자리매김하기 위해 우리 각자가 무엇을 어떻게 해야 할지 지금부터 하나하나 짚어보자.

무엇보다 우리는 세상과 세상 변화에 대해 긍정적인 시각 또는 '조심스런 낙관론'을 가지고 살아가야 한다. 그것은 세상을 왜곡해 묘사하는 사람들에게 휘둘리지 않고 세상과 세상 변화를 있는 그대로 받아들이는 것을 뜻한다. 사람들이 모여 사는 사회는 혼란으로 가득하고 상식으로 이해하기 힘든 사건들도 자주 일어난다.

하지만 정치, 경제, 사회, 문화 전반에서 일어나는 특정 사건에 대해 지나치게 부정적인 견해를 갖지 않도록 주의해야 한다. 특정 사건이 세상에 대한 우리의 인식을 왜곡시킬 가능성에 주의해야 한다.

그런 점에서 긍정적인 시각으로 세상과 세상 변화를 바라보는 태도가 꼭 필요하다. 세상이 이러저러해야 한다는 당위론에 무게를 두기보다는 세상이 움직여가는 모습을 자연스럽게 받아들이고 모든 변화 속에는 위기와 기회가 함께 들어 있음을 인정하면 된다.

이처럼 세상의 변화를 긍정적인 눈으로 바라보는 것은 일상적 태도인 동시에 일종의 선택이다. 타인의 강요에 의해서가 아니라 의식적으로 또는 무의식적으로 그렇게 생각하기를 스스로 선택하는 일이다. 누구든 잘살기를 바란다면 올바른 선택을 할 수 있어야 한다.

누가 뭐래도 세상은 간다, 변화의 물결을 유연하게 헤쳐 나가자

자꾸 뒤돌아 볼 필요는 없다. '예전에는 어땠는데'라는 것은 잠시 심리적인 위안은 줄 수 있지만, 흘러가는 강물처럼 과거는 과거일 뿐이다. 눈앞에 성큼 다가선 현재 그리고 앞으로 다가올 미래에 옳고 그름의 잣대를 들이밀 필요는 없다. 있는 그대로의 현재와 미래를 받아들이고 위기를 피하고 기회를 잡으려고 노력해야 한다. 지나치게 과거에 눈길을 주다 보면 현재와 미래는 비난할 일투성이로 변질될 수 있다는 점을 명심하라.

우리 사회에는 과거의 동굴에 갇혀 한 발자국도 앞으로 나아가지 못하는 사람들이 많다. 오래전에 주워들은 철지난 주의 주장을 지금도 외쳐대는 사람들이다. 과거에 머무는 것은 자신이나 가족 그리고 사회를 위해서도 전혀 도움이 되지 않는다. 떠나야 한다. 과거는 흘러가도록 내버려두고 뚜벅뚜벅 미래를 향해 걸어가면 얼마든지 살길을, 그것도 잘살 수 있는 길을 발견할 수 있다.

어느 가을날, 나는 제주를 방문해 목적지인 제주대학교로 택시를 타고 가면서 40대 중반의 기사 분과 이런저런 이야기를 나눴다. 그분은 5년 전부터 렌트카에 네비게이션이 장착되면서 월수입이 절반 가까이 줄어들었다고 고민을 털어놓았다. 예전에는 매달 400~500만 원은 벌었는데 지금은 월수입이 200~300만 원으로 뚝 떨어졌다는 것이다. 네비게이션이 빠른 속도로 보급되면서 예전처럼 택시를 대절해 제주 관광을 하는 사람이 급격히 줄었기 때문이다.

택시를 대절해 제주 일주를 하려면 10만 원 정도가 들지만 네비게이션이 달린 렌트카는 비수기에는 3만 원, 성수기에도 5~6만 원이면 빌릴 수 있다. 그러니 누가 택시를 대절하려 하겠는가?

그 기사 분은 이렇게 말했다. "네비게이션이라는 신기술이 제주를 찾는 분들에겐 편리함을 주지만 우리에겐 견디기 힘들 만큼 큰 타격을 주었어요. 그 기술이 이런 영향을 미칠지 누가 알았겠습니까? 이제 좋은 시절 다 갔어요."

아이들 밑으로 한창 돈이 들어갈 때인데 어떻게 어려움을 이겨내고 있느냐고 기사 분에게 물었더니, 전업주부이던 부인이 2년 전부터 어린이집 교사로 나가서 생활비를 보태고 있다고 했다.

네비게이션 이야기가 나온 김에 지난번 미국 방문 때의 일을 잠깐 소개하겠다. 뉴욕 케네디 공항에 내려 여느 때처럼 렌트카를 빌리면서 나는 허츠 사의 네버로스트(NeverLost)라는 네비게이션을 1주일에 단돈 85달러에 함께 빌렸다. 처음에는 여러 번 시행착오를 겪었지만, 일단 조작법을 익히고 나니 그 편리함과 효율성에 감탄을 금할 수 없었다. 지명만 입력하면 미국의 오지까지 척척 찾아갈 수 있으니 신통방통하기 짝이 없었다. 짧은 시간 동안 버몬트, 뉴햄프셔, 메인, 로드아일랜드의 구석구석까지 누빌 수 있었던 데에는 네비게이션의 도움이 결정적이었다. 2주 동안 그 편리함을 경험하면서 참으로 대단한 세상에 살고 있다는 사실이 거듭 반가웠다.

한번은 이발을 하러 미용실에 갔다가 이런 일이 있었다. 순서를 기다리던 한 청년이 최신 아이팟을 열심히 들여다보고 있었다. 마침 엡스토어에서 다운로드한 GPS(위성항법장치) 지도 기능을 사용하고 있기에 나는 옆에 앉아서 이것저것 물어보기도 하고 청년의 도움을 받아 몇몇 기능을 사용해 보기도 했다. 정말이지 소프트웨어 기술의 엄청난 발전을 실감하는 순간이었다.

그로부터 얼마 후 미래 트렌드에 관한 책을 읽다가 '증강 현실(augmented reality)'이라는 용어를 접하게 되었다. 증강 현실이란 현실 세계와 부가 정보를 가진 가상 세계를 합쳐 하나의 영상으로 보여주는 가상현실의 하나다. 휴대전화에 GPS 기능이 탑재되면서 지도 없이도 어디든 갈 수 있는 시대가 열렸다.

그런데 이런 눈부신 기술 발전은 현실 지형을 급속히 바꿔놓고 있다. 실제로 네비게이션 기술은 지도 제작 업체의 매출에 상당히 부정적인 영향을 미치고 있다. 이처럼 양지가 있으면 음지가 있는 법, 모든 변화는 누군가에겐 혜택을 주지만 누군가에겐 회복할 수 없을 만큼 큰 타격을 준다.

그러나 네비게이션이란 신기술의 등장과 확산을 누가 막을 수 있겠는가? 시야를 넓혀보면 우리가 살아가는 세상의 변화도 마찬가지다. 세상에서 일어나는 변화는 피할 수 없는 것들, 그러니까 통제할 수 없는 것들이 대부분이다. 사람들이 반기든 반기지 않든 간에 '세상은 간다.'

그로부터 며칠 후 집에서 좀 떨어진 지하철역에 내려 집으로 가기 위해 택시를 탔다. 얼마 전에 9호선이 개통된 탓인지 5호선 역 주변은 눈에 띄게 한산했다. 나는 택시 기사에게 "사람들이 다 어디 갔습니까, 이렇게 한가하게?" 하고 지나가는 말로 물었다. 그는 기다리기라도 한 듯 "이 정권이 들어서고 나서 이렇게 사람이 줄어버렸어요" 하고 노기등등한 목소리로 대답했다.

내가 보기엔 9호선 개통으로 인해 승객이 분산되어 그런 것 같은데 택시 기사는 당장 새 정권의 무능함 탓으로 돌리고 싶어했다. 그렇게 믿겠다는 사람을 어떻게 말리겠느냐 싶기도 하고 내가 굳이 해야 할 일도 아니다 싶어 그쯤에서 이야기를 끝냈다.

만약 그가 정권에 비난의 화살을 돌리는 대신 교통 수단의 분산에 대해 인식하고 차근차근 그 방법에 에너지를 쏟는다면 그러한 노여움과 스트레스는 줄어들지 모른다. 이처럼 상황이란 개인이 어떻게 해석하느냐에 달렸다. 어쩔 수 없는 변화들은 삶의 일부로 자연스럽게 받아들이는 것이 현명하다.

변화를 긍정적으로 받아들이는 것은 문제 해결을 위한 첫 단추를 끼우는 일이다. 변화는 늘 익숙한 것들과의 결별을 뜻하기 때문에 그런 불편함과 불안감을 제대로 다룰 수 있어야 한다. 시대 변화는 통제할 수 없지만, 그 변화를 적극적으로 수용하고 주도적으로 활용한다면 엄청난 성과를 만들어낼 수 있다. 이를 위해선 무엇이 필요할까?

격변의 시대, 스스로 책임지고 성취하는 자조 정신이 필요하다

과거와 달리 글로벌 자본주의는 스스로 해결해야 할 다양한 과제들을 제시한다. 그리고 그런 과제들에 대한 해결책 또한 시대 변화에 맞게 바꿔나갈 것을 요구한다. 예전처럼 명문 대학을 나왔다고 해서 인생이 술술 풀리는 것은 아니다. 졸업 후 직장을 잡는 일부터 만만찮은 난제들이 기다리고 있다. 고객에게 가치를 제공할 수 있는 능력은 누가 대신 만들어주지 않는다. 스스로 책임지고 노력해서 성취해야 한다.

요컨대 개인 차원의 미래 준비는 굳건한 자조 정신으로 무장하는 일에서 시작된다. 모르는 것, 모자란 것이 있으면 배우고 채우겠다는 자세로 살아가면 된다. 내 인생의 주인은 바로 나라는 마음가짐이 필요하다. 이 시대를 살아가는 사람들의 마음자리 중심에는 '수처작주(隨處作主, 어디에 있든지 그곳에서 주인이 된다는 뜻)'라는 말과 '독좌대웅봉(獨座大雄峰, 홀로 우뚝 대웅봉에 앉는다는 뜻)'이라는 말이 굳건히 자리 잡아야 한다.

앞의 것은 『임제록(臨濟錄)』에 나오고, 뒤의 것은 "하루 일하지 않으면 하루 먹지 않는다"는 말로 유명한 백장선사와 관련된 일화에 나온다. 법정 스님은 『일기일회(一期一會)』라는 책에서 흥미로운 일화를 소개한다. 백장선사가 오랫동안 머물던 대웅산에 한 스님이 찾아와 "어떤 것이 기특한 일입니까?" 하고 선사에게 묻는다. 올바른 삶의 자세와 마음가짐이 무엇이냐는 질문이었을 것이다. 이때 선사의 간단명료한 대답이 바로 '독좌대웅봉'이다. 이 이야기를 풀어 설명하는 법정 스님의 다음의 말에서 오늘날 격변의 시대를 살아가는 사람들의 마음 가짐이 어떠해야 하는지 그 실마리를 얻을 수 있다.

"수행하는 사람은 어디에 거처하든 홀로 우뚝 자기 자리에 앉을 수 있어야 합니다. 길상봉에 앉든지 종로봉에 앉든지 혹은 반야봉에 앉든 지, 저마다 자신이 몸담아 사는 장소에서 홀로 우뚝 앉을 수 있어야 합 니다. 그래야 안거 수행을 할 수가 있습니다. 직장 생활을 하든 집안일 을 하든 바로 그 현장에서 홀로 우뚝 앉을 수 있어야 합니다. 그런 정신 으로 살고 그런 정신으로 일한다면 늘 깨어 있게 됩니다.
'홀로 우뚝 대웅봉에 앉는다.' 선방에서 정진을 하든, 절의 후원(사찰 의 부엌)에서 일을 거들든, 사무실에서 사무를 보든, 달리는 차 안이나 지하철에 있든 언제 어디서든 홀로 우뚝 자신의 존재 속에 앉을 수 있 다면 그 삶은 잘못되지 않습니다." ― 법정, 『일기일회』

언제 어디서나 남에게 기대지 않고 자신의 문제를 정확히 이해하고 해결하기 위해 노력하는 자세를 가져야 한다. 현재의 문제를 풀어가 는 일뿐만 아니라 장래를 내다보고 미리미리 준비하는 일도 이러한 자조 정신 없이는 불가능하다. 이를 현대적 의미에서 해석한다면 어 디서 무엇을 하든지 기업가 정신을 가지고 살아간다는 뜻이다. 공부 를 하든 직장 생활을 하든 자기 사업을 하든 무슨 일을 하든 간에 스 스로를 기업가 정신으로 무장한다면 능히 해결하지 못할 문제가 어디 있겠는가?

자조 정신은 자신과 가족을 위해서 꼭 필요하며, 동시에 건강한 사회를 위해서도 필수적인 정신 자세다. 물론 자조 정신이 현대에만 필요한 덕목은 아니다. 과거에도 자조 정신은 성공적인 인생을 사는 사람들의 핵심 지침이었고, 자조 정신을 실천하는 사람들은 자신이 원하는 인생을 살아갈 가능성이 높았다.

단지 과거와 다른 것이 있다면 시대 변화와 함께 스스로 해결해야 할 문제들이 끊임없이 주어진다는 점이다. 과거에는 한두 번 잘하면 두고두고 그 영광을 누릴 수 있었다. 그만큼 세상의 변화가 더뎠다. 그러나 오늘날은 쉴새없이 변화의 물결이 밀려온다. 한때 좋은 성과를 거두었더라도 조금만 방심하면 위기를 맞을 가능성이 과거에 비해 훨씬 커진 것이다.

경영평론가 찰스 핸디는 자조 정신을 '올바른 이기주의'라고 부른다. 그는 올바른 이기주의를 '책임을 다하는 이기심'이라고 설명하면서 그 조건으로 다음의 네 가지를 꼽는다. 첫째 자신과 자신의 미래에 대해 책임감을 가질 것, 둘째 자신의 미래에 대해 확실한 비전을 가질 것, 셋째 원하는 바를 기필코 달성하려는 의지를 가질 것, 넷째 그렇게 할 수 있다는 믿음을 가질 것이다.

또한 자조 정신은 '자기 주도적'이라는 말과 동의어로 사용될 수 있다. 자기 주도적 학습 능력과 자기 주도적 인생 경영 능력은 모두 자조 정신에서 생겨난다. 자신의 삶을 책임지겠다는 당찬 의지를 가질 때에만 끊임없이 밀려오는 삶의 과제들을 슬기롭게 풀어나갈 수 있다.

자조 정신은 청년기, 중년기, 노년기에 이르는 인생의 시기마다 다른 모습으로 우리에게 다가온다. 직업 정년 후에도 살아갈 세월이 길다. 그만큼 과거와 달리 자기 주도적으로 노년을 꾸려나가는 것이 또 하나의 묵직한 과제가 되었다.

　자조 정신은 의타심과는 반대되는 말로 타고난 자질이 중요하다. 하지만 가정교육이나 학교 교육 그리고 시대 분위기도 자조 정신의 형성에 큰 영향을 미친다. 자신이 안고 있는 문제가 무겁든 가볍든 관계없이 그 문제를 해결해야 하는 책임자는 자신임을 엄숙하게 인식하고 스스로 책임을 다하는 태도야말로 이 시대를 살아가는 개인이 반드시 갖춰야 할 첫번째 태도다.

▎일과 삶에서 특별한 의미 찾는다면
▎세상은 살 만한 곳

누구도 왜 사는지 왜 열심히 살아야 하는지 가르쳐주지 않는다. 오늘날 삶의 가치를 올바로 정립하지 못한 채 떠밀리듯 살아가는 사람들이 의외로 많다. 자신의 삶에서 가치가 차지하는 비중을 가볍게 여기기 때문에 그렇다.

　하루하루 생계를 꾸려가기도 벅찬 사람들에게 삶의 가치 운운하는 것은 배부른 소리로 들릴지도 모르겠다. 그러나 똑같은 일을 하더라도 생각하기에 따라 즐겁고 유쾌할 수도 있고 지루하고 따분할 수도 있다.

　직업의 경우도 그렇다. 스스로 어떤 가치를 부여하느냐에 따라 자신이 하는 일을 값지고 보람 있는 일로 만들 수도 있고, 단순히 먹고살기 위한 방편으로 만들 수도 있다.

　특별한 사람들만 자신과 자신의 일, 자신의 삶에 대해 가치를 부여할 수 있는 것은 아니다. 왜냐하면 인간은 살아가는 내내 '이것이 과연 가치 있는 일인가' 또는 '이 일의 의미는 무엇인가'라는 질문을 스스로에게 던질 수밖에 없는 존재이기 때문이다.

참신한 생각과 유려한 필력으로 독자를 매료하는 프랑스 작가 알랭드 보통은 일에서 의미를 찾는다는 것이 얼마나 어려운지를 이렇게 감상적으로 표현하기도 한다. "사무실에서 하루가 시작되면 풀잎에 막처럼 덮인 이슬이 증발하듯이 노스탤지어가 말라버린다. 이제 인생은 신비하거나, 슬프거나, 괴롭거나, 감동적이거나, 혼란스럽거나, 우울하지 않다. 현실적인 행동을 하기 위한 실제적인 무대다."

일은 생계 유지의 방편 이상도 이하도 아니라는 알랭 드 보통의 생각에 의문이 든다. 일상의 하찮은 일도 그 일을 하는 사람이 특별한 의미와 가치를 부여한다면 충분히 감동적인 일로 변할 수 있다. 물론 그것은 그 사람의 선택이다.

주위를 둘러보라. 자본주의 체제는 끊임없이 소비를 부추긴다. 어떤 상품이나 서비스를 구매하면 더 나은 상품과 서비스가 나와 또다시 욕망을 자극한다. 결국 더 나은 상품과 서비스를 좇다가는 끝없는 패배감만 맛보게 되고 삶은 공허해진다. 이러한 자극적이고 변화무쌍한 시대에 자신을 보호할 수 있는 가장 쉽고 확실한 방법은 바로 자기 삶에 대한 '의미부여'다.

끝으로 시대 변화를 긍정적으로 받아들이고 삶을 풍성한 의미로 채워나가는 데 지침이 될 만한 일상의 몇 가지 습관을 정리해 보겠다.

첫째, 세상을 그리고 자신의 주변을 경외감을 가지고 바라보자. 일상적인 것, 진부한 것들 속에서 새로운 의미와 가치를 찾아내기 위해 노력하는 태도가 필요하다.

둘째, 주어진 일을 생각 없이 하지 않고 더 잘할 수 있는 방법을 궁리하자. 남이 시키니까 마지못해 한다는 식으로 일을 하면 발전이 없다. 주인의식을 갖고 성과를 극대화할 수 있는 방법을 모색해 나가는 과정에서 새로운 발견과 기회를 만나게 된다.

셋째, 언제 어디서나 열심히 배우려는 자세를 갖자. 시대 변화에 맞게 자신을 업그레이드해 나가려면 새롭고 유익한 정보로 끊임없이 자신을 채워야 한다. 세상은 아는 만큼 보인다. 자투리 시간도 활용해 부지런히 책을 읽는 습관을 들이자.

넷째, 변화에서 재미를 찾자. 짜증스럽고 불만스런 상황이란 없다. 스스로 그렇게 받아들일 뿐이다. 변화를 새로운 활력으로 자신을 채울 수 있는 기회로 여긴다면 삶이 즐거워지고 일의 성과도 높아진다.

다섯째, 변화에 대해 확고한 관점을 갖고 살아가자. 살아 있는 모든 것은 변하며, 변화의 중단은 곧 죽음이다. 만물이 변하듯이 자신도 변화해 나갈 수밖에 없다는 사실을 자연스럽게 받아들이자.

"당신은 무엇을 할 수 있는가? 당신은 타인에게 무엇을 제공할 수 있는가? 자신의 가치를 결정하는 '그 무엇'을 만들어내는 일은 전적으로 자기 책임이다. 기업이 경쟁력 유지를 위해 꾸준히 투자하듯 개인도 자기 투자를 게을리 해서는 안 된다."

느슨함과의 이별,
개인 자치 시대를 준비하라

2

"학습은 타인이 이미 알고 있는 것을 알아가는 과정이 아니다. 오히려 각자의 필요와 목적에 의해 스스로의 문제를 풀어가는 과정이다. 묻고, 생각하고, 검증하면서 해결책이 우리 삶의 일부가 될 때까지."

경영평론가 찰스 핸디의 이 말처럼 오늘날 우리에게 주어진 개인적 과제는, 꾸준한 학습을 통해 시대 변화를 정확히 진단하고 올바른 대처법을 찾아내는 일이다. 지금 경험하고 있고 앞으로 경험하게 될 변화의 실체를 온전히 이해하려면 학습을 게을리 해서는 안 된다. 오늘날 급변하는 시대 상황은 불확실성과 불안감을 증폭시킨다. 학습을 통해 우리는 그런 불확실성을 줄이고 불안감을 덜어낼 수 있다. 변화가 극심할수록 그리고 변화의 실체가 이해하기 힘들수록 더 열심히 더 진지하게 공부해야 한다.

| '배우는 자에게 복이 있나니'
| 읽고 쓰고 생각하라

이런 시대 변화에 슬기롭게 대처하려면 무엇보다 먼저 자신의 직업 분야를 중심으로 어떤 일들이 일어나고 있는지 알아가는 노력이 꼭 필요하다. 앞으로 자신의 직업 분야에 영향을 미칠 수 있는 일들은 무엇인가? 그런 일들이 구체적으로 어떤 기회와 위기를 가져다줄 것인가? 다른 분야에서는 어떤 일들이 일어나고 있는가? 그리고 그런 일들이 자신에게 어떤 의미를 갖는가? 이런 질문에 대한 답을 찾기 위해 신문과 잡지, 관련 서적을 꾸준히 읽는 일은 지식인이나 전문가들만의 과제가 아니다.

누구나 자신의 직업 분야와 관련해 끊임없는 지적 투자를 해야 하며, 그것은 언제나 큰 보답을 가져다준다. 위험을 관리하는 방법은 물론이고 변화 속에 숨어 있는 기회를 포착하고 활용하는 방법도 배울 수 있기 때문이다.

물론 가뜩이나 노동 강도가 센 대한민국에서 전일제로 일하는 직장인들이 별도의 시간을 내어 학습에 집중하기란 계획만큼 쉬운 일이 아니다. 그러나 시간 부족이라는 외적 요인보다는 학습의 중요성을 소홀히 하는 태도가 더 큰 문제다. 학습하지 않더라도 별 문제 없을 것이라는 안일한 사고방식이 더 큰 문제다. 무지는 변화에 대한 불안감을 증폭시키고 올바른 대응책을 찾는 일을 어렵게 만든다. 사업을 하든 직장을 다니든 간에 귀한 기회를 놓쳐버리고 시련을 자초하게 될 가능성이 높다는 말이다.

2009년 한국의 성인 독서율은 71.7퍼센트로 1994년 이래 최저치를 기록했다. 독서율은 1년에 책을 한 권 이상 읽는 인구 비율인데, 이 통계는 한국의 성인 10명 중 3명은 1년에 책 한 권도 읽지 않는다는 말이다. 그러면 책을 읽지 않는 시간에 무엇을 할까? 일도 하고, 사람도 만나고, 신문도 읽고, 텔레비전도 보고, 인터넷도 하면서 시간을 보낼 것이다.

책을 가까이하는 일을 하다 보니 갖게 되는 편견일 수도 있지만, 독서의 힘이자 매력은 책을 읽는 과정에서 무언가를 생각하도록 만든다는 것이다. 생각은 일종의 아웃풋(산출물)이다. 그렇다면 이것을 만들어내는 재료가 있어야 하고, 독서는 그 중요한 인풋(투입물)이다. 인풋이 없다면 결국 아무것도 만들어낼 수 없다는 결론이 나온다.

예전에 한 신문에서 삼성엔지니어링에 6년 동안 재직하면서 매출과 수주를 각각 4배와 9배로 올려놓은 정연주 사장의 이야기를 읽은 적이 있다. 세상에는 참으로 난 사람들이 많지만, 어떻게 취임 초에 3,000원 하던 주식을 한때 22만 원까지 끌어올릴 수 있을까? 물론 지금은 10만 원대를 오르내리고 있지만 이것만 해도 대단한 일 아닌가? 정 사장이 삼성물산에 부임해 임직원들에게 가장 먼저 당부한 것은 '알아야 보이고, 아는 만큼 큰 그림을 그릴 수 있다'는 것이었다. 덧붙이자면 아는 만큼 크고 작은 기회들을 포착할 수 있는 안목도 생긴다.

우선 자신의 직업과 생활을 둘러싸고 일어나고 있는 변화들이 앞으로 어떻게 전개될지 전망할 수 있도록 관련 정보를 모으고, 주변 사람들의 의견을 경청하고, 그 변화에 영향을 미치는 변수들에 대해 나름의 가설을 세워보도록 하자. 현재 상황이 이러이러하니 앞으로는 어떻게 될 것이라는 식으로 말이다. 이런 가설을 세울 때는 전문가들의 의견을 참고해야겠지만, 자신의 직업 분야나 생활환경에 대해 자신보다 더 잘 아는 사람은 없다는 사실을 명심해야 한다.

그런 다음 그 가설을 바탕으로 장차 변화가 가져다줄 기회는 무엇이고 위기는 무엇인지 시나리오를 만들어보자. 처음에는 어렵게 느껴질 수도 있겠지만 자꾸 훈련하다 보면 미래 예측 능력도 길러지고 자신을 둘러싼 세상에 대한 호기심도 생겨날 것이다. 주변의 소소한 변화들도 허투루 보아 넘기지 않고 그것이 자신에게 어떤 영향을 미칠지 적극적으로 그 연결고리를 찾게 된다.

이런 행동은 두 가지 이득을 선사한다. 우선 미래 변화를 알려는 노력 자체가 삶에 재미와 윤기를 더해준다. 그리고 실용적인 측면에서 무엇을 어떻게 준비해야 할지 구체적인 해법을 발견할 수 있다. 먼저 직업 분야와 관련된 미래 준비에 이런 방법을 적용해 보자. 세상사가 그렇듯이 어려워지고 난 다음에, 그리고 때를 놓치고 난 다음에 허겁지겁 문제 해결에 나서지 않도록 해야 한다.

이때 읽고 생각하고 정리하는 습관이 매우 중요하다. 젊은 날부터 그런 습관을 갖도록 노력해야겠지만 그렇지 못하다면 지금 당장 작은 데서부터 실천해야 한다. 영상 매체에 친숙한 요즘 젊은 세대의 사고력 저하를 우려하는 목소리가 높은 상황에서, 대학에서도 학생들의 독서력을 키우는 데 힘을 쏟고 있다. 독서라고 해봐야 판타지 소설이나 무협지, 실용서, 취직 관련 서적을 읽는 게 고작이다.

다양한 고전들을 현대에 맞게 재해석한 저작들로 유명한 한양대학교 국문학과 정민 교수는 이렇게 말한다. "강의 시간이나 답안지를 채점하다 보면 늘 똑같은 답만 내는 학생들이 많아요. 생각하는 능력이 부족하다는 말인데, 그게 다 책을 읽지 않아서 그렇습니다."

이것은 비단 학생들만의 문제가 아니다. 활자 매체 이탈은 스스로 생각하는 능력을 떨어뜨리고, 결국 우리가 살아가는 세상과 그 세상의 변화에 대해 자신의 시각을 갖기 어렵게 만들고 있다.

그 결과는 무엇일까? 남들 하는 대로 따라가는 것이다. 대세를 좇고 유행을 추종하는 것이다. 그런 면에서 보면 오늘날은 또다른 심각한 도전의 시대다. 과거처럼 집에서만 텔레비전을 즐기는 것이 아니라 언제 어디서나 휴대전화 같은 정보 기기를 이용해 '재미'를 보고 듣고 체험할 수 있게 되었다.

빠른 시간 안에 사용자들의 시간과 관심을 '빼앗아와야' 하는 콘텐츠 사업자들은 당연히 '펀(fun)' 중심의 소스들을 쏟아낼 수밖에 없다. '바보상자'라고 비난받던 텔레비전은 상대가 안 될 만큼 더 자극적으로 그리고 실시간으로 소비자의 생각할 시간을 소비할 시간으로 바꿔버린다.

이런 매체에 과도하게 노출될 경우 생산하고 창조하는 주체가 아니라 소비하는 주체로 전락하고 만다. 일에서든 생활에서든 대세를 추종하고 똑같은 대답밖에 내놓지 못하는 사람이 되고 마는 것이다. 결국 누구나 할 수 있는 일을 하면서 근로 조건이 계속 나빠지는 상황을 감내해야 하는 지경에 이를 수밖에 없다.

아이팟, 아이폰 등으로 세상의 판도를 바꿔놓은 혁신의 귀재 스티브 잡스의 무기는 창의력과 상상력이다. 틀에 박힌 사고밖에 못하는 사람들은 장시간 노동과 적은 임금을 받으면서 고용 불안에 떨지만, 스티브 잡스와 같이 자기만의 독창성과 콘텐츠를 지닌 이들은 엄청난 보수와 세상의 관심을 한몸에 받는다. 아이러니하고도 잔인한 세상의 진실이다.

그러나 보통 사람들은 나중에 얻게 될 유익함보다 지금 당장 누릴 수 있는 편안함과 즐거움을 선호한다. 그러다 보니 미래에 대비해 현실 문제를 고민하고 대책을 찾는 일을 소홀히 하기 쉽다. 과거에 비해 머릿속은 잡다한 정보로 가득하지만 시대 변화를 읽어내는 능력은 떨어진다는 말이다. 결국 일이 터진 다음에야 허둥대는 사람들이 대부분이다. 문제는 여기서 그치지 않는다. 자신의 생각이 없고 미래의 계획이 서 있지 않으면 타인의 불순한 의도에 말려들어 이용만 당하고 버려질 수도 있다.

글로벌 경쟁 시대, 자기 가치 높여가는 기업가 정신이 필수

직업 세계에서는 전문성을 갖추지 못하면 평생 남의 장단에 춤만 추다가 끝날지도 모른다. 당신은 무엇을 할 수 있는가? 당신은 타인에게 무엇을 제공할 수 있는가? 자신의 가치를 결정하는 '그 무엇'을 만들어내는 일은 전적으로 자기 책임이다.

지식 반감기가 현저히 줄어든 시대에 개인이 자신을 보호할 수 있는 나름의 지식, 기술, 노하우 등을 유지하는 일은 쉽지 않다. 그러나 타인에게 구체적인 무언가를 제공할 능력이 부족하다면 직업인으로서 효용성이 떨어질 수밖에 없다. 따라서 개인적 과제는 자신의 가치를 만들어내고 높여나가기 위한 체계적이고 지속적인 노력을 기울이는 일이다. 기업이 경쟁력 유지를 위해 꾸준히 투자하듯 개인도 자기 투자를 게을리 해서는 안 된다.

이런 시대 변화에 부응해 개인은 더 효과적으로 일하고 살아가는 방법을 고민해야 한다. 낭비를 줄이고 효율성을 끌어올리는 일은 기업 경영자들만 고민해야 할 과제가 아니다. 국가 경영, 기업 경영이라는 말과 함께 '자기 경영'이라는 말이 사람들의 입에 자주 오르내리는 것도 그래서다. 열심히 일하는 것만이 능사가 아니라 더 효과적으로 일하는 방법을 궁리해 실제로 성과를 내야 한다.

그런 의미에서 '우리 모두는 기업가다'라는 명제는 현대 사회의 본질을 정확히 지적하고 있다. 구체적으로 무엇을 할 수 있느냐는 시대 변화와도 무관하지 않다. 직장을 다니든 자기 사업을 하든 간에 시대가 요구하는 능력이 무엇이고 그런 능력을 갖추려면 어떻게 해야 하는지 끊임없이 모색하고 실천하는 일은 모든 직업인의 과제다.

물론 쉬운 일은 아니다. 어떤 직장에 가더라도 성과를 끌어올리기 위한 노동 강도는 과거와 비교할 수 없을 만큼 높아지고 있다. 주중에는 자기 투자를 위한 시간을 내기가 힘들다. 나는 오래전에 '주말 경영'이라는 개념을 제안한 바 있다. 주말의 48시간 중에서 일정 시간을 떼내어 자신의 능력 향상을 위해 조직적이고 지속적으로 투자하라는 것이다.

그렇게까지 할 필요가 있느냐고 반문할지도 모르지만, 자기 계발을 위한 꾸준한 노력 없이는 시대에 뒤처질 수밖에 없다. 적절한 자기 투자를 통해 스스로를 업그레이드해 나가는 일은 누구에게나 중요하고 꼭 필요하다. 자신에 대한 재투자 없이 기존의 능력만으로 오랫동안 버틸 수 있는 분야가 얼마나 되겠는가? 반복적인 서비스 제공만으로 생계유지가 가능한 공적 영역을 제외하면 거의 남아 있지 않다. 대부분의 사적 영역, 특히 글로벌 경쟁에 노출되어 있는 영역이라면 자기 능력에 대한 재투자는 필수불가결하다.

글로벌 금융 위기가 강타했을 때 미국 사회도 큰 홍역을 치렀다. 워싱턴 D.C의 대형 로펌에서는 대규모 해고가 잇따랐다. 그런 와중에 가장 먼저 된서리를 맞은 사람들은 예전에 하던 대로 기계적으로 일해 온 변호사들이었다. 반면 고객을 설득하는 능력을 갈고닦고, 서비스 능력을 향상시키고, 변화하는 고객 요구에 부응하기 위해 노력해 온 변호사들에게는 위기가 또 하나의 기회가 되었다.

《뉴욕타임스》의 대기자 토머스 프리드먼은 '새로운 승리자(*The Untouchable New*)'라는 칼럼에서 글로벌 금융 위기를 넘긴 후에도 대다수 미국인의 삶은 나아지지 않을 것이라고 전망했다. 그리고 이제 더 이상 미국인들에게 평균적으로 좋은 시절은 허락되지 않을 것이며, 변호사뿐만 아니라 직업 세계에서 활동하는 모든 사람은 '기업가 정신, 혁신, 창의성'으로 스스로 무장하지 않는 한 경쟁에서 밀려날 수밖에 없다고 역설했다.

이것이 어디 미국의 직업인들에게만 해당되는 이야기겠는가? 직업 세계에서 살아남으려면 시대 변화를 읽고 꾸준한 자기 투자를 통해 고객에게 제공할 수 있는 자기 가치를 높여나가야 한다. 그런 노력을 게을리 하는 사람에게 밝은 미래란 없다.

최근 경기 침체로 몸살을 앓고 있는 한국의 변호사업계도 기로에 서 있다. 얼마 전 접한 《한국경제》의 보도에 따르면 변호사의 사건 수임 건수도 10년 만에 절반으로 줄어들었다. 2000년에 변호사 한 명당 평균 41건이던 수임 건수는 2009년에 21건까지 떨어졌다.

변호사들의 수임료 역시 10년 전과 동일한 수준을 유지하고 있기 때문에 물가 상승률을 고려하면 실질 수임료는 떨어진 셈이다. 심한 경우에는 사건을 맡기 힘들어지면서 당연히 저가 수임이 유행하고 있다.

문제는 제한된 시장에 계속 쏟아져 들어오는 신임 변호사들로 말미암아 시장은 포화 상태로 가고 있다는 점이다. 물론 이는 평균적인 변호사들 이야기이다. 발군의 실력을 가진 사람들은 언제 어디서나 성공 스토리를 쓰고 있다. 남들도 할 수 있는 일이라면, 전문가들조차 어떤 상황에 처하게 될지 보여주는 생생한 사례라고 하겠다.(《한국경제신문》, '소송비용 A to Z 한 달에 한 건도 다행…착수금 200만 원 이하 수두룩', 2010. 2. 9, 참고)

비단 변호사뿐만 아니라 한의사, 회계사 등 전통적으로 고임금군을 이루던 전문직들마저 고용 불안과 상대적으로 낮아지는 임금에 대한 걱정이 늘고 있다.

남들만큼 해선 안 된다,
창의성과 자기 혁신만이 살길이다

그래서 나는 미래 인재가 갖춰야 필수 조건으로 문제 해결 능력, 기회 포착 능력, 창의적 사고 능력을 꼽는다. 이 세 가지는 어떤 분야에서 일하든 간에 반드시 갖춰야 할 능력이다. 여기에 두 가지를 덧붙이자면 주도적 학습 능력과 자기 혁신 능력이다. 미래 인재를 꿈꾸는 사람이라면 이 다섯 가지는 반드시 단단히 지니고 있어야 한다. 그리고 이런 능력들에 대해 나름의 구체적인 정리가 필요하다. 예컨대 당신은 어떤 문제 해결 능력을 갖고 있느냐는 질문을 받았을 때, 나는 이러저러하게 문제를 해결할 수 있다고 구체적으로 대답할 수 있어야 한다.

전문성은 현재뿐만 아니라 미래에도 초점이 맞춰져야 한다. 빠르게 변화하는 시대에는 기존의 전문성이 낙후되거나 쓸모없는 것이 되는 속도도 빨라지기 때문이다. 수익 구조가 탄탄한 기존 사업을 두고도 신규 사업에 투자하는 사업가처럼 시대를 내다보고 스스로 끊임없이 변신해 나가는 자세가 필요하다. 요컨대 직업 세계에서 활동하는 사람들에게 꼭 필요한 것이 바로 기업가 정신이다. 내 경험에 비춰볼 때, 직업 세계에 관한 한 안주나 정체라는 말은 가장 위험한 용어라고 할 수 있다.

과거에는 한번 전문성을 획득하면 두고두고 써먹을 수 있었지만 지금은 다르다. 부단히 전문성을 업그레이드해 나가지 않으면 살아남을 수 없는 시대다. 조직의 수명도 무척 짧다. 여러분이 중년에 접어들 무렵이면 이력서에 등장하는 기업들 중 이미 사라져버린 기업도 심심찮게 발견하게 될 것이다. 프로 의식을 갖고 조직의 생사와 관계없이 자신을 보호하는 일은 모든 직업인의 과제다.

변화된 세상은 편안함과는 거리가 멀다. 끊임없이 스스로를 개선과 혁신의 대상으로 삼아야 하기 때문이다. 그러나 직업적 성공을 꿈꾸는 사람이라면 그 밖에 달리 대안이 없다고 본다. 그런 현실을 냉철히 받아들이지 못하면 세상의 변화는 우리의 기대와는 딴판으로 해석될 수 있다. 세상살이가 나아지고 쉬워져야 하는데 왜 이렇게 고달프고 팍팍해지기만 하느냐고 불평불만을 터뜨릴 수밖에 없다.

과거에는 남만큼만 하면 되었다. 정해진 코스를 따라 남들과 보조를 맞춰 한 걸음 한 걸음 나아가는 것이 미덕인 시절이 있었다. 그러나 이제 더 이상 그런 시절은 우리에게 없다. 경쟁은 점점 더 치열해지고 조직은 우리에게 특별할 것을 요구한다. 그것도 한때의 특별함이 아니라 계속 특별하다는 것을 입증해 보이라고 요구한다.

이제 조직에 속한 사람이라면 누구나 남들과 차별화될 수 있는 가치를 만들어내야 한다. 그렇지 않으면 더 젊고 더 유능하고 더 적은 보수에 더 나은 서비스를 제공하는 사람들에게 자리를 내줘야 한다. 그들은 과거처럼 국내에만 있는 것이 아니다. 전 세계에 엄청나게 많은 사람들이 충분한 자격을 갖추고 당신의 일자리를 노리고 있다는 사실을 잊지 말아야 한다. 나는 정말 최선을 다해 일했노라고 항변해 봐야 메아리 없는 외침에 불과하다.

사실 우리 주변에는 큰 고민 없이 그냥저냥 살아가는 사람들이 의외로 많다. '어떻게 되겠지' 하는 막연한 낙관론을 가진 채 말이다. 젊을 때 앞날에 대한 별 고민 없이 텔레비전을 보며 소일하거나 주말 시간을 무의미하게 흘려보내는 직장인들도 많다. 출근만 하면 월급이 나오던 시대가 아니라는 사실을 깨닫는다면 절대 그렇게 살지는 않을 것이다. 운 좋게 별 탈 없이 살아갈 수 있다면 다행이지만 언제 그 청구서가 날아들지 모른다. 내 경험상, 대부분 인생의 중후반기에 그 비용을 치르게 된다. 우리가 언제까지나 젊지 않다는 사실을 명심하자.

재기 넘치는 경영 컨설턴트 세스 고딘의 책을 읽다가 아주 단순하지만 이 시대를 살아가는 사람들이 모토로 삼아야 할 대단한 용어를 만났다. 바로 'RPB(Relentless Pursuit of Better)'이다. '끊임없이 더 나은 것을 추구하는 태도'를 갖으라는 것이다. 무슨 일을 하든 간에 과거보다 더 나은 현재, 현재보다 더 나은 미래를 위해 고민하고 공부하고 행동한다면 어떤 도전도 두려울 것이 없을 것이다.

고딘이 제시하는 'RPB'에 하나를 더하는 것이 아니라 하나를 곱해보면 어떨까? 'RPE(Relentless Pursuit of Excellence)', 즉 '끊임없이 최고를 추구하는 태도'를 곱한다면 엄청난 성과를 낼 수 있을 것이다. 뭐든 꼭 해야 하는 일이라면 최고로 잘하기 위해 고민하고 공부하고 행동하자. 생활인으로서 그리고 직업인으로서 'RPB'와 'RPE'는 우리의 현재와 미래를 보호하는 든든한 방어막이 되어줄 것이다.

현재와 미래 사이에서 적절한 균형을 유지하는 일은 말처럼 쉽지 않다. 왜냐하면 지금 당장 성과를 내는 일이 늘 우선순위의 맨 앞자리를 차지하기 때문이다. 그러나 눈앞의 일에만 매달려서는 안 된다. 미래 준비는 실용성을 제쳐두고서라도 큰 이점이 있다. 생활에 긴장감을 불어넣어준다는 것이다. 앞날을 대비하는 마음가짐으로 살아가는 것만으로도 일상이 활력으로 넘친다.

준비하고 또 준비하라! 격변하는 시대에 미래 준비는 선택 사항이 아니라 필수 사항이다. 착실히 미래 준비를 해나가는 사람만이 기나긴 인생에서 최종 승자가 될 수 있다.

"이 시대 이 나라에 태어나서 살아가는 보통의 한국인은 불평하기보다는 감사하면서 살아야 할 더 많은 이유를 갖고 있다. 우리에게는 '사는 게 피곤하다고 불평할 자격이 없다'고 말할 만한 충분한 이유가 있다."

"한 생각을 어떻게 내느냐" 생각의 동굴에서 탈출하라

3 자동차와 선박 부품을 생산하는 한 지방 중소기업의 60대 후반 사장님과 이야기를 나눈 적이 있다. 10여 년 전 사업이 한창 어려울 때 그분은 도저히 끝날 것 같지 않은 눈앞의 문제들을 해결하느라 안간힘을 쓰고 있었다고 한다. 스트레스가 이만저만이 아니었는데, 문득 이런 생각이 떠올랐다. "지금 이런 문제들 때문에 허우적거릴 때가 아니지 않은가? 이런 문제들을 하나하나 해결해 나가려고 사업을 시작하지 않았던가?" 그렇게 마음을 고쳐먹었더니 고통의 원천이던 문제들이 기회의 원천으로 보이기 시작했다고 한다.

어떤 생각을 갖고 사느냐가 중요하다. 생각하기에 따라 세상은 천국도 되고 지옥도 되기 때문이다. 이 글의 초고를 쓰는 동안 한 국내 대기업 후계자의 인터뷰 기사를 읽었는데, 삶이 부담스럽고 피곤하지 않느냐는 기자의 질문에 그는 이렇게 대답했다. "나는 사는 게 피곤하다고 불평할 자격이 없다. 부담스럽지 않다고 한다면 거짓말이지만 운 좋게 좋은 부모를 만나고 훌륭한 선배(경영진)를 많이 만나서 혜택을 많이 보고 있다."

그가 어떤 생각을 갖고 세상을 살아가는지 알 수 있는, 짧지만 여운을 남기는 대답이었다. 사람에게는 저마다 감당해야 할 삶의 무게가 있다. 부와 명예와 권력을 다 가진 이른바 '남부러울 것 없는' 사람들도 나름의 삶의 무게를 견디며 살아간다. 그것을 어떻게 받아들이느냐는 결국 그 사람이 가진 생각에 좌우된다.

재미 작가인 이민진 씨는 7년 전에 중심장액성망막증(CSR)이라는 희귀병을 앓게 되었다. 최악의 경우 시력을 잃을 수도 있는 상황에서 작가는 자기 앞에 가로놓인 난제들 때문에 낙담하고 있었다. 작가로 입신하기 위해 한창 노력하는 중이었고, 네 살배기 아들도 있었고, 6개월에 걸친 B형 간염 치료도 끝나가던 참이었는데 또다시 장애물이 나타난 것이다.

그때 불현듯 부모님 생각이 떠올랐다고 한다. 미국에 이민 와서 자녀들 뒷바라지에 주말도 쉬지 않고 일만 하신 부모님. 특히 아버지는 한국전쟁 때 가족을 잃고 원산에서 홀로 월남했는데, 그때 아버지 나이가 열여섯 살이었다. 그처럼 큰 시련을 겪고도 자포자기하지 않고 꿋꿋하게 살아온 부모님의 삶에 비하면 "내 인생은 소풍이나 마찬가지였다"고 작가는 말한다. 물론 그녀는 그 일을 계기로 병을 이겨내고 작가로 큰 성공을 거두었다. 결국 한순간의 생각이 그녀에게 살아갈 용기와 위안을 준 것이다.

어두운 생각이
어두운 세상을 만든다

"한 생각을 어떻게 내는가가 우리 삶의 가장 중요한 갈림길입니다."

법정 스님의 법문집 『일기일회』에 나오는 구절이다. 한 인간이 가진 신념 체계는 가치관이나 세계관이라고도 부를 수 있는데, 이것은 일상의 작은 생각들을 만들어내는 원천이라 하겠다.

결국 어두운 생각으로 주변을 둘러보면 세상은 온통 깜깜하다. 그리고 온 천지에 불평거리투성이다. 어디 그뿐인가? 미래도 결국 생각의 투영물이다. 어두운 생각으로 미래를 보면 불안감과 초조감만 더해간다. 그런 부정적인 생각을 정치판에 투사하면 대통령이고 국회의원이고 간에 누구 하나 탐탁해 보이지 않는다.

국가가 어떻고 정치 지도자가 어떻고 비난을 퍼부을 수는 있지만, 사실상 지금은 국가가 개인을 살뜰하게 보살필 수 있는 시대가 아니다. 국경 없는 시대, 글로벌 자본주의 체제에서는 국가에 의지하기보다는 각자 알아서 제 살길을 찾아야 한다.

오마에 겐이치 씨는 흥미로운 이야기를 들려준다. 얼마 전 인도에서 강연을 하면서 인도 사람들이 과거와 많이 달라졌음을 느꼈다는 것이다. 예전 같으면 "당신들 인도인들은 아무런 문제가 없다. 능력도 있고 열정도 있다. 하지만 그럼에도 전혀 진보가 없는 것은 정부 탓이다"라고 듣기 좋은 말을 하면 웬만큼 먹혔지만, 이제 인도인들은 더 이상 정부 탓을 하지 않는다고 한다. "인도인은 이미 정부 같은 것에는 의존하지 않고 자신의 길을 스스로 개척하는 데 열중하게 된 것이다"라고 오마에 씨는 강조한다.

대한민국 성장통의 한 원인은 우리가 그런 반듯한 생각을 낳는 신념체계에서 벗어나 있다는 데서 찾을 수 있다. 이 시대 이 나라에 태어나서 살아가는 보통의 한국인은 불평하기보다는 감사하면서 살아야 할 많은 이유를 갖고 있다. 현실에 대해서뿐만 아니라 우리가 걸어온 과거에 대해서도 말이다. 우리에게는 '사는 게 피곤하다고 불평할 자격이 없다'고 말할 만한 충분한 이유가 있다.

후발 개도국들 중에서 물려받은 유산 없이 한국만큼 운 좋게 국가 발전에 성공한 나라가 얼마나 있는가? 우리는 이런 객관적인 사실을 명심해야 한다. 그리고 마찬가지 이유로 미래를 비관적으로 바라볼 아무런 근거도 없다. 외부 상황이 아무리 호전된다고 해도 어두운 생각을 갖고 세상을 바라보면 온통 불평불만거리만 눈에 들어온다.

지금도 그렇지만 앞으로도 수많은 난제들이 우리 앞을 가로막을 것이다. 그러나 우리가 긍정적이고 낙관적이고 도전적으로 세상을 바라본다면, 산적한 문제들을 해결해 나갈 수 있다는 자신감을 갖는다면, 얼마든지 좋은 해법을 찾을 수 있으며 어떤 어려움도 극복해 나갈 수 있다. 적극적으로 시대 변화를 받아들이고 진취적으로 미래를 열어간다면 언제나 우리는 문제 해결에 성공하는 민족이 될 수 있다.

이 모든 것은 우리가 어떤 생각의 렌즈, 사고 프레임을 통해 세상을 바라보느냐에 달렸다. 결국 성장통을 앓고 있는 대한민국에서 개인이 그 통증을 최소화하기 위해서는 어떤 생각과 어떤 신념 체계를 갖고 살아가느냐가 결정적인 역할을 한다.

이 시대 이 땅에 태어난 것만도
대단한 행운

얼마 전 강연을 마치고 지방 대학을 졸업한 지 2~3년 되는 한 청년의 차를 얻어 타게 되었다. 내가 동기들은 어떻게 지내느냐고 물었더니 그 청년의 대답이 무척 인상적이었다.

"친하게 지내던 친구 10명 정도가 한 달에 한 번 모임을 갖고 있습니다. 그중 4명이 취직했고 나머지 6명은 백수로 지내고 있습니다. 저도 첫 직장은 월급도 얼마 안 되는 곳이었어요. 지금 직장으로 옮기고 나서는 월급도 꽤 올랐습니다. 우선 자신이 할 수 있는 일부터 시작하는 것이 중요한 것 같습니다. 그래야 다음 기회도 생기는데, 동기들 중에 취직 못한 친구들은 최소한 얼마 이상은 연봉을 받아야 되지 않겠느냐고 하거든요. 저만 해도 남들이 '미쳤어, 그 봉급 받고 일하게' 하고 뜯어말리는 곳에서 시작했지만 그러지 않았더라면 지금 이 직장도 잡을 수 없었을 겁니다. 이제야 철이 드는지 직장 생활을 하면서 더 열심히 공부해야겠다는 생각이 듭니다."

심지가 굳어 보이는 그 청년에게 나는 이런 이야기를 해주었다. "지방대를 나왔고, 집안이 어떻고 사회가 어떻고 그런 이야기를 할 수도 있지요. 그러나 생각해 보세요. 이 시대에 태어난 것만 해도 대단한 행운 아닙니까? 우리가 100년 전에 태어났더라면 이것저것 가릴 형편이 아니었을 겁니다. 태어난 순간부터 이미 운명이 결정되어 버리니까요. 이러니저러니 해도 지금은 개인이 자신의 운명을 개척해 나갈 수 있는 여지가 허용되는 시대 아닌가요? 내가 친구들 입장이라면 밑바닥부터 차근차근 밟아 올라가는 그런 선택을 할 것 같은데……."

그 청년에 대한 기억을 떠올리니 현대자동차 2009년 판매왕에 오른 임희성 씨의 기사가 생각난다. 인구 자체가 적은 지방 소도시 공주에서 현대자동차 전 지점을 통틀어 판매왕이 되었다는 사실만으로도 놀라운 일이다. 현대자동차에서도 처음 있는 일이라고 한다.

임 씨는 지방의 2년제 대학을 나온 데다 IMF의 직격탄을 맞아 졸업 후 직장 잡기가 쉽지 않았다고 한다. 결국 주유소 아르바이트 일부터 시작한 그는 '대학까지 나온 사람이…'라는 주변의 시선을 이겨내고 특유의 영업맨 기질을 발휘해 5년 만에 공주 일대에서 이름을 날리는 '스타 직원'이 되었다.

임 씨는 남다른 친화력과 사람 관리 능력으로 공주 지역 택시 기사들 사이에서 친분을 쌓아나갔고, 자동차 영업으로 그라운드를 바꾼 후에는 그 인맥을 바탕으로 타의 추종을 불허하는 성과를 내기 시작했다. 결국 7년 만에 대한민국 최고의 자동차 판매왕에 오른 것이다.

젊은이들이 자신감을 갖기에는 최근 경제 상황이 너무 어둡지 않냐는 기자의 질문에 임 씨는 이렇게 대답한다. "눈높이를 낮춰서 일단 일을 시작하다 보면 길이 보일 것이다. 취직할 곳이 없다면 길거리에 나가 폐지라도 주어야 하는 것 아니냐. 그러다 보면 하다못해 신문이라도 읽고 폐지의 유통 경로라도 알게 된다. 집에만 있다 보면 아무런 발전이 없다."

생각이 사람을 바꾸고 인생을 바꾼다는 진리를 이보다 더 극명하게 보여주는 사례도 없을 것 같다.

어떤 생각을 갖고 사느냐는 개인의 선택이다. 그러나 개개인은 자라면서 받은 학교 교육, 가정교육 그리고 한 사회의 지적 분위기로부터 자유로울 수 없다. 우리 사회의 성장통은 우리가 처한 상황을 부정적이고 비관적으로만 해석하려는 생각에서 비롯되는 부분이 크다. 살아 있는 것은 변하게 마련이다. 그러니 과거에 경험하지 못한 변화들이 우리에게 끊임없는 도전 과제를 던지는 것은 너무도 당연하다. 왜 그래야 하느냐고 따지기보다는 시대 변화를 유연하게 받아들이고 적절히 변신해 나간다면 우리 사회가 앓고 있는 성장통도 분명 크게 줄어들 것이다.

"기나긴 인생에서 경제적 토대를 다져놓을 수 있는 시간은 그다지 길지 않다. 투자의 경우와 마찬가지로 리스크를 적절히 안을 수 있는 시점에 미래를 위한 재정적 준비를 확실히 해두어야 한다."

경제적 리스크를 최소화하라

4

"제게도 암담하고 가슴 아픈 시기가 있었습니다. 확실한 것은 아무것도 없었어요. 학벌이나 그동안 조직 안에서 쌓아왔던 인맥은 조직을 떠나자 순식간에 휴짓조각이 돼버렸습니다. 외로움은 둘째치고 경제적 압박감이 이루 말할 수 없었죠. 아이들 교육비는 나가는데 일정한 소득이 없어 가장으로서 심각한 위축을 느꼈습니다. 앞으로 믿을 것은 나 자신밖에 없다는 사실을 처절하게 깨달은 시기죠. 내가 바로 서지 않으면 내 인생은 여기서 막을 내린다는 생각에 정신을 가다듬었습니다.(…)

홀로 사업을 시작한 후 밑바닥부터 다시 올라간다고 생각했어요. 37

세부터 출세해 3년 동안 운전기사가 딸린 가장 좋은 승용차를 타고 다녔습니다. TV 출연도 여러 번 했죠. 하지만 그게 무슨 소용입니까? 사회에 나오면 그 모든 배경이 물거품처럼 사라지기 때문이죠. 조직을 떠나 1년은 택시 한 번 타본 적이 없습니다. 마을버스와 지하철을 타고 강연을 다녔습니다. 당시 저의 강연료는 고작 30만 원이었어요."

얼마 전《월간중앙》과의 인터뷰에서 들려주었던 나의 이야기다. 한국 사회에서 명문대 출신에 해외 유학까지 다녀온 배경이 있으니 그만큼 홀로서기가 가능했던 것 아니냐는 질문에 대한 대답이었다. 한마디로 조직을 떠난 이후에 맞게 될 사회적, 경제적 리스크는 어느 누구에게도 예외가 없다.

글로벌 금융 위기로 온 나라가 휘청이던 2009년 상반기에 중소기업 창업지원센터에는 여느 때보다 많은 사람들이 몰렸다고 한다. 그 전까지는 현직에서 물러난 40~50대 장년층이 주를 이루었는데, 경기 침체로 구조조정 등이 현실화되면서 30대 창업 지원자가 부쩍 늘었다고 한다. 그만큼 자의반타의반 '자영업자'로 살아가게 만드는 위험 변수들이 우리 주위에 너무나 많다.

조직에서의 '현재'보다 어쩌면 더 중요한 문제는 바로 '그후' 다. 평생 고용, 안정된 직장이 이미 사라져버린 시대에 누구나 홀로서기를 선택해야 하는 순간이 올 수 있다. 이때 나의 경험에서처럼 가장 먼저 부딪히는 문제는 바로 경제적인 타격이다.

지금도 그렇지만 직업 안정성은 앞으로 더욱더 위협받을 수밖에 없다. 삶의 기반 자체가 심하게 흔들릴 수 있다는 말이다. 전직이나 해고를 경험해 본 사람이라면 직업이 단순한 생계유지 방편이 아니라 삶을 떠받치는 굳건한 토대임을 절감할 것이다.

그렇기에 이처럼 불안정한 사회에서 살아가기 위해서는 특히 생활을 책임지고 있는 사람이라면 경제적 기초를 다지는 일이 급선무다. 기나긴 인생에서 경제적 토대를 다져놓을 수 있는 시간은 그다지 길지 않다. 투자의 경우와 마찬가지로 리스크를 적절히 안을 수 있는 시점에 미래를 위한 재정적 준비를 확실히 해두어야 한다.

금융 투자, 성공 보수뿐만 아니라 실패 비용도 고려해야

자기 사업체를 갖고 있지 않은 한 직업 정년 이후에도 30년의 삶이 기다리고 있다. 노년을 생산적이고 보람차게 보내지 못하면 인생을 성공적으로 마무리할 수 없다. 노무현 전 대통령도 비슷한 고민을 했던 것 같다. 노 전 대통령의 회고록『성공과 좌절』을 보면, 검찰 조사(2009년 4월 12일)를 받고 온 권양숙 여사가 작심하고 이렇게 심경을 털어놓는 대목이 나온다.

"'권력은 돈하고 언론하고 검찰에 있어요. 정치인들은 껍데깁니다. 먹고살 것도 없는 사람들이 큰소리만 뻥뻥 쳤지, 뭐가 있어요, 힘이 있어요?' 자꾸 불안하다. 아내(권양숙 여사)의 말이 맞는 것 같아서, 돈 많은 사람들만 정치를 할 수 있는 세상이 올 수도 있을 것이다."

여기서 우리는 숱한 좌절을 겪은 끝에 정치인으로서 최고 영예인 대통령을 지낸 사람마저 젊은 시절 선거판을 돌아다니느라 은퇴 준비를 할 만한 경제적인 여유가 없었음을 짐작할 수 있다. 한편 그런 영광조차 누려보지 못하는 대다수 정치인들의 미래는 어떨까? '짧은 영광, 긴 고생'이 되지는 않을까?

만약 여러분이 젊다면 젊음은 한시적이라는 사실을, 만약 여러분이 제법 높은 직위에 있다면 남이 만든 자리 역시 한시적이라는 사실을 명심해야 한다. 그리고 더 이상 젊지 않고 더 이상 좋은 자리에 머물 수 없는 미래를 상상해 보고 그 대비책을 마련해야 한다. 바버라 월터스는 자서전에서 "더 이상 지금까지의 내가 아닌 날이 오게 마련이다"라고 말한다. 명예와 두둑한 보수를 보장하던 삶의 기반이 무너져 버린다면 무엇으로 다시 일어설 수 있는가? 현직에 있는 동안 늘 자신에게 던져야 할 질문이다.

따라서 개인 차원의 과제는 위험 관리에 만전을 기하는 일이다. 재무적 리스크는 물론이고 생활이나 직업과 관련된 비재무적 리스크의 유형을 정확히 파악하고 그것을 자신이 감당할 수 있는 위험 양의 범위 안에서 관리할 필요가 있다. 욕심에 사로잡혀 감당할 수 없는 위험을 떠안는다면 오랜 세월 쌓아올린 생활 기반이 하루아침에 허물어져 버릴 수도 있다. 특히 투자 결정과 관련해선 성공 보수뿐만 아니라 실패 비용도 균형 있게 고려해야 한다.

변동성이 큰 사회는 경제 주체로 하여금 끊임없이 고수익에 대한 환상을 품도록 만든다. 대박에 대한 기대는 일반인들에게도 영향을 미친다. 터무니없는 고수익을 약속하면서 투자를 유도하는 비상식적인 사업들이 음성적으로 성행할 가능성은 얼마든지 있다. 이미 우리 사회에서 목격하고 있는 부분이기도 하다.

이런 분야의 전문가들에게는 순진한 사람들이 손쉬운 먹잇감이다. 고수익을 보장하는 사기성 농후한 비즈니스 기회에 현혹되어 자신이 힘들게 이룬 것들을 한순간에 날려버리지 않도록 경계해야 한다. 결국 옥석을 가리는 일은 개인의 현명함과 신중함에서 나와야 한다.

투자 기회도 확대되지만 투자 상품도 다양해진다. 이때 우리가 유의해야 할 것은 합법적인 투자 상품이라고 해도 결국 판매자의 이익에 충실하다는 사실이다. 인덱스펀드 창시자이자 뱅가드그룹 창업자인 존 보글은 투자 상품들이 투자자로부터 운용 수수료나 판매 수수료를 너무 많이 떼는 구조로 변해가고 있다면서, 가치 사슬의 맨 밑바닥에 있는 투자자로부터 지나치게 많은 수익을 챙기는 금융계의 문제점을 맹렬히 공격한다.

그러나 이런 경고에도 불구하고 금융 상품의 복잡성에 비례해 투자자는 불리하고 금융계 종사자는 유리한 구조는 더욱더 심화되고 있다. 결국 부당 이익을 챙기는 금융업계로부터 자신을 보호하려면 금융 상품의 구조를 정확히 이해하고 있어야 한다. 그리고 금융 상품을 파는 사람들은 언제나 자신의 이익에 충실하게 행동한다는 사실을 염두에 두고 투자 결정을 내려야 한다.

무지와의 결별, 리스크 관리의 첫 단추

투자와 관련해 금융 상품의 혁신이라는 새로운 상황이 전개되고 있다. 그런 상황에서는 스스로 어떻게 대응할지 깊이 생각하고 행동해야 한다. 신의 성실의 원칙에 따라 상대방이 내 이익도 보호해 주겠거니 하는 막연한 믿음을 가져서는 안 된다. 합법의 테두리 안에서 각자 자신의 이익을 우선하는 것이 세상의 이치다. 그렇다면 자신의 이익을 보호하는 이른바 '주의 의무'는 개개인에게 있다.

제도권 내 투자라면 그나마 경미한 손실에 그치겠지만 고수익을 약속하는 제도권을 벗어난 투자의 경우에는 단 한 번의 실수로 치유하기 힘들 만큼 엄청난 타격을 입을 수 있다. 그 어느 때보다도 위험 관리의 중요성이 커지고 있다는 말이다. 나는 『벽을 넘는 기술』이라는 책 앞부분에서 개인 차원의 리스크 관리가 왜 중요한지에 대해 다음과 같이 언급한 바 있다.

"학교 문을 나서는 순간부터 갖은 감언이설로 돈을 쓰게 만들고, 돈을 빌리게 만드는 광고가 온 천지에 널려 있다. 그럼에도 개인 차원에서 위험 관리를 다룬 책은 손가락으로 꼽을 정도에 불과하다. 학교에서도 배우지 못하고 사회생활에서도 배울 수 없다면 작정하고 덤비는 사람에게 당할 가능성이 매우 높다. 아무리 오랫동안 열심히 살아왔다고 말하면 뭘 하겠는가? 단 한 번의 잘못된 의사 결정으로 전 재산을 날려 버릴 수도 있는데 말이다. 우리는 무지, 그 무지함으로부터 스스로를 보호할 줄 알아야 한다. 그렇지 않고 당하고 나서 후회해 봐야 아무 소용없다."

우리 사회는 개인과 조직, 국가 모두 상대적으로 위험 관리의 중요성을 등한시해 왔다. 그러나 이제는 달라져야 한다. 조직이나 국가의 경우는 그 책임을 지도자에게 돌린다고 해도, 개인은 자신이 노출된 위험의 정도와 유형, 그 특성을 파악하고 스스로 책임질 수 있어야 한다.

갑작스런 실업 등으로 인해 중산층에서 그 밑으로 떨어진 딱한 사정을 종종 접하게 된다. 이런 일들 역시 예기치 않은 불운으로 받아들이지 않고 개인 차원의 위험 관리 측면에서 접근한다면 그 빈도와 강도를 충분히 줄일 수 있다. 또한 위험 관리 마인드는 잘 나갈 때 야무지게 단속하고 스스로 경계해 불행한 사태를 예방할 수 있도록 돕는다.

'소비 권하는 사회' '빚 권하는 사회' '도박 권하는 사회'라는 말에서 드러나듯 자본주의는 합법의 테두리 안에서 때로 비합법적인 수단까지 동원해 사람들에게 소득을 넘어 소비하라고 부추기고, 빚을 내서라도 투자하라고 유혹하고, 공공 기관까지 나서서 도박을 조장한다. 그 모든 위험으로부터 자신을 보호하는 일은 결국 자기 책임이라는 것을 명심하자.

지금은 위험에 제대로 대처하지 못하고 넘어지면 다시 일어서기 힘든 시대임을 인식하고 발생 가능한 위험으로부터 적극적으로 자신을 보호할 수 있어야 한다. 위험 관리의 첫 단추는 무지와의 결별이다. 어떤 위험이 도사리고 있는지 알아야 그 대처 방법을 찾을 수 있다. '모르면 당한다'는 말은 위험 관리에 있어서도 진리다.

끝으로 재테크를 할 때 위험을 낮추고 성과를 높일 수 있는 방법 몇 가지를 짚어보자.

첫째, 가급적 모르는 분야는 피하라. 투자에서 늘 승리할 수는 없다. 그러나 유행이나 분위기에 휩쓸려, 지인의 권유나 풍문으로 들은 이야기에 의지해 잘 모르는 분야에 뛰어들면 낭패를 볼 수 있다. 한번 잃고 나면 만회하는 데 상당한 시간이 걸린다. 잘 모르는 분야라면 확신이 설 때까지 공부하든가 아니면 차라리 투자를 포기하는 게 낫다.

둘째, 돈을 쓰지 않는 것이 돈을 버는 길이다. 소비 권하는 사회에서 자신을 보호하는 일은 곧 재산 증식의 기회를 더 많이 갖는 것을 뜻한다. 자본주의가 고도화될수록 개인 차원에서 돈 모으기는 점점 더 힘들어진다. 돈 들어갈 데가 계속 늘어나기 때문이다. 이것저것 다 지출하고 남은 돈을 모은다는 것은 사실상 불가능하다는 것을 명심하자.

셋째, 스스로를 보호하라. "세상은 상어 떼로 가득하다"는 미국 부동산 재벌 도널드 트럼프의 말을 액면 그대로 받아들일 필요는 없지만, 조직 생활만 해온 사람들은 자기 이익을 위해 무자비하게 상대방을 이용하는 사람들의 불순한 작전에 말려들 가능성이 높다. 경제적인 이익에 관한 한 상대방의 지나친 호의를 경계해야 한다.

넷째, 자신에게 맞는 재테크 방법을 찾아라. 리스크에 대한 심리적 부담을 많이 느끼는 사람이 다른 이들을 뒤쫓아 무리하게 주식 투자를 할 수는 없다. 모든 사람에게 맞는 재산 증식 방법이란 없다. 하지만 부지런히 찾는 사람은 더 나은 기회를 발견할 수 있다. 그것은 스스로 열심히 공부하는 일일 수도 있고 재산 증식에 성공한 사람들로부터 경험이나 노하우를 배우는 일일 수도 있다. 배움에 대해 적극적이고 열린 자세를 갖도록 하자.

다섯째, 자신에게 투자하라. 자신도 투자 대상으로 삼아야 한다. 옛말에 '머리에 투자한 것은 아무도 가져갈 수 없다'고 하지 않았는가? 학창 시절뿐만 아니라 직업 세계에서 활동하는 동안에도 자기 투자는 필수적이다. 재산 증식을 위한 투자도 중요하지만, 자신의 가치를 높이기 위해 꾸준히 투자하는 일은 아무리 강조해도 지나치지 않다.

"외부 세계의 변화가 극심할수록 내면 세계는 더더욱 굳건해야 하며, 직업적 성취 못지않게 내적 성장도 중요하다. 이처럼 분주한 일상 속에서도 자기 성찰의 시간을 가짐으로써 뿌리 깊은 나무처럼 굳건한 인생을 만들어가도록 하자."

진정으로 자기 인생의 주인이 되어라

5

일찍이 플라톤은 철학의 궁극적 목표를 '훌륭한 삶'에 두었다. 그렇다면 플라톤이 생각한 훌륭한 삶은 어떤 것일까? 플라톤은 '너 자신을 알라' 라는 소크라테스의 유명한 명제를 출발점으로 삼았다. 한 인간의 진정한 힘은 부나 지위나 명성이 아니라 탄탄한 내면 성찰로부터 나온다. 외국어대학교의 장영란 교수는 플라톤의 교육관에 대해 언급하면서 이렇게 말한다. "우리는 자신에 대한 앎을 통해 자신을 지배할 수 있을 뿐만 아니라 다른 사람도 지배할 수 있다. 만약 우리가 우리 자신을 정확하게 알지 못한다면 우리로부터 시작되는 모든 앎은 한순간에 무너질 수 있다."

'나는 누구인가' 모든 것의 시작이자 핵심

살아야 할 이유 그리고 열심히 살아야 할 이유를 찾지 못한 사람은 제대로 뿌리 내리지 못한 나무처럼 어딘지 모르게 붕 뜬 기분으로 살아간다. 매사에 시들하고 자신에게 무책임한 삶을 살아갈 가능성이 높다. 그리고 이런 태도는 어떤 일에 헌신하거나 몰입하는 것을 방해하고, 인생의 귀한 시간을 허비하게 만들고, 자기 향상을 위해 노력하는 것을 가로막는다.

왜 살아야 하는지 왜 열심히 살아야 하는지 어느 누구도 가르쳐주지 않는다. 그것은 자신이 찾아내야 하고 인생의 다양한 국면에 맞게 스스로 조정해 나가야 한다. 특히 오늘날처럼 변화가 극심한 시대, 과잉 자극의 시대를 살아가는 사람들에겐 삶의 의미를 확고히 하는 일이 정말로 중요하다.

그러려면 무엇보다 먼저 자기 정체성이 올바로 서야 한다. 흔히 '인생은 정체성을 찾아가는 여행'이라고들 한다. 삶의 의미는 인생의 국면마다 다를 수 있다. 20대, 30대, 40대로 이어지면서 내가 왜 사는지, 내가 왜 열심히 살아야 하는지 그 이유는 달라진다. 인생의 국면마다 그에 걸맞은 정체성을 발견하는 것, 즉 나는 누구이며 무엇을 잘할 수 있고 최선을 다하면 어디까지 도달할 수 있는지 아는 것은 정서적으로 건강한 인생을 살아가는 데 있어, 나아가 직업적인 성취에 있어서도 필수 요소이다.

과거처럼 미래 예측이 어렵지 않던 시대에는 정체성 찾기가 비교적 쉬웠다. 취직을 하면 대개 정년이 보장되었고 은퇴 후의 삶도 그리 길지 않았기 때문에 직업인으로서의 삶에 자신의 정체성을 동화시키면 그만이었다. 반면에 전직이 잦고 고용 계약이 단기화되는 요즘 같은 시대에는 어떤 조직에 자신의 정체성을 뿌리내리는 일이 쉽지 않다.

따라서 자신이 진정으로 원하는 것이 무엇이고 그것을 현실 속에서 어떻게 구현할지 스스로 알아내야 한다. 육체노동보다 정신노동의 비중이 높은 시대임을 고려하면 정체성 위기로 인해 어려움을 겪는 사람은 대폭 늘어날 수밖에 없다.

또한 욕망을 부추기는 시대 환경은 정체성 찾기에 큰 걸림돌이다. 남들에게 뒤처지지 않기 위해 쉬지 않고 달려야 한다는 사회적 강박증이 우리를 괴롭힌다. 삶은 고되고 불만만 쌓여간다. 그러나 삶의 의미와 개인적 정체성은 타인과의 비교에서 나오지 않는다. 끊임없이 나와 남을 비교하도록 부추기는 시대 환경에 휘둘리지 않으려면 내면의 목소리에 진지하게 귀 기울일 줄 알아야 한다.

"내 북소리에 맞춰 춤을 춰야지, 타인의 북소리에 맞춰 춤을 추다가는 아무것도 못하고 주저앉게 됩니다. 내 페이스를 유지하는 것이 중요하죠. 자기 인생을 잘 경영하는 것은 철학자의 경지에 도달하는 것과 같아요." 그러한 맥락에서 일전에 《월간중앙》 인터뷰에서 내가 했던 이 말이 하나의 해답이 될 것이다.

외부 세계의 변화가 극심할수록 내면 세계는 더더욱 굳건해야 하며, 직업적 성취 못지않게 내적 성장도 중요하다. 이처럼 분주한 일상 속에서도 자기 성찰의 시간을 가짐으로써 뿌리 깊은 나무처럼 굳건한 인생을 만들어가도록 하자. 이 거대한 시대 변화는 통제할 수 없지만 그것을 나름대로 재해석하고 자신의 삶에 맞게 조절해 나갈 수 있다.

또한 스스로 살아가는 재미 그리고 성장하는 재미를 만들어내도록 해야 한다. 잔뜩 화난 눈으로 주변을 둘러보면 못마땅한 일투성이지만, 우리가 살아가는 이 시대만큼 개인에게 다양한 성장의 기회가 주어진 시대도 드물다. 풍부한 교육 기회를 잘 활용한다면 얼마든지 자기 성장을 이룰 수 있고 더 나은 기회도 얻을 수 있다. 따라서 체계적으로 자신을 만들어가는 노력이 그 어느 때보다도 필요하다.

인생 성과를 극대화하는 목표 관리법을 적극 활용하자

나는 누구인지, 내 삶의 의미는 무엇인지를 치열하게 탐색하는 것이 중요하지만, 이러한 노력이 내면의 성찰에만 그친다면, 삶은 공허해지고 생동감을 잃게 된다. 아무리 멋진 삶의 목표도 공염불이 되고 마는 것이다. 내가 지향하는 삶의 의미와 목표들을 현실 속에 실현시킬 수 있는 구체적인 노력을 기울일 때, 비로소 세상의 자극에 휘둘리지 않고 진정으로 자기 삶의 주인이 될 수 있다. 그 대표적인 실천법이 바로 목표 관리법을 생활화하는 일이다. 시간과 에너지, 돈 등 자신이 가진 자원은 한정되어 있음을 깊이 인식하고 그런 조건에서 멋진 성과를 낼 수 있는 자신만의 방법을 고안해야 한다.

특히 개인 차원의 목표 관리법은 누구나 쉽게 생활 습관으로 만들 수 있다. 주도적으로 하루, 일주일, 한 달과 같은 마감 시간을 정하고 성과를 측정하는 습관을 들이는 것이다. 우선 어떤 일을 언제까지 어떻게 마무리하겠다는 내용을 기록하는 것부터 시작하면 된다.

목표 관리의 일차적인 대상은 일이겠지만 가정생활이나 자기 성장 분야까지 얼마든지 넓혀나갈 수 있다. 목표 관리법을 생활화하면 큰 효과를 거둘 수 있을 뿐만 아니라 그 효과를 더 끌어올릴 수 있는 또다른 방법도 찾아낼 수 있다. 목표 관리법이 그래서 유용성하다.

사전에 어떤 일을 계획하는 일은 일종의 자신과의 약속이며, 그 약속을 하나하나가 지켜나가는 과정에서 자신에 대한 믿음도 쌓여간다. 또한 이 방법을 활용하면 시야가 미래로 확장된다. 미래에 더 나은 성과를 거두기 위해 현재의 자원을 어떻게 배분할 것인지 궁리하게 되기 때문이다.

뜻이 있으면 길이 있다. 똑같은 일을 하더라도 어떤 태도로 임하느냐에 따라 전혀 다른 결과가 나온다. 자신을 '수동 모드'에서 '능동 모드'로 바꾸는 변환 시스템이 바로 개인 차원의 목표 관리법이다. 정해진 일과표대로 대충 하루를 보내는 것이 아니라 자기 사업을 하는 사람처럼 행동하게 된다. 항상 하루라는 마감 시간을 염두에 두고 그날의 목표, 이를테면 마무리해야 할 일, 달성해야 할 일들을 처리해 나가게 된다. 그렇게 1년 365일을 보낸다고 생각해 보라. 분명 놀라운 성과를 얻게 될 것이다. 이것이야말로 꽉 찬 인생을 살 수 있는 방법이다.

목표 관리법이 일의 성과를 높이는 데만 도움을 주는 것은 아니다. 조직적으로 일상을 관리해 시간 낭비도 줄일 수 있다. 목표 관리법을 착실히 실천하면 삶이 조직화되고, 효율적인 시간 배분을 통해 얻게 된 여가 시간을 삶의 다른 부분에 활용할 수 있는 효과가 있다.

나아가 목표 관리법을 중장기적으로 확장하면 10년 후의 삶도 계획하고 관리할 수 있다. 세상의 숱한 통제할 수 없는 변수들을 고려할 때 중장기적인 인생 계획과 관리가 가능하냐고 의문을 제기할지도 모르겠다. 그러나 목표는 본디 잠정적인 성격을 띤다. 계획한다고 해서 다 실현되는 것은 아니지만, 그 실천 과정에서 성과가 계획에 맞춰질 가능성은 한층 높아진다.

변화가 극심한 시대일수록 목표 없이 살다 보면 쉽게 상황에 휘둘린다. 상황을 통제하고 있다는 자신감을 가지려면 결심만으로는 부족하다. 목표 관리법에 대해 회의적인 사람들도 있지만, 일단 실행에 옮겨보면 이 방법이 얼마나 유용한지 금세 깨달을 것이다.

개인 차원의 목표 관리법은 조직을 떠난 후의 삶을 준비하는 데도 큰 도움을 준다. 은퇴 후 30~40년을 건강하고 생산적으로 살아가려면, 건강이나 재정적인 준비만으로는 충분하지 않다. 직업인으로 살 때에 비해 무한정 늘어난 자유 시간을 어떻게 알차고 보람 있게 보내느냐는 문제도 중요하다. 목표 관리법은 이에 대한 확실한 해결책이 되어준다.

성공 습관 목록을 만들고 끈기 있게 실천하자

격차가 큰 사회에서는 원하는 목표에 도달했을 때 누릴 수 있는 것들도 그만큼 많다. 모든 사람이 원하는 목표에 도달할 수는 없지만 원론적으로 모든 사람에게 그럴 가능성이 열린 시대이기도 하다. 조급하게 묘책을 찾는 사람도 있지만 행운이란 요소를 제외하면 성공에 이르는 길은 예나 지금이나 별반 다를 것이 없다. 바로 스스로 성공 습관을 실천하는 일이다.

우선 직업과 관련된 자신만의 성공 습관을 만들어보자. 자신이 직업적으로 성공하려면 무엇을 어떻게 해야 하는지 누구나 쉽게 정리할 수 있다. 그래서 성공 습관 목록이란 말 앞에는 반드시 '개인적'이라는 수

식어가 붙어야 한다.

DNA 이중나선구조를 밝혀낸 공로로 노벨상을 받은 생물학자 제임스 왓슨의 성공 습관 목록에는 '집착의 대상으론 두 가지도 많다'는 내용이 들어 있다. 어떤 사람이 은행가로도 명성을 날리고 첼로 연주자로도 명성을 날렸다는 이야기를 듣는다면 한 번쯤 의심해 봐야 한다고 그는 말한다. 두 분야에서 모두 최고의 경지에 들기는 힘들다는 것이다. 한 인간이 가진 시간과 에너지는 한정되어 있으므로 두 분야에서 동시에 걸출한 성과를 내기란 힘들다는 것이 그의 믿음이었다. 그는 그런 믿음을 바탕으로 자신의 삶을 지탱하는 중요한 삶의 습관 목록을 만들었다.

한 강연에서 이 이야기를 했더니 참석자 한 분이 두 가지 일을 모두 잘하는 사람도 우리 주위에 얼마든지 있다고 반박했다. 물론 나도 동의한다. 그러나 편견일 수도 있겠지만 내 삶을 되돌아보면 한 분야에 집착해 일가를 이루기도 엄청나게 힘든데 두 분야, 세 분야에서 성공한다는 것은 어지간한 노력 없이는 불가능한 일이 아닐까 싶다. 자신의 능력이 어느 정도인지 파악한 다음에 한 우물을 파든 두 우물을 파든 그것은 개인이 선택하면 될 문제다.

그런데 제임스 왓슨은 자신의 성공 습관에 하나를 더 추가한다. '골프를 지나치게 즐기지 말라'는 것이다. 취미로 골프를 즐기는 것은 좋지만 승용차 트렁크에 골프채를 넣고 다니며 주말만 기다리거나 90타수를 깨고 말겠다는 야심을 불태운다면 과학자로 대승하기는 어렵다는 것이다. 그렇지 않은 사람도 있겠지만 내 생각에는 이것 역시 성공 습관 목록에 포함될 만하다. 이는 취미는 취미로 족하며, 취미와 본업을 구분할 줄 알아야 한다는 맥락으로 이해할 수 있을 것이다.

사람에 따라 성공 목록은 얼마든지 차이가 날 수 있겠지만, 공통적으로 적용될 수 있는 대표적인 성공 습관 몇 가지를 살펴보자.

우선 성공에 대한 강한 염원을 가져야 한다. 무슨 일이 있어도 성공하겠다는 강한 열망 없이는 아무것도 이룰 수 없다. 그런 염원은 선명한 자각에서 생겨난다. 자신이 무엇을 어느 정도 성취하고 싶은지 자각함으로써 그것을 이루고자 하는 열망, 즉 염원을 품게 된다. 강한 자각과 각성의 순간을 경험한 사람은 그 순간을 전후해 크게 변한다. 나는 이런 자각이 어느 정도는 타고나는 것이라고 생각하지만, 후천적인 부분도 무시할 수 없다.

당연한 말이지만, 자신을 우뚝 세우겠다는 염원은 꾸준한 실천에 의해 뒷받침되어야 한다. 이것을 '끈기의 결단'이라고 표현하는 사람도 있다. 성공에 대한 염원을 실현시키기 위해서는 그만한 노력이 필요할텐데, 반복 또 반복이 그 해답이다. 반복의 과정에서 끊임없이 회의와 불안이 엄습할 것이다. 반복만 한다고 해서 반드시 좋은 결과가 나오는 것은 아니기 때문이다. 그래서 똑똑한 사람들 중에서도 이런 불확실한 상태를 이겨내는 사람은 의외로 적다. 미래의 불확실성에 매몰되지 않고 신념을 갖고 끈기 있게 밀어붙이는 것만이 성공 가능성을 높인다.

끈기 있게 밀고 나가는 일은 그 어떤 습관보다 중요하다. 불가의 스님들이 즐겨 쓰는 '정진(精進)'이라는 말은 이 시대를 살아가는 사람들에게도 금과옥조가 될 만하다. 끈기 있게 실천해 가는 과정에서 장애물도 만나고 주변 사람들의 반대에도 부딪히게 될 것이다.

그런 상황에 압도되어 이게 과연 될까 하는 회의감에 휩쓸리면 대개는 중도에 포기하고 만다. 승자와 패자, 성공과 실패는 '완주하는 습관'에서 판가름 난다. 크든 작든 일단 목표로 삼은 일은 끝까지 해내는 자세, 즉 완주하는 습관의 중요성은 아무리 강조해도 지나치지 않다.

반복이란 말이 자칫 기계적이란 느낌을 줄 수도 있는데, 반복과 개선은 동전의 양면 같아야 한다. 그냥 되풀이하는 것이 아니라 더 나은 방법을 찾아가는 작업이 함께 이뤄져야 한다는 말이다. 그래서 일에서든 인생에서든 향상심을 갖고 임하는 것이 중요하다.

만약 여러분이 하는 일이 사회적 관계망 안에서 이뤄지는 성격이 강하다면 사람들에게 좋은 인상을 주는 특별한 습관도 필요하다. 이것은 쉽지도 단순하지도 않다. 나 혼자 잘하면 되는 일이 아니라 다른 사람의 호감을 얻어내야 하는 일은 훨씬 더 미묘하고 복잡하다. 사실 승진이나 상품과 서비스 판매도 타인으로부터 호감을 얻어내야 가능하다는 점에서 좋은 인상을 주는 습관 역시 성공 목록에 포함될 만하다.

비슷한 것으로 타인과 공감하는 능력 또는 습관도 중요하다. 중학생부터 노인층에 이르기까지 다양한 사람들을 대상으로 강연하는 나 같은 사람에게는 '공감하는 능력 또는 습관'이 필수적이다. 강연을 성공적으로 이끌려면 참석자들이 무엇을 원하며 어떤 상황에 놓여 있는지 이해하고 그것을 강연 속에 녹여낼 수 있어야 한다.

대중적인 인기를 필요로 하는 정치인도 마찬가지라고 생각한다. 그리고 이런 능력 역시 반복 또 반복을 통해 얼마든지 갈고닦을 수 있다. 내 경우엔 경험이 쌓이고 시간이 흐르면서 참석자들을 파악하는 안목이 자연스럽게 생겨났고, '이분들은 이러저러할 것이다'라는 판단을 바탕으로 내용을 준비하고 강연하면서 비교적 괜찮은 성과를 얻어왔다.

그 밖에도 특정 분야에서 꼭 필요한 성공 습관들이 있을 것이다. 그렇다면 그런 습관들을 하나로 묶어 '000의 성공 습관 목록'으로 정리하고, 그것이 자신의 삶에서 중요한 부분으로 자리매김할 수 있도록 노력을 기울여야 한다.

어떻게 잘 되겠지 하는 막연한 낙관론 대신, 그렇게 되려면 무엇을 어떻게 해야 하느냐는 구체적인 질문에 대한 답을 습관으로 바꾸어나가는 작업이 중요하다. 성공에 대한 강한 염원을 품는 것도 중요하지만 그런 염원만으로는 그 어떤 결실도 맺지 못한다는 사실을 기억하자.

"끊임없이 나와 남을 비교하는 한 어느 누구도 한 불안과 욕구불만으로부터 자유로울 수 없다. 비교 심리로부터 완전히 벗어날 수는 없겠지만, 즐겁고 현명하게 살아가는 방법은 자신의 행복관을 명확히 정리하는 것이다."

매순간 스스로 행복해지는 법을 배워라

6

요즘 젊은 친구들 이야기를 듣다 보면 '엄친아'라는 말이 자주 등장한다. '엄마 친구 아들의 줄임말'인데, 공부도 잘하고 성격도 좋고 다재다능하고 못하는 것이 없어서 늘 비교 대상이 되는 사람을 그렇게 부르는 모양이다. 이 유행어를 떠올릴 때면, 나는 한국인들은 아주 어린 시절부터 끊임없이 나와 남을 비교하면서 엄청난 스트레스 속에서 살고 있구나 하는 생각을 하게 된다.

한곳에 많은 사람이 모여 사는 사회는 나름의 특징이 있다. 끊임없이 나와 남을 비교한다는 것이다. 집이 그렇고, 차가 그렇고, 승진이 그렇고, 자녀 교육이 그렇다. 이른바 '사회적 동조 압력'이 강하다. 게다가 한국 사회는 가치 체계가 다양하지 못한 편이다. 물론 과거보다 나아진 감은 있지만, 대부분의 사람들이 정해진 인생 트랙에서 크게 벗어나지 못한 채 살아간다. 고등학교를 졸업하면 대학에 들어가야 하고, 대학을 졸업하면 취직해야 하고, 취직하면 적당한 시기에 결혼을 해야 하고, 결혼하면 집 장만하고 아이 낳아 키워야 하고 등등으로 이어진다.

비교 프레임 안에서는 절대 행복해질 수 없다

이런 정형화된 삶의 틀을 벗어나는 사람은 흔치 않다. 나는 어떤 영화가 순식간에 수백만 또는 천만 관객을 돌파했다는 이야기를 들을 때마다 감탄 반 충격 반의 감정에 사로잡힌다.

어떻게 저렇게 많은 사람들이 한 방향으로 쏠릴 수 있을까? 어찌 보면 엄청난 에너지일 수도 있지만, 또 어찌 보면 획일성이라고 해석할 수도 있다. 남들이 좋다고 하면 우르르 몰려드는 한국인의 특성이라 하겠다.

사람들은 스스로 생각하고 행동하기보다는 끊임없이 나와 남을 비교하면서 살아간다. 더구나 한국인은 유독 평등의식이 강하다. 민족적 동질성도 한 요인이겠지만, 한국인은 특히 '나라고 못할 것이 있나'라는 생각이 강하다. 교육 제도를 어떻게 고치더라도 사회적 갈등이 잦아들지 않는 데는 이런 한국인의 심성이 큰 몫을 하고 있다고 본다.

옆집이 하면 우리 집도 해야 하고, 그러질 못하면 그때부터 스트레스와 불만이 쌓인다. 신분 사회가 아닌 능력 사회에서 개개인이 그런 압박감을 느끼는 것은 당연하지만 한국은 유난히 더 그렇다. 이런 특성은 앞으로도 크게 변할 것 같지 않다.

물론 이런 특성이 부정적인 것만은 아니다. 개인이든 기업이든 남보다 더 많이 갖고 남보다 더 잘하고 싶다는 욕망은 성취동기와 경쟁력을 높인다. 그러나 한 가지 분명한 사실은 바닷물을 들이킬수록 갈증만 심해지는 것처럼, 남과의 비교에서 스스로 만족할 만한 수준에 도달하기란 불가능에 가깝다는 것이다. 가지면 가질수록 더 가지고 싶어 괴롭다.

우리가 원하든 원치 않든 간에 앞으로 경제적 격차는 더욱더 벌어질 테고, 따라서 비교 심성은 과거보다 더 심하게 우리를 압박할 것이다. 끊임없이 나와 남을 비교하는 한 어느 누구도 한 불안과 욕구불만으로부터 자유로울 수 없다. 비교 심리로부터 완전히 벗어날 수는 없겠지만, 즐겁고 현명하게 살아가는 방법은 자신의 행복관을 명확히 정리하는 것이다.

내가 꿈꾸는 멋진 삶은 어떤 모습인가? 이 질문에 대한 자신만의 정의가 필요하다. 심리적 안정, 물질적 성취, 직업적 성공, 가족의 단란함, 인격 같은 가치들이 삶에서 차지하는 비중은 사람마다 다르다. 자신의 삶을 멋지고 행복하게 꾸려가려면 어느 것에 더 비중을 두고 이런 요소들을 조합할 것인지 자기 안에서 명확하게 정리되어 있어야 한다.

다수가 똑같은 것을 원할 때 어쩔 수 없이 많이 갖는 사람과 적게 갖는 사람이 생긴다. 하지만 스스로 만들어낼 수 있는 것이라면 이야기는 다르다. 남의 것을 빼앗지 않고, 남에게 부담 주지 않고도 얼마든지 내가 원하는 것을 만들어 가질 수 있다.

많은 분들이 "어쩜 그렇게 젊어 보이세요? 5년 전이나 지금이나 별로 달라지신 게 없는 거 같아요"라는 말씀을 해준다. 인사치레로 하는 말이라고 생각하지만 그래도 기분 좋은 것이 사실이다. 그만큼 나는 젊고 즐겁게 살려고 노력한다. 언제나 신기하고 호기심 어린 눈으로 세상을 바라보고 부족하다고 생각하는 것은 뭐든 배우려고 노력한다. 특히 젊은 친구들에게 다가가 배움을 청하기를 즐긴다. 새로운 것들을 쉽게 받아들이고 순발력 있게 상황에 대처하는 그들의 능력을 높이 평가한다. 그리고 멋진 순간이 있으면 그냥 지나치지 않고 잠시 멈춰 서서 지긋이 음미하는 시간을 가지려고 노력한다.

이런 사소한 습관들만으로도 얼마든지 일상에서 행복감을 만들어갈 수 있다. 부와 명예 같은 세속적인 성공도 마음껏 누릴 수 있으면 좋겠지만 그런 것들은 '서프라이징 보너스' 정도로 생각한다.

순간순간 얼마나 충실하고 즐겁게 사느냐가 행복을 결정하지, 외부 환경은 우리가 느끼는 행복에 큰 영향을 미치지 못하는 것 같다. 어떤 상황에서든 평상심을 잃지 않고 그 안에서 의미와 재미를 찾는다면 언제 어디서든 행복하게 살아갈 수 있다는 것이 내 믿음이다.

행복과 재미는 선택하는 것, 스스로 만들어가는 것

궁극적으로 돈과 명성과 자리를 추구하는 일은 행복의 총량을 늘리는 일과 밀접한 연관이 있다. 한편 타인과 경합하지 않아도 되는 행복의 원천들을 스스로 만들어내는 일도 얼마든지 가능하다. 그런 점에서 우리는 언제 어디서나 스스로 행복해질 수 있는 방법에 주목해야 한다.

영국 에든버러대학의 알렉산더 웨이스 박사에 따르면 행복과 관련된 성격적 특징에 영향을 미치는 요소는 유전자가 50퍼센트, 상황적 요인이 10퍼센트, 학습과 훈련이 40퍼센트를 차지한다고 한다. 다시 말해 40퍼센트는 자신이 통제할 수 있는 영역이라는 뜻이다. 항상 긍정적으로 생각하고, 뚜렷한 삶의 목표를 갖고, 매사에 의미를 부여하고, 작은 일에 감사하는 태도를 가짐으로써 우리는 행복해질 수 있다. 행복은 주어지는 것이 아니라 만들어내는 것임을 기억하고 스스로 행복해질 수 있는 방법을 궁리하고 실천해야 한다.

시야를 인류사로 넓혀보면, 객관적 수치와 역사적 사실이 말해 주듯이 시대 이 땅에 태어났다는 것은 대단한 행운이다. 그런 사실에 감사한다면 세상은 참으로 아름다운 곳, 살아볼 만한 곳으로 변할 것이다. 젊은 시절에 지나치게 현실에 안주하는 것은 위험한 일이 될 수도 있다. 그러나 인생의 국면에 맞게 개인적 기대 수준을 조절하고, 현실에 눈높이를 맞추고, 만족할 줄 아는 것은 바람직한 삶의 자세라고 생각한다.

한편 살다 보면 지루하고 따분한 일도 있다. 대다수 사람들은 지루함을 견디며 마지못해 그런 일을 하지만 최악의 상황에서도 즐겁고 재미나게 일하는 사람도 더러 있다. 그러한 사람들이 느끼는 행복의 총량이 더 많으리라는 것은 당연한 일이다.

재미 역시 스스로 만들어내는 것이라는 점에 주목할 필요가 있다. 이때 행복도 재미도 우리 하기 나름이라면 행복과 재미를 만들어가기 위해 적극적으로 노력하는 일이야말로 변화무쌍한 시대를 살아가는 삶의 지혜라고 생각한다. 통제할 수 없는 부분은 제쳐두더라도 통제할 수 있는 삶의 영역에 대해서는 자신의 역량을 유감없이 발휘할 수 있어야 한다.

잠시 내 행복관, 성공관에 대해 이야기해 보는 것도 의미가 있을 것 같다. 나는 젊은 날이었던 20대와 30대에는 더 높고 더 빠르고 더 근사한 것만 보고 내달렸고, 40대에는 경제적인 성취 없이는 행복하고 성공적인 인생을 만들어갈 수 없다는 강한 자각을 갖게 되었으며, 50대를 맞으면서 내 삶이 한정된 시간의 저축을 조금씩 꺼내 쓰는 것이라고 생각하게 되었다.

이처럼 한 인간의 가치 체계는 세월과 함께 변해간다. 이제 나는 순간순간을 충실하고 즐겁고 아름답게 채워나가는 것이야말로 삶의 행복이요 성공이라고 여기며 산다.

부와 명예도 중요하다. 하지만 지금까지 헤쳐온 세월이 가르쳐준 지혜는, 얼마든지 그런 것들이 퇴색할 수도 덧없어질 수도 있다는 점이다. 그렇다고 해서 무소유의 미덕을 강조하려는 건 아니다. 무소유란 자칫 우리 같은 범인들에게는 살아갈 동력을 상실하게 만드는 가치가 될 수도 있기 때문이다. 세속적인 가치를 추구하되 다만 삶의 목표만 바라보고 허겁지겁 살지 말아야 한다는 뜻이다.

순간순간 더할 수 없이 충실하게 살아가야 한다. 때때로 자신에게 물어보라. '나는 스스로 인정할 만큼 충실하게 살고 있는가' 하고 말이다. 만약 그렇지 않다면 무엇을 어떻게 고쳐나가야 할지 찾아보라. 그런 부족함을 채워나가는 과정에서 멋진 삶, 행복한 삶에 도달할 수 있을 것이다.

"우리에게 주어진 책임은 현실을 있는 그대로 받아들이고 자신의 가치관과 인생 목표에 맞게 삶의 속도와 밀도를 조절하는 것이다. 남보다 더 많은 자원을 소유하고, 더 많은 영향력을 발휘하고, 더 많은 인정을 받고 싶다면 그에 걸맞은 비용을 치르면 된다."

나의 속도, 나의 의지에 맞는 인생 로드맵을 그려라

7

높은 곳에서 출발해 비탈을 굴러 내려가는 바퀴를 상상해 보자. 바퀴는 점차 속도를 더해간다. 우리가 지금 경험하고 있고 앞으로 경험하게 될 삶의 모습도 이와 비슷하다. 왜 이렇게 바쁘지, 왜 이렇게 시간이 없지, 왜 이렇게 삶이 팍팍해져만 가지, 그런 생각이 든다면 그것이 지금 우리가 누리는 것들에 대한 대가라고 생각하면 된다. 물질적 풍요와 생활의 편리함을 얻는 대신 우리가 치르는 것은 무엇인가? 그것은 바로 느슨함과의 이별이라고 할 수 있다.

익숙한 것들과의 이별에는 늘 고통이 따른다. '예전에는 이렇지 않았는데 지금은 왜 이렇지' 하는 어색하고 불편한 감정을 경험하게 된다. 우리 사회가 앓고 있는 성장통은 익숙한 것들을 버려야 하는 고통과 불편함 그리고 익숙한 것들에 대한 미련이 얽히고설킨 복잡한 감정이다.

포기하고 싶지 않은 것을 어쩔 수 없이 포기해야 할 때 사람들은 심적 고통을 겪는다. 변화된 현실을 기꺼이 받아들여야 한다는 사실은 알지만 자꾸 뒤돌아보게 된다. 이런 상황은 앞으로도 달라지기 힘들 것이다.

거세지는 노동 강도, 빨라지는 삶의 속도

자신이 가진 지식이 쓸모없는 것으로 변하는 데 걸리는 시간, 이른바 '지식 반감기'가 현저히 줄어들면서, 사람들은 일 외에 자신을 재충전하기 위해 적잖은 시간을 확보해야 한다. 제법 괜찮은 학교를 나온 사람이라면 자신의 브랜드 파워가 과거와 비교할 수 없을 만큼 떨어졌음을 어렵잖게 발견하게 된다.

따라서 고객이 기대하는 가치를 지속적으로 만들어내지 못하는 개인은 과거가 얼마나 화려했든지 간에 무대 중심부로부터 빠른 속도로 밀려나고 만다. 더구나 고객이 기대하는 가치 자체도 빠른 속도로 변해 간다. 그런 현상은 이미 우리 눈앞에서 진행되고 있으며, 시간이 갈수록 그 정도는 심해질 것이다.

날로 치열해지는 시장에서 살아남기 위해 조직들도 이미 효율성 경쟁에 뛰어들었다. 당연히 1인당 생산성을 높이기 위해 각종 구조 조정이 이뤄지고, 성과를 끌어올리기 위해 개인별 생산성을 측정하고 목표를 관리하는 정교한 기법들이 동원될 수밖에 없다. 그만큼 개개인이 감당해야 하는 노동의 강도도 높아지게 된다.

삶의 속도를 높이는 요인으로 어중간한 일들, 즉 아무나 할 수 있는 일에서 일어나는 변화를 들 수 있다. 그런 분야에서 실질 임금의 정체나 하락은 뚜렷한 현상으로 자리 잡아가고 있다. 소득이 적어졌다고 해서 씀씀이를 확 줄일 수도 없고, 결국 소득과 지출을 맞추기 위해 과외로 일을 더 할 수밖에 없는 사람들이 늘어난다. 누구나 마음만 먹으면 쉽게 시작할 수 있는 분야에서 일하는 임금 노동자들이 바로 그런 경우다. 결국 상대적으로 고임금을 받는 사람이든 저임금을 받는 사람이든 간에 나날이 높아져가는 노동 강도를 감당해야 하는 상황에 처하게 되었다.

허겁지겁 앞만 보고 질주하듯 살아가야 하는 삶에 고개를 갸웃거릴 수 있다. 왜냐하면 우리 모두는 삶에 대해 일정한 기대를 갖고 있기 때문이다. 삶의 질이 높아지려면 가처분 소득이 늘어나야겠지만, 동시에 우리는 자유롭게 쓸 수 있는 시간이 늘어나고 삶의 속도감이 줄어들기를 기대한다. 그러나 이것은 한낱 기대일 뿐이다. 대부분의 직업인은 가처분 소득 증가에 대한 대가를 치러야 하고, 그 대가는 바로 여가 시간 부족과 삶의 속도감 증가다.

물론 개개인은 자신의 취향과 선호에 따라 얼마든지 상황을 선택할 수 있다. 그러나 실질적 선택의 폭은 줄어들고 있다. 자신의 직업 분야에서 일정 기간 자리를 비우면 나중에 복귀했을 때 그 공백을 메우는 데 상당한 시간이 소요되기 때문이다. 그 사이에 일어난 변화를 따라잡기란 이만저만 어려운 일이 아니다. 그만큼 특정 분야에서 요구되는 기술이나 지식, 정보의 변화 속도가 빠르다.

이런 시대 변화에 반대하는 '슬로 라이프'에 대한 관심도 증가할 것이다. 그러나 일상 속에서 가끔 슬로 라이프라는 사치를 향유할 수는 있지만 전체 삶의 속도를 늦추는 용감한 결정을 내리기는 쉽지 않다. 그 대신 포기해야 할 것들이 너무 많기 때문이다. 삶의 속도를 결정할 수 있는 선택의 폭은 넓어지고 그런 삶이 바람직하다고 주장하는 목소리는 높아지겠지만, 실질적으로 개인이 그런 선택을 할 수 있는지 여부는 별개의 문제다.

정형화된 로드맵이 사라지는 시대, 스스로 삶을 결정하고 개척해야

그런 상황에서 슬기롭게 살아가는 방법은 자신의 관점을 재조정하는 일이라고 생각한다. 모든 것을 다 가질 수는 없다. 무언가를 포기해야 할 때 그것을 자신만 겪는 부당한 상황이라고 생각하는 대신 글로벌 자본주의 환경에서 살아가는 사람들이 똑같이 치르는 비용이라고 생각하면 억울한 마음이나 피해의식도 많이 누그러들 것이다.

요컨대 다들 바쁘게 살아갈 수밖에 없는 상황을 기꺼이 받아들이면 된다. 현실적으로 우리가 누리는 것들이 점점 더 늘어나고 있으니 어쩔 수가 없다. 세상에 공짜란 없으며 혜택을 보는 만큼 비용을 치러야 한다.

오늘날 우리는 과거와 비교할 수 없을 만큼 많은 자유를 누리고 있다. 그러나 더 많은 자유를 누린다고 해서 반드시 더 즐겁고 행복한 것은 아니다. 직업인으로서 그리고 생활인으로서 우리의 삶의 질은 주어진 자유를 얼마나 현명하게 사용하느냐에 달려 있다.

선택의 자유가 늘어나면서 직장을 옮기는 횟수도 늘어나고 있다. 능력에 따라 조직을 떠날 수 있는 여지가 커졌다는 말이다. 한 조직에 오래 머물면서 무난히 승진 행진을 계속한다고 해서 모든 문제가 해결되는 것은 아니다. 조직을 떠난 후에도 30~40년의 삶을 꾸려가야 한다는 점을 생각하면, 선택의 자유가 늘어나는 시대는 스스로 단속하고 책임질 줄 모르는 사람에게는 더욱더 가혹할지도 모른다.

베이비붐 세대의 은퇴가 시작되는 시점을 전후해 베이비부머들의 현주소와 우울한 미래를 다룬 기사들이 사람들의 관심을 끌었다. 어느 인터뷰 기사에서 퇴직을 앞둔 한 직장인이 "성과 올리기에 급급해 살아왔는데 한가하게 미래 준비를 할 수 있었겠습니까" 하고 말하는 것을 보고 나는 솔직히 좀 놀랐다. 앞날을 준비하는 일을 두고 어떻게 한가하다는 표현을 사용할 수 있단 말인가? 천재지변에 대비하기는 어렵지만, 은퇴는 이미 예정된 일 아닌가? 누구나 자신의 은퇴 시점을 예상할 수 있으며, 예상할 수 있다면 준비할 수도 있어야 한다.

현재의 성과와 미래의 역량을 동시에 끌어올리는 일은 개인이 책임질 몫이며 어느 누가 대신해 주지 않는다. 미래 준비가 부실하다는 것은 시간 부족 탓이라기보다 절박함 부족 탓이다. '앞으로 어떻게 되겠지'라는 막연한 낙관론이 더 큰 원인인 것이다.

우리가 처한 상황이 피할 수 없는 현실이라면 이에 대한 우리의 마음가짐도 달라져야 한다. 과거에 연연할 필요는 없다. 우리에게 주어진 책임은 현실을 있는 그대로 받아들이는 것이다. 그리고 자신의 가치관과 인생 목표에 맞게 삶의 속도와 밀도를 조절하면 된다. 모든 것을 다 가질 수는 없다. 남보다 더 많은 자원을 소유하고, 더 많은 영향력을 발휘하고, 더 많은 인정을 받고 싶다면 그에 걸맞은 비용을 치르면 된다.

만약 그런 것에 큰 가치를 두지 않는 인생 목표를 가졌다면 삶의 속도와 강도를 줄이고 누릴 수 있는 것들 중 일부를 포기하면 된다. 이것은 전적으로 개인이 선호하는 삶의 스타일 문제이기 때문에 자신의 선택이 인생 전반에 어떤 영향을 미칠지 충분히 고려한 다음에 결정하면되는 문제다.

현직에서 더 큰 부와 명성을 얻을 수 있는데도 중도에 다른 길을 선택하는 사람들을 간혹 보게 된다. 세속적인 성공을 중시하는 사회인까닭에 그런 선택은 주변 사람들에게 놀라움을 안겨준다. 그러나 삶의가치와 목표는 개인마다 다르고, 무엇을 위해 살고 어떻게 살지 선택하는 일은 철저히 개인의 몫이다.

이따금 내가 지금까지 조직 생활을 하고 있다면 어땠을까 하는 생각을 해본다. 주변 사람들로부터 앞으로 10년을 내다보고 또다른 선택을할 가능성은 없느냐는 질문을 받을 때도 있다. 결국 후회 없는 삶을 사는 길은 사회적 통념에 휘둘리지 않고 자신만의 길을 선택하는 것이라고 생각한다.

정형화된 로드맵이 사라지면서 당혹감을 느끼는 사람들도 많을 것이다. 그리고 그런 심리적 혼란은 당분간 지속될 수밖에 없다. 대학을나오면 당연히 그에 걸맞은 직장을 구할 수 있어야 하는데 더 이상 그런 직장은 존재하지 않는다. 자신의 인생 로드맵을 만드는 일은 자신의 책임이고, 그것을 바탕으로 직업을 선택하고 경력을 관리해 나가는일 또한 자신의 책임이다. 우리 모두 자신의 직업과 인생에서 최고경영자(CEO)가 되어야 한다는 말이다.

얼마 전 동네 병원에 들렀다가 약국을 방문한 적이 있었다. 내가 면봉을 파느냐고 물었더니 약사는 면봉은 취급하지 않으니 앞 가게에 가보라고 말했다. 결국 몇 달 전 문을 연 염가 제품을 파는 가게로 가서 진열대에서 면봉 한 봉지를 집어 들고 계산대에 놓았다. 그러자 직원이 "어, 이게 전부가 아닌데, 잠시 기다리세요" 하고 말하더니 진열대로 가서 면봉 네 봉지를 더 가지고 돌아왔다. 포장지에는 '100 + 하나더!'라고 적힌 분홍색 스티커가 붙어 있었다.

그러니까 100개들이 면봉 한 봉지가 아니라 네 봉지 묶음이 1,000원이며, 내가 계산대로 가져간 것은 그 네 봉지짜리 묶음을 사면 끼워주는 증정품이었던 것이다. 면봉 다섯 봉지가 1,000원이라니, 약간은 충격이었다. 면봉 500개가 단돈 1,000원인 세상! 나는 호기심이 발동해 포장 뒷면을 살펴보았다.

The Daiso 1,000원
본 제품은 순면 100%의 위생적인 면봉입니다.
수량 약 500개, 제조 연월일 2009. 8. 15
제조자명: Tianjie Hygiene & Health
수입자명: (주)다이소아성산업
제조국명: 중국

어떻게 이처럼 싼 가격에 제품을 만들 수 있단 말인가? 면봉 500개가 1,000원이면 1개에 2원꼴이다. 소비자들이야 좋겠지만, 제조자 입장에서는 한숨이 절로 나올 판이다. 누구나 쉽게 만들 수 있는 제품,

누구나 쉽게 할 수 있는 일은 가격이 떨어질 수밖에 없구나 하는 생각이 들었다. 특별한 아이디어, 기술, 재능, 지식을 갖추지 못한 보통 사람들의 삶이 앞으로 어떻게 전개되어 갈지 가늠해 볼 수 있는 상황이다.

순간적으로 내 머릿속에는 '무한 경쟁, 무한 가격 파괴, 무한 질주, 무한 가치' 같은 단어들이 어지럽게 스쳐 지나갔다. 능력을 갖춘 사람들에겐 멋진 세상이지만 그렇지 못한 사람들에겐 힘겨운 세상이 열리고 있다. 바로 그런 시대에 우리가 살고 있다. 시대 변화를 올바로 이해해야만 우리 앞에 닥친 문제들에 압도되지 않고 슬기롭게 살아갈 수 있다.

면봉 사건은 우리에게 많은 질문을 던진다. 당신은 더 싼값에 물건을 만들 수 있는가? 아니면 더 특별한 것을 만들 수 있는가? 그리고 이런 질문도 스스로에게 던져봄직하다. 당신은 이런 시대 변화 속에서 자신을 보호할 '그 무엇'을 가지고 있는가? 시대 흐름을 읽고 미래를 제대로 준비하고 있는가?

개인도 그렇겠지만 한 사회도 그런 시대정신을 갖기까지 오랜 시간이 걸리며 심한 혼란을 겪는다. 그런 혼란을 남의 탓, 국가 탓, 정치 지도자 탓으로 돌리기보다는 그것이 시대 변화에서 연유한 것임을 직시해야 한다.

사람들이 이런 과도기의 실체를 깨달을 때까지 혼란과 혼돈은 정도를 더해갈 것이다. 오랜 세월 열심히 일해 왔는데 내가 왜 직장을 떠나야 하나요? 꼬박꼬박 학비를 내고 열심히 공부했는데 왜 제대로 된 직장을 구할 수 없나요? 이런 질문은 과거의 패러다임에서는 충분히 납득할 만하다.

그러나 시대가 변하면 과거에 합리적이던 질문이 더 이상 합리적일 수 없으며 오히려 우둔한 질문으로 들릴 수 있다. 그럴 때 과거의 패러다임에 근거한 이런저런 대책을 내놓는 사람들이 등장하지만, 그런 대책들은 하나같이 미봉책에 그칠 뿐이고 근본적인 해결책은 되지 못한다.

시대 변화를 올바로 인식한다면 바깥에서 원인을 찾아서는 안 된다. 엉뚱한 곳을 겨냥해 총을 쏘는 것과 다를 바 없다. 개인이든 조직이든 국가든 간에 시대의 요구를 정확히 읽을 줄 알아야 한다. 바로 거기서 해결책을 모색할 수 있기 때문이다.

"누구에게나 똑같은 기회가 주어지는 것은 아니지만 누구에게나 인생을 크게 바꿀 만한 기회가 한두 번은 찾아온다. 그런 기회를 알아채고 과감하게 행동에 나서느냐 마느냐가 인생행로를 결정한다."

안정과 도전 사이에 적절한 균형을 유지하라

8

사회가 안정되어 간다는 것은 큰 성장을 이룰 기회가 그만큼 줄어든다는 것을 의미한다. 안정된 사회, 이른바 선진국에서는 개인이 큰 기회를 잡을 기회가 많지 않다. 베스트셀러 작가인 말콤 글래드웰은 『아웃라이어』라는 책에서 성공이 개인의 노력과 열정에 달렸다는 사회적 통념을 날카롭게 비판한다. 그는 전 세계 갑부 중 상당수가 1830~1940년대 산업 부흥기를 구가하던 미국에서 태어난 사람들이라는 점을 들면서, 그들이 성공할 수 있었던 것은 시대적 행운 때문이라고 주장한다.

1860~1970년대 미국은 철도가 건설되고, 월스트리트가 태동하고,

공업에 대대적인 변화가 일면서 사상 전례 없는 경제적 변혁기를 맞았다. 그 시기에 청장년기를 보낸 사람들, 이를테면 철강왕 카네기(1835년생)나 석유왕 록펠러(1839년생) 같은 사람들은 기업을 크게 키울 수 있는 우호적인 시대 환경을 만났고, 그 덕분에 큰 성공을 거둘 수 있었다는 것이다.

한 인간의 성공에서 좋은 가정환경, 좋은 시대 환경을 만난다는 것은 대단한 행운이다. 한국의 경우에도 1960~1970년대에 급속히 부를 축적한 재벌 기업 오너들의 성장사를 살펴보면 그런 주장이 충분히 입증된다. 오늘날 중국과 인도에서 속속 등장하는 부호들도 급속한 경제성장기의 산물이라 할 수 있다. 한국은 이미 그런 고성장의 시기를 지났으며, 그런 시대는 다시 오기 힘들 것이다.

기회가 없는 것은 아니지만, 대다수 사람들은 수익률 기준에서 볼 때 평균 수익률에 만족하는 그런 사회에서 살아가게 되었다. 누가 좋은 시절 다 갔다고 말한다면, 과거에 비해 큰 기회를 잡을 수 있는 가능성이 현저히 줄어들었다는 뜻으로 이해하면 된다.

하지만 그렇다고 해서 지레 포기해선 안 된다. 어느 시대든 새로 시장에 진입하는 사람들은 앞 세대가 모든 기회를 가져가버린 탓에 자신들에겐 희망이 없다고 툴툴거리지만 실상은 그렇지 않다. 록펠러의 다음과 같은 말을 새겨들을 필요가 있다.

"젊은 사람들은 우리 늙은이들이 좋은 시절을 다 살아왔기 때문에 오늘날 젊은 사람들이 할 일이 별로 남아 있지 않다고 투덜거린다. 그들은 이미 모든 관문이 막혀버렸고 이루어질 수 있는 모든 업적들이 다 이루어진 것처럼 말한다. 그러나 그들은 틀렸다. 내가 세상에 태어났던 시절이 캄캄한 한밤중이었다면, 지금은 눈이 부시게 찬란한 대낮이다."

— 조 바이텔, 『자기 긍정의 힘』

록펠러의 시대가 저물고 난 뒤 더 이상 기회가 없었는가? 미국 사회는 전후 특수와 1960년대 황금기를 거치면서 사람들에게 크고 작은 수많은 기회를 선사했다.

지나친 안정지향주의가
더 위험할 수도 있다

지금 우리는 변동성이 크게 증가한 시대에 살고 있다. 과거처럼 대부호가 되는 경우는 드물겠지만 부의 재편이 일어날 여지는 항상 존재한다. 따라서 개인 차원에서 주도적으로 기회를 잡기 위해 노력해야 한다. 젊은 시절에는 더더욱 그렇다.

무엇보다 기회를 붙잡으려면 적절한 리스크를 안을 수 있어야 한다. 리스크를 안지 않겠다는 이야기는 기회를 포착하고 활용하지 않겠다는 뜻이다.

그런데 지금 우리 사회는 지나치게 안정 지향적으로 흐르고 있다. 특히 요즘 젊은 세대는 지나치다는 말로도 부족할 만큼 위험을 멀리하고 안정에만 매달리는 경향이 있다.

평균 수명은 갈수록 늘어난다. 그렇다면 우리는 리스크를 안는 것을 인생 전반의 관점에서 생각할 필요가 있다. 나이가 들수록 리스크를 안음으로써 지불해야 하는 비용은 커진다. 따라서 위험 비용이 상대적으로 적은 젊은 시절에는 충분히 리스크를 안고 도전해 볼 만하다. 안정 또 안정을 외치는 사람들은 이미 선택한 길 그리고 웬만큼 소득이 보장되는 일자리에 안주해 더 이상 기회를 탐색하는 일에 관심을 두지 않는다. 물론 그것도 나쁘지 않은 선택이다. 하지만 세월이 흐른 뒤 자신의 삶을 엄정하게 평가할 때 과연 후회 없는 인생이었다고 자평할 수 있겠는가?

『행복에 걸려 비틀거리다』라는 책으로 널리 알려진 하버드대학 심리학과 교수 대니얼 길버트는 자신의 저서에서 많은 이들이 어떤 일을 해서 후회하는 것보다 과거에 기회가 있었는데도 도전하지 않은 일들을 두고 더 많이 후회와 아쉬움을 느낀다고 한다.

다행히 나는 소소한 후회는 있지만 큰 후회는 없다. 좀더 나은 기회를 잡기 위해 미래의 불확실성을 견디며 한 걸음 한 걸음 내딛어왔기 때문이다. 도전이 없으면 자유도 없다는 것이 내 굳건한 믿음이다.

긴 인생에서 경제적 자유를 확보하는 일은 자신을 위해서도 가족을 위해서도 대단히 중요하다. 또한 안정에 대한 가치 평가는 사람마다 다르겠지만, 삶을 고정된 어떤 것으로만 받아들이면 재미라는 부분도 크게 떨어진다. 변화에 대해 열린 태도를 유지하면서 더 나은 미래를 향해 나아갈 때 삶은 더 흥미진진해질 수 있다고 생각한다.

누구에게나 똑같은 기회가 주어지는 것은 아니지만 누구에게나 인생을 크게 바꿀 만한 기회가 한두 번은 찾아온다. 그런 기회를 알아채고 과감하게 행동에 나서느냐 마느냐가 인생행로를 결정한다.

나의 경우 마흔을 막 넘긴 시점에서 내린 전직 결정은 내 인생을 바꿔놓은 중대한 결단이었다. 시대 변화를 감지한 것, 그로 인해 가치 체계의 변화를 경험한 것, 자신의 판단을 믿고 과감히 행동에 나선 것이 오늘의 나를 있게 했다. 젊은 부자들을 만나면서도 비슷한 느낌을 받는다. 이것저것 너무 재지 않고 안정적인 직장을 떠났던 것은 내 인생의 가장 멋진 결정 중 하나였으며, 나는 그 결정에 대해 자부심을 느낀다. 현실에 안주하지 않고 변화를 수용하고 과감하게 도전한 자신에 대한 긍지 말이다.

요컨대 변화가 가져다주는 위기와 기회에 관심을 기울이고, 신중하게 그리고 시의 적절하게 기회를 잡을 수 있도록 노력해야 한다. 앞서 말했듯이 안정된 사회로 접어든다는 것, 선진국으로 진입한다는 것은 분명 기회가 줄어든다는 것을 의미한다. 그러나 그것은 평균적인 의미에서 그렇다는 말이다.

개개인에게 평균값은 별 의미가 없다. 자신만의 독특한 기회를 만들어내는 일은 결국 개개인의 역량과 노력, 결단에 달렸다. 돌이켜보면 기회는 언제나 슬며시 다가왔던 것 같다. 기회다 싶을 때 재빨리 붙잡아야 한다.

그러려면 항상 준비되어 있어야 하고 깨어 있어야 한다. 기회를 알아채고 결단을 내리고 구체적인 행동에 나섬으로써 우리는 한 단계 크게 도약할 수 있다.

변화가 가져올 위험과 기회를 동시에 볼 줄 알아야

그러나 자본주의 사회에서 기회를 잡고 이를 토대로 도약을 이룬다는 것은 절대 쉬운 일이 아니다. 알랭 드 보통은 『일의 기쁨과 슬픔』에서 누구에게나 성공 가능성이 열린 시대라고 말하지만 현실적으로는 지독히도 성공 가능성이 낮다는 사실에 대해 이렇게 말한다. "오늘날 자본주의 사회의 정점에 오를 가능성은 400년 전에 프랑스에서 귀족이 될 가능성보다 아주 약간 더 클 뿐이다." 자본주의가 고도화될수록 그의 지적은 더더욱 진실로 판명될 것이다.

기회를 살려 큰 성공을 거두는 대표적인 사례로는 벤처 기업가가 제격일 것이다. 그렇다면 이들의 성공 가능성은 과연 얼마나 될까?

예전에 한 모임에 참석했다가 국제적인 벤처캐피털 기업에 근무하는 분으로부터 들은 이야기가 이에 대한 답변이 될 것 같다.

"미국 본사의 경우 1년에 1만 2,000건에서 1만 5,000건 정도 사업 계획서를 받습니다. 그중 2,000건 정도가 검토 대상이 되는데, 1차 프레젠테이션 기회를 얻는 것은 고작 700~800건입니다. 2차, 3차 프레젠테이션을 거쳐 최종 투자처로 결정되는 것은 20~30건밖에 안 됩니다. 3~4년 후 투자 회수가 가능한 곳은 한두 군데로, 적게는 10배에서 100배 또는 그 이상의 투자 수익을 거두게 되지요. 나머지 한두 곳은 2~3배의 수익을 내는 데 그칩니다. 한국의 경우는 매년 1,000건의 사업 계획서를 받는데, 그중 200~300건이 검토 대상이 되고, 실제로 투자가 이뤄지는 것은 3~4건에 불과합니다."

미국 코넬대학교의 존 네샤임(John L. Nesheim) 교수는 창업의 성공 가능성이 얼마나 낮은지 실증적 연구를 통해 보여준다. 새로운 아이디어와 기술로 무장한 신생 벤처기업이 나스닥이나 뉴욕 증권거래소에 입성할 만큼 성공할 확률은 겨우 0.0006퍼센트에 불과하다는 것이다. 이는 신생 벤처기업 1만 곳 중에서 단 여섯 곳만이 상장 기회를 얻는다는 말이다.

참으로 좁고 험난한 길이다. 알랭 드 보통은 『일의 기쁨과 슬픔』에서 이렇게 낮은 성공 가능성에도 불구하고 창업을 찬양하는 이 시대의 특징을 이렇게 묘사한다. "중세의 우리 조상들에게 망자의 영혼을 위한 기도 의식이나 여성의 처녀성 보호가 그랬던 것처럼, 현대에는 회사의 창업이 우리의 이상에서 중심을 이루고 있는지도 모른다." 그 치열한 여과 과정을 거쳐 영광의 월계관을 쓰는 것은 정말이지 극소수다.

결국 삶에서 얼마나 위험을 안고 도전할 것인지 그리고 얼마나 안정에 비중을 둘 것인지는 개인의 인생 목표와 가치관에 크게 의존하기 때문에 모범 답안은 없다.

그러나 날로 평균 수명이 늘어나는 시대에 인생 초반부터 지나치게 안정 지향적인 삶을 추구하는 것은 오히려 위험할 수도 있다는 생각이든다. 젊어서부터 지나치게 안정적인 삶만 고집하다가 인생의 중후반기에 경제적인 문제로 고민하는 주변의 지인들을 보면서 갖게 된 내솔직한 생각이다.

기회를 잡기에 앞서 유념해야 할 것은 충분히 자신을 보호할 수 있어야 한다는 점이다. 위기가 닥쳤을 때 자신을 보호하는 일은 자신의 책임이다. 더욱이 변동성이 커져가는 시대적 특징을 고려하면 위험으로부터 자신을 보호하는 일은 정말 중요하다. 한순간에 모든 것을 잃어버릴 수 있다는 사실을 명심하자. 금전적 손실도 뼈아프지만 그것을 만회하기 위해 인생의 귀중한 시간까지 날려버리는 최악의 상황만은 피해야 한다.

아슬아슬한 줄타기,
하지만 방법은 있다

그러면 안정과 도전 사이에서 균형을 유지할 묘책이 있을까? 불행히도 모든 사람에게 적용되는 일반적인 공식은 없지만, 몇 가지 지침이 될 만한 사항은 정리해 볼 수 있다.

먼저 자신에 대한 정확한 이해가 필요하다. 자신의 장단점을 정확히 아는 것은 어느 정도 위험을 감수할 것인지 결정하는 데 중요한 요소다. 사람마다 타고난 기질 차가 있고, 그로 인해 감당할 수 있는 리스크 양이 다르다. 조직 생활에 잘 맞는 사람도 있고 사업가로서 재능 있는 사람도 있다. 결정론적인 사고방식이라고 비판할지도 모르겠지만, 사람에게는 후천적으로 배워 얻을 수 없는 타고난 기질이란 것이 분명히 존재한다.

다음으로 중요한 것은 삶과 일에서 자신이 기대하는 것, 즉 자신의 욕망을 정확히 파악하는 것이다. 어떤 사람은 리스크를 안기보다는 기대 수준을 낮추는 쪽을 선택하고, 어떤 사람은 남 밑에서 일하기보다는 스스로 우두머리가 되어 삶을 개척해 나가는 쪽을 선택한다. 이 둘은 분명한 차이가 있다. 나의 경우 후자에 가까운 스타일이기 때문에 결국 조직을 떠났다.

그리고 무슨 일이든 열심히 하면서 동시에 기회의 그물을 넓게 펼쳐 두는 것도 중요하다. 기회를 포착할 가능성이 그만큼 커지기 때문이다. 기회가 언제 어떤 형태로 찾아올지는 아무도 모른다. '이것이 기회다' 하고 알아채기 위해서는 고도의 감각과 판단력이 필요하며, 기회를 포착해 행동에 나서는 타이밍도 삶을 크게 바꾸는 요인이 된다.

무조건 누구에게나 기회를 붙잡고 도전하라고 권하고 싶지는 않다.

도전에는 항상 위험이 따르며 자칫 모든 것을 잃을 수도 있기 때문이다. 세상에는 승자들의 이야기가 많지만 그 뒤에는 수많은 패자들의 이야기가 숨겨져 있다. 결국 판단과 행동은 여러분의 몫이다.

2장
사회적 선택

"우리의 사회적 선택 과제는 자조, 근면, 절약, 미래 준비 같은 말들이 시대정신의 중요한 부분이 되도록 만들어가는 일이다. 이는 정치 지도자가 변화된 환경을 정확히 이해하여 그것을 국민들에게 적극적으로 알리고, 국가가 문제를 해결할 수 있는 여지가 제한적임을 설득하는 일이다."

변화의 실상과 함께
국가의 한계를 분명히 알려라

1

아무도 거스를 수 없는 대세라는 것이 있는데, 글로벌 자본주의의 확산과 심화는 우리 시대의 대세다. 글로벌 자본주의의 빛과 그림자에 대해서는 앞서 충분히 살펴보았다. 글로벌 자본주의, 한마디로 효율성 지상주의가 곳곳에서 승리를 구가하고 있고 앞으로 더욱더 그럴 것이다. 머지않아 지구촌 전역에서 효율성은 개인, 조직, 국가간의 승패를 가르는 엄격한 잣대로 자리 잡을 것이다. 더 저렴하게, 더 효율적으로, 더 매력적으로, 더 신속하게 변신할 수 있는 곳을 향해 그렇지 못한 곳으로부터 자본·공장·인재·아이디어가 계속 흘러들 것이다.

그리고 더 잘살고 싶은 인간의 욕망이 변화와 혁신에 박차를 가하고 있다. 우리가 발 딛고 선 땅 밑에서는 거대한 지각 변동이라 부를 만한 큰 변화들이 일어나고 있으며, 이런 변화의 실상과 파급 효과를 정확히 파악하고 발 빠르게 대처하는 사람들이 승리의 주역으로 등장하게 될 것이다.

잘살고 싶은 욕망이 가득하고 성장 인프라도 탄탄한 한국

글로벌 금융 위기로 인해 지구촌 곳곳은 불황을 겪었지만, 더 나은 삶을 향한 각국의 노력은 과거보다 훨씬 더 치열하다. 세계은행은 매년 비즈니스에 영향을 미치는 세계 각국의 규제를 조사하고 친비즈니스 개혁 사례를 제시하는 〈기업 환경 보고서(Doing Business)〉를 발표한다.

2008년 6월부터 1년 동안 보고된 131개국의 친비즈니스 개혁 사례는 287건이었다. 이것은 2004년 첫 조사가 실시된 이래 한 해 동안 가장 많이 보고된 건수다. 특히 저소득 국가들이 3분의 2를 차지할 정도로 이런 변화에 열심이었다.

경제 위기가 닥칠 때마다 부정적인 미래 전망을 내놓는 사람들도 있지만 세상이 더 나은 상태로 나아갈 것이라고 예상하는 일이 결코 어렵지 않음을 엿볼 수 있다. 앞으로도 불황과 호황이 씨줄과 날줄처럼 엇갈리고 때에 따라 경제 위기도 닥치겠지만, 세상은 더 나은 상태를 향해 계속 나아갈 것이다.

특히 대한민국은 잘살고 싶어하는 사람들의 에너지가 차고 넘치는 나라들 중에서도 손꼽을 만큼 인상적인 국가다. 한국인은 지나치다고 할 만큼 욕심과 에너지가 강하다. 그리고 한국은 성장 기반이 되는 제조·금융·교육·정부 인프라도 잘 갖추어져 있다. 따라서 지속 성장을 가로막는 다양한 도전 과제들을 만나겠지만 이를 무난히 극복하고 성장해 나아갈 것으로 본다.

이런 전망을 뒤집을 만한 변수가 딱히 있을까? 급격한 정치 환경 변화와 재정 건정성의 악화 정도를 꼽을 수 있겠지만, 이 또한 성장을 향한 시장의 강력한 힘을 막아낼 도리가 없을 것으로 본다.

나는 몇 년 전 『10년 후, 한국』이란 책을 썼을 때보다 한국 사회의 미래에 대해 긍정적인 시각을 가지고 있다. 당시만 해도 비슷한 색깔의 정권이 계속될 것으로 보았다. 그러나 앞으로 아주 예외적인 상황이 벌어지지 않는 한 한국 사회에서 정치가 경제를 압도하는 일이 벌어질 가능성은 낮아 보인다. 이미 한국은 시장의 힘이 정치의 힘을 능가하는 사회로 접어들었다.

물론 이러한 흐름에 있어 위험이 없는 것은 아니다. 만약 한국 사회에 또다시 위기가 닥친다면 공공 부문의 채무 문제, 즉 재정 건정성 악화 같은 문제 때문일 것으로 본다. 지금까지 해온 일들을 미뤄볼 때 한 가지 확실한 것은, 이명박 대통령은 퇴임을 즈음해 'MB 정권의 최대 치적 중 하나는 최단기간에 국가 부채와 공기업 부채 규모를 최고로 끌어올린 것'이라는 평가를 받게 될지도 모른다.

단임제와 맞물려 재정 건정성에 대한 규율이 계속 무너지고 있는 상황에서 그리스, 스페인, 포르투갈 같은 남유럽 국가들의 재정 위기 사태는 시사하는 바가 크다. 물론 상황이 악화되기 전에 문제의식을 느끼고 대비책을 마련할 수 있으리라는 낙관적인 기대를 가져본다. 결론적으로 정치가 최악의 상황을 자초하지 않는 한 보통 사람들의 주도 하에 한국은 더 나은 사회로 나아갈 것이다.

한국 사회의 변화와 혁신의 속도는 한국인의 삶을 결정하게 될 것이다. 변화와 혁신을 통해 부가가치 사슬을 얼마나 빨리 타고 오를 수 있느냐는 점에서 나는 한국인과 한국 기업의 능력에 후한 점수를 주고 싶다. 문제는 한국 사회의 다른 부분들이 제대로 보조를 맞출 수 있느냐는 것이다.

이번 글로벌 경제 위기를 통해 우리는 제조업 기반이 얼마나 중요한지, 그리고 금융업이 만들어내는 가치에 국가 경제 성장이 과도하게 의존하는 것이 얼마나 위험한지를 배웠다. 글로벌 자본주의 체제에서 한국이 주변국으로 밀려나지 않으려면 사회 전반에 걸친 균형 잡힌 산업 포트폴리오를 짜고 이를 바탕으로 혁신 속도를 높여 나가야 한다. 대한민국의 미래는 개인과 조직, 국가가 얼마나 신속하게 가치 혁신에 성공하느냐에 달려 있다.

시대 흐름과 무관한 주관적이고 과거 회귀적인 비교에 근거해 현재와 미래를 진단하지 말아야 한다. 현실을 있는 그대로 인정하고 대안을 찾는다면 승자의 대열에 낄 가능성은 한층 높아질 것이다.

효율성 지상주의는 저효율과 고비용에 대해 어떻게든 비용을 지불하도록 요구할 수밖에 없다. 변화를 거부하고 미적거리다가는 미래의 어느 날 혹독한 대가를 치러야 할지도 모른다는 사실을 명심하자.

시대 변화와 미래 전망을
국민에게 정확히 전달하라

시대 흐름을 읽고 예측하는
데는 지식인, 연구소, 대중 매체의 역할이 중요하다. 안타깝게도 이들
가운데 일부가 특별한 저의를 갖고 시대와 동떨어진 주의나 주장을 많
은 이들에게 강요할 때 나라 일을 맡은 사람들은 적절한 역할을 수행
해야 한다.

특히 독과점 체제를 유지하는 일부 방송사들이 일반인들에게 자신
의 논리를 반복적으로 주입해 온 과거의 잘못은 반드시 시정되어야
한다.

시대 변화를 어떻게 바라보느냐 하는 문제는 현재와 미래에 대한 해
석과 깊은 연관이 있다. 시대를 올바로 해석할 수 있는지 여부는 집권
세력, 특히 실질적으로 나라를 이끌어가는 소수의 관점과 능력에 크게
좌우된다. 만약 그들이 시대를 올바로 해석한다면 대중에게 정확한 정
보를 전달할 책임감을 강하게 느낄 것이고, 그러기 위해 대중 매체나
연구소들을 적절히 활용할 것이다.

물론 집권 세력이 여론을 조작해 자신들에게 유리한 관점을 일방적
으로 강요하는 것은 결코 용납될 수 없는 일이다. 최소한 사실이 왜곡
되어 전달되는 일만은 막아야 하며, 최대한 사실이 있는 그대로 전달
되도록 노력해야 한다. 실제로 지금 일어나고 있는 일들의 실상과 그
의미 그리고 앞으로의 전망은 판단의 영역이 아니라 사실의 영역에서
다뤄져야 한다.

우리는 사적 이익이나 편견에 치우친 얼토당토않은 주장을 합리화
하기 위해 사실을 왜곡하는 사례들을 최근까지도 목격했다. 그리고 그

런 일들이 엄청난 사회적 비용과 혼란을 초래하는 것도 목격했다. 사람들은 대중 매체에 의해 걸러진 사실을 중심으로 세상을 이해한다. 대중 매체가 사실을 공정하게 보도해야 사회 구성원들이 세상을 올바로 바라볼 수 있다.

그런데 이 일 역시 대중 매체 종사자들의 자유로운 판단에만 맡겨두어선 안 된다. 그것은 곧 편집권을 가진 사람들의 관점이 기사에 과도하게 반영되는 것을 허용하는 일이기 때문이다.

모든 권력은 적절한 규제와 감시 감독이 없으면 남용될 수 있음을 기억해야 한다. 권력은 그것이 단순한 영향력이든 경제적 권력이든 간에 그에 대한 책임을 져야 한다. 더 근원적인 처방은 독과점적인 지위를 허물고 경쟁 체제로 나아가도록 만드는 일이다. 상품 시장뿐만 아니라 의견이나 주장의 시장도 경쟁적인 환경이 조성되어야 한다.

홍보나 계몽 같은 일을 구시대 산물이라고 여기는 사람도 있겠지만 국가 지도자에게는 여전히 중요한 사안이다. 시대 흐름에 대한 자신의 굳은 신념을 국민들에게 적극적으로 알리고 그 정당성을 설득하는 데도 힘을 쏟아야 한다. '알아서 잘하겠지'가 아니라 '이것만은 알아야 합니다'라는 태도로 접근해야 한다.

사기업 성격의 대중 매체에 대해서는 치열한 경쟁이 이뤄지는 상업 원리가 지배하도록 만들고, 국가 세금이 직간접으로 투입되는 대중 매체에 대해서는 변화하는 세상의 실상을 공정하고 객관적으로 알리는 언론의 책임을 다하도록 만들어야 한다.

더욱이 대중 매체의 무게중심이 활자에서 영상으로 이동하고 있는 현실을 고려해 국가 지도자는 영상 매체의 환경 조성에 특별한 관심을 가져야 한다.

최근 진행되고 있는 방송업계 개편 작업에서도 정권의 이익을 넘어 나라의 앞날을 고려한 의사 결정을 내리는 것이 바람직하다. 어떤 정치적 상황에서도 특정 방송의 편파적인 의도가 여론을 좌지우지하지 않을 수 있는 대중 매체 환경 조성에 초점을 맞춰야 한다.

자조 정신을 꺾는 지나친 온정주의를 경계하라

또한 우리의 사회적 선택 과제는 자조, 근면, 절약, 미래 준비 같은 말들이 시대정신의 중요한 부분이 되도록 만들어가는 일이다. 이는 정치 지도자가 변화된 환경을 정확히 이해하고 그것을 국민들에게 적극적으로 알리는 일이며, 동시에 국가가 나서서 문제를 해결할 수 있는 여지가 제한적임을 설득하는 일이다.

다시 말해 국가가 모든 영역에서 국민 개개인을 도울 수 없다는 사실을 솔직히 밝혀야 한다. 인기에 연연하는 지도자일수록 약속을 남발한다. 이런 약속들이 단임제와 맞물려 국가의 재정 건전성을 악화시킨다. 좁은 의미의 국가 부채뿐만 아니라 넓은 의미의 국가 부채 증가로 이어지는 것은 물론이다.

계층간, 소득간 격차가 확대되어 가는 시대에 대중적 인기에 영합하는 포퓰리즘은 어려움에 빠진 국민들을 돕는다는 인간적인 모습을 띠기 때문에 적극적인 반대자가 나오기 어렵다. 자칫 잘못하면 냉혹한 인물이라는 비난을 살 수도 있기 때문이다. 결국 자조 정신이 뿌리 내리지 못한 국가나 건전한 시대정신이 자리 잡지 못한 사회는 곤경에

처할 가능성이 높다.

몇 달 전에 교육열이 높은 경기도의 한 중학교를 방문했는데, 오랜 세월 교육 현장을 지켜온 학교장이 귀담아들을 만한 이야기를 해주었다. 요즘은 결손 가정 아이들을 지원하는 제도가 다양해 본인이 마음만 먹으면 얼마든지 열심히 공부할 수 있는 환경이지만 그런 제도가 아이들의 장래에 부정적인 영향을 미칠 수도 있다는 우려의 말을 전했다.

"제가 일선에서 그런 제도를 시행하면서 느끼는 것은 도움을 주는 것만이 능사가 아니라는 점입니다. 아이들이 지나친 의타심을 갖게 될까 봐 걱정입니다. 도움을 당연하게 여기는 아이들이 늘고 있어요. 나중에 자립해서 자신이 받은 도움을 사회에 돌려주겠다고 생각하는 아이들은 소수에 불과합니다. 평생 남에게 의존하는 인간을 만드는 게 아닌가 하는 생각이 자주 듭니다. 제가 걱정하는 것은 바로 그 점입니다."

얼마 전 사석에서 만난 한 유명 영어 강사로부터 이런 이야기를 듣기도 했다. "시대가 정말 많이 좋아졌어요. 요즘은 온라인 강좌 수준이 상당히 높아져서 본인이 공부할 의지만 있으면 얼마든지 명문대에 들어갈 수 있습니다. 제 고향에서 이번에 서울 의대에 간 친구가 나왔거든요. 예전 같으면 상상도 못할 일이지요. 이제 전국 어디서나 강남 최고수 선생님들의 강의를 저렴한 비용에 들을 수 있게 되었습니다."

중요한 것은 개인의 자활 의지다. 이처럼 중요한 능력을 지나친 온정주의나 포퓰리즘 성격의 정책으로 꺾어버려서는 안 된다.

포퓰리즘에 영합한
시혜성 정책은 위험하다

따라서 국가의 한계를 제대로 인식하고 이를 적극적으로 설득할 수 있는 반듯한 세계관, 즉 신념 체계를 갖춘 지도자를 뽑는 일이야말로 중요한 사회적 과제다. 국가 지도자는 국가가 도울 수 있는 일이 제한적이며 급변하는 시대를 살아가려면 개인의 운명은 무엇보다 먼저 개인이 책임져야 한다는 사실을 적극적으로 알려야 하고, 국민은 그런 지도자를 뽑아야 한다. 만약 쉽사리 시대 상황에 압도되어 버리는 국가 지도자를 뽑는다면 두고두고 사회에 부담을 남기게 될 것이다.

요컨대 시혜성 공약을 남발하는 포퓰리즘 성향이 짙은 지도자를 뽑는 일만은 피해야 한다. 우리 사회에는 여전히 그런 위험이 남아 있다. 두 가지 위험을 들 수 있는데, 하나는 원래부터 포퓰리즘 성향이 강한 인물을 지도자로 뽑는 경우이며, 다른 하나는 신념 체계가 굳건하지 못한 인물이 당선되어 포퓰리즘 성격이 짙은 정책을 남발하는 경우다.

두 경우 모두 언제든지 일어날 가능성이 있다. 특히 글로벌 자본주의의 전개와 함께 불확실성이 증가하고, 격차가 확대되고, 매체 환경이 변하면서 단기간에 대중적인 인기 몰이에 성공한 인물이 집권할 가능성이 한층 높아졌다.

우리는 포퓰리즘 성향의 지도자가 남긴 부정적 유산이 얼마나 큰지 이미 겪어봐서 안다. 지역 균형 발전에 대한 믿음을 역설하던 전직 대통령은 유명을 달리했지만, 그가 남긴 정책은 여전히 경제적 낭비와 사회적 갈등의 원인이 되고 있다.

또한 일자리 만들기 역시 포퓰리즘으로 흐르지 않도록 해야 한다. 일자리 창출을 위해 효과가 의문시되는 보여주기식 정책을 만들어서 집행하고 이를 위해 재원 염출을 위한 증세정책이 추진된다. 노동시장 경직성에 대한 수술과 같은 조치들 대신에 보여주기식 정책은 사용자로 하여금 오히려 추가적인 신규 고용에 더 보수적인 태도를 취하게 만든다. 이런 일들이 별다른 고민 없이 우리 사회에서도 계속될 것이다.

정부의 씀씀이를 줄이는 체계적인 노력 필요

당장의 이익을 보장하는 달콤한 정책들은 국민의 환심을 사지만, 재정 적자 누적이 경제 위기와 맞물려 파열음을 내기 전까지 그런 정책의 어두운 부분들은 가려진다. 우리 사회는 이 점을 경계해야 한다. 특히 지금 같은 단임제 하에서는 누가 대통령이 되더라도 한껏 선심을 베풀고 떠나버리는 관행이 반복될 우려가 있다.

이유야 어쨌든 간에 좁은 의미의 국가 부채는 증가 일로를 달리고 있다. 2001년에 122조 1,000억 원(GDP의 18.7퍼센트)이던 국가 부채는 2008년에 308조 3,000억 원(GDP의 30.1퍼센트), 2009년에는 366조 원(GDP의 35.6퍼센트)까지 늘어났다. 그리고 올해는 사상 처음 400조 원 돌파가 확실하다. 외환위기 직후인 1998년 93조 6,000억 원이었던 점을 고려하면 12년 만에 4.4배나 늘어났다. 경제 위기 극복이라는 예상치 못한 상황도 국가 부채 증가에 한몫했지만 현 정권의 시혜성 정책 남발이 차지하는 비중도 결코 무시할 수 없다.

국가 부채 문제만 나오면 관계자들은 하나같이 선진국에 비해 한국은 아직 건전한 편이니 문제될 것이 없다고 말한다. 그러나 공기업 부채까지 포함하면 이야기는 달라진다. 2008년에 157조 원이던 10대 공기업 부채가 2012년이면 302조 원까지 늘어날 전망이다.(2009년 9월 김성조 의원실 분석 결과)

문제는 여기에 그치지 않는다. 4대 공적 연금과 국가 보증 채무까지 더한 가장 넓은 의미의 국가 채무는 2004년 810조 3,000억 원에서 2008년에는 1,296조 2,000억 원에 이르고 있다.

더욱이 현재 4대강 사업, 세종시 건설 사업, 새만금 개발 사업, 대학생 학자금 융자 대출 같은 대형 프로젝트들이 줄줄이 기다리고 있는 실정이다. 그러나 현 정권 들어 정부의 씀씀이를 줄이려는 체계적인 노력은 거의 이뤄지지 않고 있다.

한국에서 예산은 '공공의 비극'이 적용되는 대표적인 분야다. 행정 부처나 지방단체들은 공유 재산인 예산을 최대한 활용해 제 이익 챙기기에 바쁘다. 누구의 재산도 아니기 때문에 누구도 문제의 심각성에 관심을 두지 않는다. 남보다 더 많이 끌어다 쓰면 장땡이라는 분위기가 지배적이다. 계속 지출안을 만들어내고 그에 맞춰 세입을 만들어내면 그만이다.

결국 세수 증대를 위해 경제 주체들의 부담만 늘리고 있다. 앞서 지적했듯이 이런 상황을 어떻게 뒤집을 것이냐는 한국 경제가 안고 있는 큰 도전 과제다.

이웃 나라 일본의 상황은 '반면교사'로 삼을 만하다. 일본의 국가 채무 총액은 1,033조 엔(2004년 기준)이며, 세수는 44조 엔 그리고 세출은 82조 엔이다. 경제평론가 오마에 겐이치는 『부의 위기』라는 책에서 이런 일본의 상황을, 빚을 1억 엔 넘게 지고도 연소득 440만 엔을 초과해 820만 엔이나 지출하는 가정에 비유한다. 그는 어떻게 이런 상태가 계속될 수 있느냐고 반문한다.

그는 정부 지출의 40퍼센트가 공무원 월급으로 나가는 상황을 두고 재미있는 사례를 든다. "지방 공항에 가면 해외 노선이 하루에 한 편밖에 없어도 출입국 관리나 세관 직원, 경비 직원이 각각 배치되어 있다. 그 한 편이 오는 때 말고 다른 시간에 이 사람들은 과연 무엇을 할까?" 또한 정보 통신 인프라를 활용한 아웃소싱만으로도 일본 정부의 비용 지출을 현재의 10분의 1 수준으로 줄일 수 있다고 말한다.

한국은 일본에 비해 상황이 나은 편이긴 하지만, 최근 일본 위기에서 비대해진 공공 부문이 빨아들이는 엄청난 재원과 각종 개입 문제가 큰 역할을 하고 있다는 사실을 명심해야 한다.

"한국을 저비용 고효율 사회로 만들어가기 위한 혁신과 개혁은 살벌한 사회를 만드는 것이 아니라 궁극적으로 보통 사람들이 살기 좋은 사회를 만드는 것이다."

사회 전체의 생산성과 효율성을 높여라

2

거듭 말하지만 보통 사람들의 실질 임금 이 더 이상 쑥쑥 성장하기는 어려울 것이다. 그렇다면 실질 임금 상승에 맞먹는 효과를 내는 정책이 대안이 될 수 있다. 그 하나가 바로 전반적인 생활 물가를 낮추는 정책이다.

이런 정책을 두고, 개인의 자유를 역설하는 사람들은 시장 가격을 조정하기 위한 정부 개입에 반대할 수 있다. 원칙적으로 시장 가격은 생산자와 소비자의 보이지 않는 손에 의해 결정되어야 한다. 그러나 시장이 과점화되어 있거나 완전 경쟁이 이뤄지지 않는 상태라면 시장 가격 자체에 보이는 손의 개입은 얼마든지 가능하다.

그런 면에서 가격 결정에 대한 충분한 연구 조사를 통해 추가적인 가격 인하 가능성은 없는지 검토하고, 만약 개선 가능성이 있다면 정부 개입은 합리화될 수 있다. 그러나 이때도 정부가 직접 개입하는 가격 통제 같은 정책은 피해야 한다.

가계 지출을 조사해 보면 양육비, 교육비, 의료비, 주거비, 교통비, 통신비 등이 앞서거니 뒤서거니 하면서 높은 비중을 차지한다. 이 가운데 통신비, 주거비, 교통비처럼 시장 자체가 독과점적 성격을 띠는 경우도 있고, 자의반타의반으로 업체에게 일정한 이익을 보장해 주는 유사한 제도들도 있다. 물론 정부가 사기업의 수익에 개입할 때는 부작용을 염두에 두고 신중하게 행동해야겠지만, 시장이 과점화되어 있고 생필품 성격이 강한 품목이라면 추가적 가격 인하에 대한 정부 개입의 여지가 있다고 생각한다.

최근 공정거래위원회가 일부 기업들의 담합 행위에 대해 시정 조치를 내린 것은 시장 구조 자체에서 비롯되는 고물가 구조를 개혁하기 위한 노력으로 볼 수 있다. 기업들은 억울함을 호소하고 관계 당국은 과징금 부과의 정당성을 주장하고 있는데, 앞으로 누가 옳은지는 법의 결정을 기다려볼 일이다.

| 서비스업의 저효율, 일본만의 문제가 아니다

지난해 9월 15일 《뉴욕타임스》는 일본의 '엘리베이터 걸' 사례를 중심으로 일본의 생산성 문제를 집중적으로 거론한 바 있다. 요지는 세계에서 가장 교육을 잘 받은 노동력을 엘리베이터 안내원 같은 일자리에 허비할 필요가 있느냐는 것이다. 일본의 경우 세계 시장에서 높은 경쟁력을 보이는 전자와 자동차 같은 제조업 분야와는 대조적으로 내수용 서비스업은 저조한 생산성을 나타내며, 그로 인해 노동 생산성이 OECD 회원국 중 19위로 미국의 70퍼센트에 그친다는 지적이다.

엘리베이터 안내원 사례에 그치지 않고 서비스업의 낮은 생산성은 일본 사회 전반에서 확인되며, 일례로 일본의 소매업체 매장당 직원 수는 OECD 회원국 평균의 2배에 이른다고 한다.

이런 사회적 생산성, 효율성의 문제는 우리도 고민해야 할 대목이다. 최근 일부 대기업의 기업형 슈퍼마켓(SSM) 진출을 둘러싸고 영세 상인들이 크게 반발한 경우만 해도 그렇다. 영세 상인 보호 정책을 시행할 경우 눈에 보이는 비용, 즉 영세 상인들의 매출 감소와 도산 문제는 당분간 피할 수 있겠지만, 생산성 낮은 동네 슈퍼마켓이 생산성 높은 SSM 등에 의해 대체되지 못함으로써 발생하는 고비용 저효율은 결국 물가와 소비자의 편의에 영향을 미칠 수밖에 없다.

물론 SSM 문제는 경제 논리 외에 정치 사회적 논리도 충분히 고려되어야 한다. 하지만 장기적으로 대자본이 주도하는 시장 재편에서 비껴갈 수 있는 분야가 과연 얼마나 될까? 한국과 일본 모두 내수 서비스업의 낮은 생산성 문제는 경제 전반의 효율성 제고와 일자리 창출의 관점에서 접근해야 할 문제라고 생각한다.

병원을 방문할 때마다 드는 생각은, 왜 비싼 돈을 들여가며 똑같은 검사를 이 병원에서도 받고 저 병원에서도 받아야 하느냐는 것이다. 개인의 건강 관련 정보를 데이터베이스화해 개인 동의하에 병원들이 공유한다면 개인의 의료비 지출은 크게 줄어들 것이다. 이미 영국에서는 정보 통신 인프라를 활용해 이 제도를 시행하고 있으며 그 효율성도 입증되었다.

특히 글로벌 자본주의 체제에서는 서비스업 분야가 일자리 창출에서 중요한 비중을 차지한다. 제조업 중심 국가의 경우, 큰 폭으로 일자리를 만들어낼 여지는 제한적이다. 게다가 제조업 분야의 일자리 창출에서는 상대적으로 발전이 더딘 국가들이 유리한 입장에 놓인다. 한편 서비스업은 특유의 '지역성(location)', 즉 특정 장소에 한정되는 특성으로 인해 제조업에 비해 세계화와 개방의 압력을 덜 받고 있다. 의료 서비스업의 경우 아무리 의료 관광이 유행한다 해도 국경을 넘나들며 이를 향유할 수 있는 사람은 많지 않다.

따라서 제조업 중심 국가들은 일자리 창출의 초점을 서비스업 분야의 생산성 제고와 활성화에 맞출 필요가 있다. 세계화의 진실을 설파하는 컬럼비아대학교 경영대학원 브루스 그린월드 교수도 같은 맥락의 주장을 편다. 그는 저서 『버블 세계화』란 책에서 "결국 세계화로 인해 가장 큰 타격을 받을 선진국들은 프랑스, 독일, 이탈리아, 일본 등 제조업의 고용 유지를 위해 노력하는 국가들이다. 서비스가 중심이 된 경제를 이끌어가는 국가들(미국, 영국, 덴마크 등)은 형편이 나을 것이다"라고 주장한다.

요컨대 정부는 생활비에서 높은 비중을 차지하는 비용들을 낮출 수 있는 정책을 목표로 해야 한다. 물가 수준을 낮춤으로써 실질 임금의 정체분을 보조하는 형태로 경제 정책의 틀을 잡아야 한다. 주거비와 사교육비 부담을 줄이고 유류세 인하를 통해 연료비 부담을 줄이는 방안도 효과적이다. 정부와 공기업 조직을 다이어트해 공공 서비스 생산에 소요되는 간접비를 줄임으로써 조세나 준조세를 줄이는 일 역시 물가를 낮추는 일련의 정책으로 볼 수 있다.

알뜰함이라는 잣대를 적용하면 우리 사회에는 여전히 고쳐야 할 부분이 많다. 저물가 정책은 진정한 친서민 정책의 핵심이다. 한국을 저비용 고효율 사회로 만들어가기 위한 혁신과 개혁은 살벌한 사회를 만드는 것이 아니라 궁극적으로 보통 사람들이 살기 좋은 사회를 만드는 것이다. 장기적으로 실질 임금이 과거처럼 크게 성장할 수 없다는 사실을 인정한다면 생활 물가를 낮추기 위한 노력은 일회성 행사로 끝나서는 안 되며 제도적인 지원이 반드시 필요하다.

| 공공 부문의
| 다이어트가 절실하다

"공기업은 흑자를 내는 곳이든 적자를 내는 곳이든 월급이 다 똑같다. 일을 잘하든 못하든 연차만 같으면 월급이 똑같다."

GE코리아 사장을 지냈고 '세계 최우수 공항상'을 네 번 연속 수상한 인천국제공항공사의 이채욱 사장이 어느 인터뷰에서 한 말이다. 그는 공기업 체제의 불합리성에 대해 "세상에 우리 같은 기업이 어디 있느냐, 경쟁력이 생기겠느냐. 일 많은 사람은 불만스럽게 일하고 일이 적은 사람은 아무 일 안 하려 하고 조직 문화가 꼭 공산당 같다"라고 일갈한다.

시대 흐름을 정확히 읽는 것도 중요하지만, 거기에만 그쳐서는 안 된다. 대한민국이 더 나은 상태로 나아가기 위해 현재 상황에서 어떤 문제들을 개선해야 하고 앞으로 어떤 노력들을 기울여야 할지 그 구체적인 방법을 찾아내는 것도 사회적 과제다.

맨 먼저 해야 할 일은 국민 한 사람 한 사람이 자신의 능력을 극대화할 수 있도록 돕는 것이다. 개인이 노력해야 할 부분도 있지만 사회가 도움을 주어야 할 부분도 많다. 제도나 정책 등에 의해 만들어진 영역은 결국 시스템의 제약을 받는다. 따라서 시스템이 개인의 능력 발휘에 제약 조건으로 작용하는 것을 최대한 방지할 수 있어야 한다.

일반적으로 안정적인 조직에서 잔뼈가 굵은 사람들은 시스템의 중요성을 실감하지 못한다. 그러나 사기업, 공기업, 자영업을 두루 경험해 본 사람이라면 잘사는 일이 개인의 능력이나 노력 못지않게 소속된 조직이나 국가의 시스템에 좌우된다는 사실을 잘 알 것이다. 그래서 나는 개개인이 자신과 가족을 돕고 사회를 이롭게 하기 위해 자신의 능력을 최대한 발휘하는 것을 국가나 조직이 방해한다면 그것은 직무유기 정도가 아니라 엄연한 죄악이라고 생각한다.

따라서 우리 사회의 성장통을 해소하기 위한 중요한 사회적 과제는 모든 분야가 낮은 생산성의 질곡을 벗어나 골고루 경쟁력을 갖출 수 있도록 제도를 정비해 나가는 일이다.

앞서 소개한 이채욱 사장의 발언은 대한민국이 어떤 국가를 향해 나아가야 하며 체제 정비의 목적지는 어디가 되어야 하는지 분명히 일러준다. 먼저 잘하나 못하나 똑같은 보수를 받는 영역을 줄여나가야 한다. 만약 오랫동안 그런 제도나 관행에 젖어 있는 음습한 영역이 있다면 강한 햇볕이 들도록 만들어야 한다.

개인의 능력 발휘 막고
조세 부담 늘리는 비효율적 조직이 너무 많다

일단 경쟁 지향적이고 보수가 성과에 연동하는 효율적인 시스템이 자리 잡도록 나라 구석구석 제도를 정비해 나가야 한다. 그리고 경쟁력이 강한 분야에서 거둬들인 각종 조세와 준조세 수입이 그렇지 못한 분야로 흘러드는 것을 막아야 한다.

한국 사회에서는 정부 조직, 각종 협회와 국책 연구소 등 정말 많은 분야에서 개선할 여지가 크게 남아 있다. 꽉 짜인 승진 체계와 보수 체계 때문에 똑똑한 인재들이 자기 능력의 5분의 1, 10분 1도 발휘하지 못하는 경우를 자주 볼 수 있다. 특히 시장 자체가 독과점적 성격이 강하고 개인의 성과와 무관하게 정년이 보장되는 조직은 여전히 비효율적으로 운영되는 경향이 있다.

이런 비효율성 문제에 대해서는 제도적인 해법을 찾아야 한다. 개인의 능력이 보수나 승진과 연동되는 제도 개혁을 통해 개인이 자신의 능력을 한껏 발휘할 수 있도록 돕는 일은 '신자유주의'니 뭐니 비난받을 일이 아니다. 그것은 조직 구성원 각자가 인간적인 삶을 살도록 돕고 미래를 알차게 준비하도록 돕는 일이다.

나는 관변 연구소, 경제 단체 연구소, 효율적인 소규모 연구소, 사기업, 자영업을 두루 거치면서, '돈내기(일을 한 만큼 임금이 지급되는 일종의 성과급제)' 체제로의 개혁을 통해 한국 사회가 지금보다 두 배, 세 배 이상 소득을 올릴 수 있다는 믿음을 갖게 되었다. 성과에 대해 인센티브가 주어지지 않고 사내 정치에 능한 사람이 고속 승진하는 조직에서 누가 열심히 일하겠는가? 열심히 일하는 사람과 대충대충 일하는 사람이 똑같은 월급을 받는 조직에서 무슨 신바람이 나겠는가?

문제는 이런 조직들이 우리 사회에 너무 많다는 점이다. 결국 이런 비효율 때문에 조세와 준조세 부담이 늘어난다. 유능한 조직이 만들어 낸 가치를 그렇지 못한 조직이 나눠 갖는 시스템을 바로잡지 못한다면 한국의 선진국 진입은 요원하다.

"기업이 재무 건정성을 높여야 하는 것처럼 국가 역시 누가 보더라도 탄탄한 재정 상태를 유지해야 한다. 그러려면 국가 부채 증가에 대한 제도적 제어 장치를 마련하고, 적정 외환 보유고를 유지하는 등의 안전판을 확실히 마련해 두어야 한다."

위기의 시대, 재정 건정성을 위한 안전판을 마련하라

3 여당 정책위 의장을 지낸 이한구 국회의 원은 한 방송 프로그램에 출연해 "경제 위기 극복 과정에서 국가 부채가 심각한 속도로 불어나고 있는데, 재정 건정성도 지킬 수 있고 국책 사업도 이것저것 다 할 수 있다고 약속하는 건 국민을 속이는 일이다"라고 말하면서, "앞으로 또 위기가 찾아오면 그땐 무슨 돈으로 경기를 살릴 건가"라며 일침을 놓았다.

내가 주목하는 것은 바로 뒤의 언급이다. 과거와 달리 글로벌 자본주의 체제에서는 심각한 불황이 반복될 가능성은 높은 반면, 그 예측 가능성은 낮다. 따라서 국가 차원에서도 위기 관리에 더 신경 써야 한다. 이때 글로벌 자본주의의 속성상 우리가 잘못하지 않더라도 다른 나라의 잘못으로 인해 위기가 발생할 가능성이 높다는 점을 충분히 고려해야 한다. 그러려면 과거에 비해 더욱더 원칙에 충실하게 나라 살림을 꾸려가야 한다. 가급적 빚을 지지 않고 앞날을 준비하는 일이 중요하다는 뜻이다.

정치는 이런 시대 특성, 즉 글로벌 자본주의의 메커니즘을 정확히 이해하고 있어야 한다. 특히 글로벌 자본주의 체제의 어두운 면, 이를테면 변동성 증가로 인한 잦은 경기 침체와 크고 작은 거품의 파열도 파악하고 있어야 한다. 시대가 변하면 문제 해결을 위한 처방도 변해야 하며, 그런 점에서 국가 지도자의 올바른 시대 인식과 예리한 판단력이 정말 중요하다.

그런데 시대 변화에 맞게 조직이나 국가를 꾸려나가는 일은 많은 어려움을 내포하고 있다. 대부분의 사람들은 미래 준비를 위해 현재의 이익을 포기하는 것을 힘들어하기 때문이다. 가령 지역민의 이해관계가 얽히고설킨 대형 국책 사업에 국가 재정을 쏟아 붓는 일이 효율성 면에서 지극히 의문시되더라도 일단 정치적 사안으로 떠오르면 누구도 적극적으로 반대하지 않는다. 그런 이유로 대부분의 국가들은 재정적자 누적 문제를 피할 수 없으며, 한국도 비슷한 실정이다.

선진국에 비하면 아직 국가 부채 수준이 걱정할 정도는 아니라는 안일한 문제 인식하에 효용성이 극히 의심스러운, 어쩌면 거의 재정을 낭비하는 일에 돈을 쏟아 붓고 있다.

정부 재정이 취약한 상태에서 또다시 세계적인 경제 위기가 닥친다면 치명적일 수도 있다. 재정 건전성이 악화된 상태에서는 동원할 수 있는 대응책이 크게 제한되기 때문이다. 가능성이 낮긴 하지만 이것은 미래에 우리 사회가 겪게 될지도 모르는 비극적인 시나리오다.

따라서 국가 차원의 위기 관리를 위한 제도 개선이 또다른 사회적 과제가 될 것이다. 위기는 언제 어느 때고 닥칠 수 있다. 1997년 외환 위기 때는 단기 외채 때문에 곤혹을 치렀고, 2008년 글로벌 금융 위기 때는 금융권의 과도한 단기 차입과 외환 보유고의 적정성 문제로 곤혹을 치렀지만 미국, 중국, 일본과 긴급 통화 스와프 등을 성사시키면서 위기를 비켜갈 수 있었다. 이 두 차례의 경제 위기는 국가 차원의 위험 관리가 얼마나 중요한지 단적으로 보여주었다.

정부 지출 제어할 수 있는 장치 마련이 시급하다

요컨대 재정 건전성을 강화하고 충분한 외환 보유고를 확보해 국가 전체의 대외 신인도를 지속적으로 높여가야 한다. 동시에 민간 부문의 대외 차입에 대해서도 관련 당국이 감독 의무를 게을리 해서는 안 된다. 이익은 기업이 취하고 위기 상황에서 그 부담은 사회가 떠안는 일이 발생하지 않도록 적절한 규제가 필요하다는 말이다.

외환위기를 겪으면서 국민들이 국가 부채의 실상과 변화 추이를 확인할 수 있도록 자료를 공개하고 국회가 국가 부채 증가에 대해 포괄적으로 브레이크를 걸 수 있도록 제도 장치를 마련해야 한다는 논의가 무성했지만 결국 흐지부지되고 말았다.

국가 부채의 적정성 문제에서 어디까지를 국가 부채로 볼 것인가를 두고 아직도 논란이 분분하다. 행정부는 가급적 국가 부채를 축소하려들고 반대 세력들은 준국가 부채 및 지방 정부와 각종 공기업의 부채까지 국가 부채에 포함시켜야 한다고 주장한다.

누가 집권하더라도 행정부는 항상 국가 부채 규모를 늘리려는 충분한 인센티브를 갖고 있다. 따라서 그들에게 상식이나 선의를 기대하기보다는 국가 부채 성격의 모든 정부 지출 증가를 엄격히 통제할 수 있는 제도가 마련되어야 한다.

기업이 재무 건정성을 높여야 하는 것처럼 국가 역시 누가 보더라도 탄탄한 재정 상태를 유지해야 한다. 그러려면 국가 부채 증가에 대한 제도적 제어 장치를 마련하고, 적정 외환 보유고를 유지하고, 관련국들과의 통화 스와프 규모를 확대하는 등의 안전판을 확실히 마련해 두어야 한다고 본다.

그런데 국가 위기 관리 문제는 컴퓨터 해킹 공세와 마찬가지로 일단 위기 상황이 수습되면 금세 잊히고 만다. 한 보안 관리업체 관계자는 이렇게 말한다. "위기가 닥쳤을 땐 호들갑을 떨지만 위기가 지나고 나면 언제 그랬느냐 싶을 만큼 무관심합니다. 소 잃고 외양간 고치는 식으로 닥치고 나서야 허둥대지요. 그런 경우가 한두 번이 아닙니다."

국가 차원의 위험 관리도 마찬가지다. 앞서 살펴본 바와 같이 국가 간 경상수지 불균형 현상이 해소되지 않는 한 국제 금융 시장은 구조적인 위험을 떠안을 수밖에 없고, 따라서 이에 대한 적극적인 대처가 필요하다.

상대적으로 적정 외환 보유고를 유지하는 일은 쉽지만, 대통령 단임제 하에서 정치인들이 수입을 초과해 지출 규모를 확장하려는 시도를 제어하기는 힘들다. 어떻게든 국가 부채 범위를 줄여 부채 액수를 적게 잡으려는 강한 인센티브를 갖고 있는 것도 사실이다. 따라서 국회가 더 적극적으로 개입할 수 있는 여지가 허용되어야 한다.

이번 4대강 프로젝트에서도 예산 증가 문제에 부딪히자마자 수자원공사가 공사비 15조 원 중에서 8조 원을 부담하는 대안을 내놓았다. 필요하다면 언제든지 통계에 잡히지 않는 준국가 부채를 늘릴 수 있음을 보여주는 대표적인 사례다. 만약 국회에 국가 부채를 감시 감독하는 포괄적인 권한이 주어지지 않는다면, 국가 부채와 준국가 부채 증가라는 문제를 피할 수 없을 것이다.

위기를 예방하는 선언적 의미로서 그리고 위기 발생 때 문제 해결의 수단으로서 재정 건정성의 중요성은 아무리 강조해도 지나치지 않다. 역대 정권의 성향과 재정 지출 추이를 살펴보면, 우파 성향의 정권이든 좌파 성향의 정권이든 간에 적자 재정을 감수하면서까지 재정 지출을 늘렸다는 면에서는 별 차이가 없다. 말과 행동은 엄연히 다르다.

세상 사람들의 마음은 늘 변한다. '한국 경제 잘 나갑니다'라는 판단은 언제든지 뒤집힐 수 있고, 일단 부정적인 의견이 형성되면 금융 시장 특성상 경제 상황은 급변할 수 있다. 지금까지 우리는 그런 부정적인 관측이 확산되면서 해외 투자가들이 썰물처럼 빠져나가는 사태를 여러 번 목격했다.

떼로 몰려다니는 동물들의 움직임을 예상할 수 없듯이 낙관론이 순식간에 비관론으로 기울 수 있음을 명심해야 한다. 그리고 일단 비관론이 일기 시작하면 눈덩이처럼 불어나면서 걷잡을 수 없는 상황이 빚어질 수도 있다.

실제로 국가의 실력을 드러내는 멋진 수치를 제시해 국가 경제가 건강하다는 것을 대내외에 알리는 것만큼 확실한 위험 관리법도 없다. 당분간 심각한 경제 위기가 닥치지만 않는다면 민간 기업들의 실력으로 미뤄볼 때 한국 경제는 우호적인 점수를 얻을 수 있다. 그러나 국가 부채에 지나치게 무감각한 국정 운영이 돌발 사태를 불러올지도 모른다는 의심을 완전히 지우기는 어렵다. 내가 걱정하는 것은 바로 이 점이다.

"열심히 하는 것처럼 보이는 정책들을 찔끔찔끔 내놓는 식으로는 어떤 정책 효과도 기대하기 힘들다. 고도 성장기에 적합한 체제를 근본적으로 뜯어고치는 대신 무늬만 개혁하는 식으로 대처하다가는 누적된 문제들을 폭발 직전 상황까지 몰고 갈 수 있다."

제도 개혁을 통해
성장 잠재력을 높여라

4 획기적인 제도 개혁이 이뤄지지 않는 한 앞으로도 제대로 된 일자리를 만들어내는 일은 쉽지 않을 것이다. 그런 면에서 성장 잠재력 제고를 위한 노력은 계속되어야 한다. 이번 정부 역시 집권 초에 '비즈니스 프렌들리'를 요란하게 선전하며 관심을 끌었지만, 그 구호가 무색해진 지 이미 오래다. 성장 잠재력은 결코 이벤트성 구호나 슬로건만으로 끌어올려지는 것이 아니다.

그러므로 우리의 사회적 과제는 성장 잠재력 제고를 위한 체계적이고 지속적인 노력을 펼치는 일이다. 먼저 투자를 가로막는 요인이 무엇인지 파악하는 일부터 시작해야 한다. 상대적으로 높은 국내 임금 수준과 노동 경직성으로 말미암아 기업들은 신규 투자에 소극적인 태도를 취할 수밖에 없다. 그리고 그 비용을 신규로 시장에 진입하는 사람들이 고스란히 지불하는 형국이 계속되고 있다.

경제의 효율성 면에서나 공정성 면에서나 젊은 세대에게 지나친 비용 부담을 떠안기는 것은 바람직하지 않다. 노동 시장을 더 유연하게 만드는 부분에 있어서 정치권의 결단이 필요하다고 본다.

사실 노동 시장 정비 문제는 이념 대결과 계층간 갈등으로 비화될 소지가 크지만, 성장 잠재력 확충이란 측면에서 반드시 해결되어야 한다. 그러나 아무도 고양이 목에 방울을 달려고 하지 않는다는 것이 문제를 더 어렵게 만들고 있다.

노동 운동의 강성화 경향 역시 국내 신규 투자를 가로막는 요인 중 하나라고 본다. 이것은 필연적으로 해외 투자자들의 직접 투자 활동에 부정적인 영향을 미치게 된다. 지나치게 이념화, 교조화된 일부 노동 단체들 때문에 노동 시장을 정상으로 되돌리는 일이 쉽지 않다. 세상을 보는 관점을 바꾼다는 것은 보통 힘든 일이 아니다. 그런 점에서 노조 간부들이 시대 변화를 수용하고 노동 운동에 실용성을 가미하게 되기까지 상당한 시간이 걸릴 것으로 보인다.

그 시간을 단축시키고 사회적 비용을 줄이기 위해서는 사회 갈등을 무릅쓰고 제도 개혁을 단행해야 하는데, 정치적 득실을 따지는 사람들이 쉽게 내릴 수 있는 결단은 아니다. 오랜 노동 운동 역사를 가진 나라들을 살펴보더라도 극한 상황이 닥치지 않는 한 노동 운동은 좀처럼 강성에서 돌아서지 않는다.

외환위기 같은 극한 상황에서도 노사 관련 제도와 노동조합 운동에 큰 진전이 없었음을 고려하면, 당분간 이 문제에서 속시원한 해결책을 기대하기란 어려울 것으로 본다.

성장 잠재력 확충은 지속적인 대체 투자와 신규 투자가 이루어질 때 가능하다. 시장 규모 자체가 성장해야 한다는 뜻이다. 개개인의 가처분 소득이 수요를 만들어낼 때 신규 투자도 일어날 수 있다.

그런 점에서 우리 사회의 빈곤층 증가는 심각한 걸림돌이 되고 있다. 상대적으로 소득 수준이 높은 계층에 대한 감세나 기업의 법인세 인하 조치가 어느 정도 효과는 있겠지만, 실제로 빈곤층 증가 추세와 비교하면 그 효과는 제한적이라고 본다.

따라서 빈곤층 증가에 어떻게 대처하느냐가 문제의 핵심이 될 텐데, 일정한 사회 보조와 성장률 제고 사이에서 적절한 균형점을 찾아야 한다. 빈곤층 지원은 불가피하지만 차상위 계층에 대해서는 가능한 한 성장률 회복을 통해 문제 해결을 도모하는 방법을 써야 한다.

야성의 회복을 위한 긍정의 모멘텀 필요

한편 성장 잠재력 제고라는 측면에서, 근래 우리 사회의 분위기가 지나치게 보수적이고 안정 지향적으로 흐르고 있다는 점도 간과할 수 없다. 경제가 심리적인 요인에도 영향을 받는다는 점을 고려하면, 야성의 회복이란 관점에서 성장 잠재력 문제를 들여다볼 필요가 있다.

안정이나 수성보다 도전과 성취가 시대정신으로 자리 잡도록 만들려면 정치 지도자의 각별한 노력이 필요하다. 사회 구성원들이 창의력을 발휘해 창업 활동에 힘쓰도록 장려하고 그 성공 사례를 확산시키는 작업도 필요하다고 본다. 사회는 잘 된다, 잘 된다는 긍정론이 임계점을 넘으면 기대 이상의 성과를 만들어낼 수 있다.

그런 점에서 정부가 인위적으로 사회에 대한 긍정론을 조성하는 대신 새로운 모멘텀을 만들기 위해 노력해야 할 것이다. 그리고 새로운 모멘텀은 보통 사람들의 예상을 뛰어넘는 과감한 변화에서 그 실마리를 찾아야 한다. 물론 변화의 내용과 지향점은 개개인의 잠재력과 창의성을 극대화하는 방향에 맞춰져야 할 것이다.

앞으로도 일자리 만들기 문제를 두고 한국 사회는 고민을 거듭해야 할 것이다. 정부가 손쉽게 취할 수 있는 조치는 청년 인턴제나 사회적 일자리 창출 같은 프로젝트들이다. 그러나 이런 프로젝트들은 정부 재정이 투입되는 동안만 존재하는, 그야말로 전시성 행사다. 물론 정치인과 관료들은 이런 정책을 선호한다. 자신들이 무언가를 하고 있다는 것을 보여줄 수 있기 때문이다.

대개 이런 정책들은 식료품 쿠폰을 나눠주는 것과 별 차이가 없는 정책들이다. 돈이 끊어지면 일자리도 소리 소문 없이 사라지고 만다.

또다른 형태는 기업들에게 고용 보조금을 지원하는 정책이다. 청년 인턴제에 비하면 진일보한 정책이지만, 이 역시 악용될 소지가 다분하다. 일자리 창출에 미약하나마 도움이 되겠지만, 투자한 만큼 효과를 거둘 수 있을지는 의문이다.

가장 효과적이고 근본적인 대책은 일자리를 만드는 주체의 입장에서 바라보는 것이다. 그러니까 정책을 공급하는 입장이 아니라 사람을 고용하는 입장에 서면 길이 보인다. 지금처럼 기존 근로자 보호에 치우친 노사 제도가 존재하는 한 기업들은 신규 고용을 늘리는 일에 보수적일 수밖에 없다. 일자리 문제는 대증요법으로 얼버무린다고 해결될 일이 아니며 근본적인 해법을 찾아야 한다.

돈 몇 푼 쥐어주고 얼렁뚱땅 문제를 봉합해 버릴 것이 아니라 고통스럽지만 환부에 칼을 대는 대대적인 수술에 나서야 한다. 기존 근로자에 대한 과보호 정책을 수정하는 일, 4대 공적 연금을 포함한 준조세 부담을 획기적으로 줄이는 일, 내수 서비스 산업을 중심으로 규제 완화 정책을 펴는 일, 전반적인 감세 정책을 시행하는 일 등의 조치가 취해져야 한다. 기존의 기업들이 신규 인력을 고용할 만한 인센티브, 창업 대열에 뛰어든 사람들이 새로 인력을 고용할 만한 인센티브를 부여하는 제도 개편이 반드시 필요하다.

하지만 이런 조치들은 관련 정책으로 인해 불이익을 당하는 이해 당사자들의 강한 반발에 부딪힐 수밖에 없다. 결국 일자리 문제에 대한 명확한 인식을 바탕으로 근본적인 문제 해결에 나서는 강력한 정치 지도자가 등장하지 않는 한 상황은 그저 되는 대로 흘러갈 가능성이 높다. 현 정권에 이러한 희망을 걸 수 없다고 할 때, 다음에 누가 집권하든 대증요법의 유혹에 빠지지 않을 거라는 확신도 서지 않는다. 앞으로도 열심히 하고 있다는 시늉만 내는, 소위 폼만 잡는 정책들이 양산될 가능성이 높다.

'무늬만 개혁'
국가의 미래를 어둡게 한다

우리는 지난 20여 년 동안 일본이 불황을 극복한다는 미명하에 어떻게 시간을 허비했는지 찬찬히 들여다볼 필요가 있다. 일자리 창출과 성장 잠재력 끌어올리기 측면에서 일본의 사례는 시사하는 바가 크다.

　여기서 한국 사회가 배워야 할 교훈은 두 가지다. 하나는 열심히 하는 것처럼 보이는 정책들을 찔끔찔끔 내놓는 식으로는 어떤 정책 효과도 기대하기 힘들다는 사실이다. 오히려 돈만 날리고 마는 상황이 벌어진다. 또 하나는 고도 성장기에 적합한 체제를 근본적으로 뜯어고치는 대신 무늬만 개혁하는 식으로 대처하다가는 누적된 문제들을 폭발 직전 상황까지 몰고 갈 수 있다는 사실이다.

　도요타 리콜 사태와 JAL 파산 사태로 일본 위기가 본격화할 즈음에 내가 한 경제 주간지에 기고한 글이 도움이 될 것 같아 여기에 옮겨 싣는다.

　어느 나라건 잘 나가던 시대를 경험하면서 알게 모르게 특정한 질서가 만들어지게 된다. 그 질서는 특수한 환경에 최선 혹은 차선의 적응물들로 이루어진다. 시대가 바뀌고 환경이 변화하더라도 특정 시대에 만들어진 질서를 바꾸기는 여간 어렵지 않다. 바로 이 부분이 일본의 고민이자 일본 위기의 뿌리라고 생각한다. 오래전에 맨슈어 올슨 교수는 『국가의 흥망성쇠』라는 명저서에서 한 국가의 흥망성쇠는 역사적 과정에서 발생하는 사회 전체의 변화에서 찾아야 된다고 주장한 바가 있다. 그의 메시지는 "민주주의 정치 체제 아래서 이익 집단 조직의 자유화가 부여되면 시간의 흐름에 따라 점차로 많은 종류의 그리고 힘이 강한 이익 집단이 발생하게 되고 다양하고 강력한 이익 집단의 등장은 각종의 사회 체제를 경직화시켜 경제의 원활한 순환을 저해하고 결국 경제 성장에 부(負)의 영향을 미친다"는 것이다.

일본은 고도 성장기에 만들어진 이익 집단들의 질서나 굴레로부터 진정한 탈출이 힘들었던 점이 일본 위기의 근원이다. 고속 성장기에 만들어진 정치가와 행정 관료 그리고 노조를 비롯해서 각종 사업자 단체들의 이익이 얽히고설킨 관계망을 스스로 해체할 수 없는 점이 바로 일본 위기의 본질에 해당한다. 특히 그동안 불황을 타개하기 위해 각종 경기 부양책이나 민영화 정책들은 얼굴에 화장을 하는 정도에 지나지 않았다. 관 주도의 사회로부터 민간 주도의 사회로 이동하는 실질적인 개혁이 이루어지지 못한 점이 일본이 어려움을 경험하고 있는 이유이다. 앞으로도 이 부분에 대해 근본적인 수술이 없는 한 일본의 쇠락은 불가피할 것이다.

(…) 일본은 1990년대 초반부터 관 주도의 체제로부터 과감하게 스스로를 건설적으로 파괴하는 전략을 사용했어야 했다. 맨슈어 올슨 교수는 『국가의 흥망성쇠』에서 "정부가 항상 개방적이고 경쟁적인 여건을 형성해야 한다"고 말하면서 "만약 정부가 계속 특정 이익 집단을 대신하여 경제에 개입하게 되면 경제 정책에 의해 일을 제대로 할 수 있는 가능성은 완전히 배제하게 된다"고 경고한 바가 있다.

우리는 같은 질문을 스스로 던져야 한다. 고도 성장기에 적합한 질서를 우리 스스로 허물고 새로운 질서를 만들기 위해 얼마나 노력하고 있는가? 무늬로만 개혁이라고 외치면서 열심히 일을 하고 있는 척하지는 않는가? 일본에 비해 한국이 크게 낫다고 생각하지 않는다. 오히려 최근 들어서는 역사의 물줄기가 거대 정부를 향해 가고 있다는 생각을 지울 수 없을 때가 잦다. — '일본병의 근원', 《이코노미스트》, 2010. 2. 8

> "아이들이 오랜 학교 생활을 마치고 사회에 나왔을 때 세상은 어떻게 변해 있을까? 그때를 대비해 아이들에게 무엇을 가르쳐야 할까? 바로 그 대답에서 교육 제도 개혁의 방향을 찾아야 한다."

교육의 효율성을 높일 수 있는 시스템을 모색하라

5

"요즘 대학생들 '스펙'이 좋다지만 신입 사원을 뽑으면 최소한 1~2년은 재교육해야 일을 시킬 수 있습니다. IT 분야는 하루하루가 다른데 대학 교육은 현장보다 4~5년쯤 뒤떨어져 있어요. (…) TV를 한 대 작동하는 프로그램을 컴퓨터 모니터에 띄우면 30만 줄 분량입니다. 휴대전화 프로그램은 200만 줄 분량이죠. 그런데 내가 모 기업 면접에 들어가보니 지원자 태반이 '대학 시절 200줄 안팎의 프로그램을 만들어봤다'고 하더군요."

국내에서 가장 이력서가 화려한 컴퓨터 공학자이자 새로이 경원대

부총장을 맡은 김원 박사는 대학 교육의 문제점에 대해 이렇게 지적한다.

이것은 실제로 학생들을 채용하는 현장으로부터 끊임없이 쏟아져 나오는 불평불만이다. 대학이 산업체 인력을 공급하는 곳이냐고 반박할지도 모르겠지만, 전공 교육을 제대로 받은 학생들을 사회에 내보내야 하는 것은 너무도 당연한 대학의 의무이다.

여전히 한국의 대학 교육은 분발해야 한다. 여기서 교육이란 학과나 전공 특성에 따라 차이가 나겠지만, 직장에서 곧바로 써먹을 수 있는 지식 이전에 직업인으로 당당히 살아가는 데 필요한 지식과 소양을 말한다.

많이 나아졌다고는 하지만 여전히 상대적 낙후성을 면치 못하고 있는 것이 대학 교육이다. 특히 우리 대학에서는 공부의 양이 절대적으로 적다. 이공계의 경우 전공과목에 대한 공부 양 부족으로 인해 졸업후 막대한 재훈련 비용이 드는 만큼, 일찍 시작되는 취업 준비도 문제지만 전공 교육 부족이 더 큰 문제다.

인문계도 사정은 마찬가지다. 취업을 위한 스펙 쌓기에 바빠 직업인의 기초가 되는 체계적인 읽기와 쓰기 훈련은 뒷전이다. 대학 교육의 중요한 목적 중 하나는 청년들이 지성을 벼리고 자기 진정성을 발견할수 있도록 돕는 것이다. 그런 면에서 보면 우리 대학 교육은 기대만큼 성과를 내지 못하고 있는 실정이다.

지적 인프라 구축을 소홀히 하면 당장 생활인으로서는 큰 불편이 없을지 모르지만 직업인으로서는 제대로 전문성을 갖추지 못해 두고두고 어려움을 겪게 된다. 인생의 어느 시점인들 중요하지 않은 기간이 있을까마는 길고긴 인생을 주도적으로 이끌어 나갈 지적 투자의 근간이 이루어진다는 점에서 대학 시절이 가진 중요성을 아무리 강조해도 지나치지 않을 것이다.

학생들이 충분한 학습량을 소화해 내지 못한 채 대학 문을 나서는 데는 개인의 열의에도 문제가 있겠지만, 제도적인 측면에 더 큰 책임이 있다고 본다.

한국 학생들의 평균 학습 시간은 무척 길다. 물론 학생들도 열심히 공부한다. 미국의 오바마 대통령이 여러 차례 언급할 만큼 한국 학생들의 학습 열의는 이미 세계적으로도 인정받고 있다. 그러나 그 내용을 들여다보면 굳이 배울 필요가 없는 쓸모없는 지식이 너무 많다. 사정이 이러하니 정작 시대의 변화에 맞추어서 더 깊이 공부해야 하는 과목의 학습량은 줄어들 수밖에 없다.

결국 이 과목은 이런 이유 때문에 저 과목은 저런 이유로 포함시키는 과정에서 학생들의 입장에선 어느 누구도 생각하지 않는다. 교과목 개정을 둘러싼 움직임이 있을 때마다 그 결과는 발언권을 갖지 못한 학생들의 입장보다 교사들의 이해관계에 따라 타협안들이 승리를 거두게 된다.

학생들이 그런 식으로 공부할 수밖에 없는 것이 교육 시스템 때문이라면 어떻게든 그 시스템을 고쳐야 한다. 한 사회의 미래 준비에서 교육은 정말 중요하다. 교육 제도 역시 다른 제도들과 마찬가지로 적극적으로 시대 변화를 반영해야 하며, 비용과 효율성 면에서도 발전적인 방향으로 나아가야 한다.

학생 위주로 바라보면
교육 개혁의 방향 보인다

한국 학생들이 암기 위주의 학습, 그러니까 시험공부에 지나치게 매달린다는 것도 문제다. 학습이 적절한 암기를 바탕으로 이뤄진다는 것에는 나도 동의한다. 그러나 스스로 생각하는 힘을 키우는 것도 암기 학습 못지않게 중요하다. 스스로 생각하는 힘은 에세이 교육, 그러니까 체계적인 글쓰기와 토론 훈련으로부터 시작된다.

그러나 현행 교육 시스템에서는 그런 교육이 힘들어 보인다. 수준이 다른 아이들을 한 반에 몰아넣고 지나치게 많은 과목을 가르치는 고등학교 교육과, 앞으로 입학사정관 제도가 도입되면 다소 변화가 있겠지만, 여전히 암기 위주 시험으로 학생을 선발하는 획일적인 대학 입시 제도가 그 근본 원인으로 지적될 수 있다. 획일성을 벗어나서 대학에 상당한 정도의 자율성을 보장한다면, 초기의 시행착오는 물론 있겠지만 지금보다 훨씬 나은 결과를 얻을 수 있을 것이다.

물론 내가 학교 다닐 적에 비하면 정말 좋아졌다. 교육 환경도 그렇고 주입식 교육의 폐단도 많이 개선되었다. 그러나 예나 지금이나 학교 교육의 목표가 입시라는 점에서 그 근본은 변하지 않았다.

한국의 교육 문제는 마치 난공불락의 요새처럼 보인다. 그러나 얽히고설킨 문제일수록 그 본질에 주목하면 해결책이 없는 것도 아니다. 일단 모든 것을 학생 위주로 바라보면 된다. 학생 위주의 해법을 찾는 일은 기성세대의 시혜가 아니라 의무다.

사실 교육 이외의 거의 모든 분야에서 고객 지향적이냐 아니냐는 선택의 문제가 아니라 생사를 결정하는 문제다. 아이들이 오랜 학교 생활을 마치고 사회에 나왔을 때 세상은 어떻게 변해 있을까? 그때를 대비해 아이들에게 무엇을 가르쳐야 할까? 바로 그 대답에서 교육 제도 개혁의 방향을 찾아야 한다.

지금처럼 이것은 이래서 안 되고 저것은 저래서 안 된다는 식의 공급자 위주의 사고방식을 탈피해야 한다. 일부 교사들과 교육 관료들의 입장을 반영하는 대안을 찾다 보면 결국 이도저도 아닌 미봉책이 나올 수밖에 없다. 아이들은 세상 변화와 무관한 쓸모없는 지식을 배우느라 고생하고, 부모들은 과중한 사교육비 부담에 시달리고, 납세자는 막대한 세금을 지원해야 하는 현재의 교육 시스템은 정상과는 한참 거리가 멀다.

국내에서 괜찮은 일자리를 찾기 어렵다면 당연히 해외에서라도 길을 찾아야 한다. 그렇다면 시험 영어가 아닌 실용 영어 능력이 필수다. 세상은 빠르게 변하는데 필요한 제도 개혁은 차일피일 미루고 있는 실정이다. 한마디로 기성세대가 아이들 세대에게 제대로 미래 준비를 시키지 못하는 죄를 짓고 있는 셈이다.

교육 내용도 문제지만 교육비, 특히 가파르게 증가하는 사교육비 부담 또한 걱정스럽다. 정부는 사교육비 부담 경감을 위해 심야 학습 제한 제도 같은 무리수로 맞서고 있지만, 성공 가능성은 극히 희박해 보인다. 오히려 정보 통신(IT) 기술을 활용해 실질적으로 사교육비 부담을 덜어주는 쪽으로 방향을 잡는 것이 옳지 않을까 싶다.

이외에도 각자의 입장에서 해결할 수 있는 대안들 즉, 공부하는 집안 분위기 조성, 개인의 주도적 학습 습관 등과 같은 방법을 적극적으로 선택할 수 있어야 한다.

경쟁과 자율의 대원칙 하에서 변화를 수용하는 제도 개편이 필요

일부에서는 치열한 입시 경쟁 자체에 의문을 제기한다. 그러나 대학 입시 광풍이라는 우리 교육의 특수성을 떠나서 다른 분야와 마찬가지로 교육 분야 역시 앞으로 경쟁이 더 치열해질 수밖에 없다.

이는 우리나라만의 문제가 아니라 더 나은 교육 서비스를 향한 사람들의 욕구가 빚어내고 있는 전 세계적인 현상이자, 엄연한 현실이다. 번듯한 직장 잡기는 점점 더 힘들어지고 특별한 지식을 가진 사람들이 누릴 수 있는 것들은 점점 더 많아지기 때문이다. 학부모들은 이런 시대 변화를 누구보다 잘 안다. 그리고 자녀 교육에 관한 의사 결정에서는 더 현실적인 대안을 찾는다. 바로 자녀 교육에 더 많이 투자하는 것이다.

결국 치열한 입시 경쟁과 폭증하는 사교육 수요는 어떤 방법을 쓰더라도 억누르기 힘들 것이다. 왜냐하면 사교육이 단지 공교육에 대한 대안으로 나온 것이 아니라 사회 구성원들의 본능에 맞먹을 만한 강렬한 상승 욕구를 반영하고 있기 때문이다. 이런 현실을 인정한다면 그 다음 과제는 쓸모 있는 지식을 저렴하게 공급할 수 있는 방법을 찾아내어 실천에 옮기는 일이다.

교육 개혁에서 평준화 제도에 대한 근본적인 수술은 불가피하다고 본다. 외고나 과학고 같은 특목고와 자사고의 증설 등으로 인해 평준화 제도가 형태만 유지하고 있는 현실을 인정해야 한다.

소외 계층 보호 문제는 정원 내 일부 학생에 대한 장학금 지급이나 특별 입학 등의 방법으로 사회 정책의 목표와 교육 정책의 목표를 적절히 수용하면 된다. 이 점이 정말 중요하다. 교육에 관한 한 소외 계층 전체를 돕는 정책은 막대한 재원을 투입해도 성공하기 힘들다. 가난하지만 똑똑하고 자활 의지를 가진 학생들에게 특별한 기회를 주는 쪽으로 정책을 펴야 한다. 이를테면 사회 공익 차원에서 특정 계층 학생이나 우수한 지방 학생들에게 특별 전형 기회를 주는 차별적 정책을 사용할 수 있다고 본다.

그 나머지는 경쟁과 자율의 대원칙 하에서 교육 제도의 변화를 수용해야 한다. 평준화에 대한 내 견해는 8년 동안 초등학생, 중학생, 고등학생을 가르친 현장 경험에서 나온 것이다. 수준이 다른 학생들을 한 교실에 모아놓고 똑같은 내용을 가르친다는 것 자체가 있을 수도, 납득할 수도 없는 일이다. 평준화의 틀을 허물든지 아니면 우열반이라도 편성해 비슷한 아이들끼리 선의의 경쟁을 벌일 수 있도록 해야 한다. 그것이 자연스러운 일이다.

세상의 큰 흐름을 미루어보면 더 나은 교육에 대한 사람들의 욕구와 필요를 억누를 수는 없을 것이다. 다만 우리가 할 수 있는 일은 그런 경쟁 과정에서 저렴한 비용으로 가능한 교육방법들을 사회가 제공하고 동시에 뛰어나지만 학비 부담 등으로 말미암아 경쟁에서 탈락할 수밖에 없는 학생들을 보조하는 방법을 찾는 것이다.

학부모 역시 모두가 가는 길이 꼭 좋은 길인가라는 부분에 대해서도 고민이 있어야 한다. 다수가 가는 길 이외에 다른 길을 선택하는 일 역시 일종의 투자라고 볼 수도 있다. 왜, 뛰어난 학생들은 모두가 의과와 치과와 한의학과 같은 곳만을 지원하려고 고집하는지 이해하기 힘들다. 세상의 변화를 읽고 자기 나름의 의견을 갖고 자신만의 길을 고집할 수도 있어야 한다.

최근에 인문고를 우수한 성적으로 들어갈 수 있음에도 불구하고 마이스터고를 지원하는 학생들이 등장하는 것은 이런 사회적인 변화에 일종의 전조라고 본다. 이제는 정형화된 길은 점점 줄어들고 있다. 이미 우리 주변에는 오랜 기간 동안 힘들게 노력해서 자격증을 취득하였음에도 불구하고 기대한 것에 훨씬 미치지 못하는 보상에 낙담하는 사람들이 이미 늘어나고 있지 않은가?

아이들의 적성과 능력에 맞추어서 자신의 길을 고집할 수 있는 용기와 지혜를 가진 학부모들이 많이 등장할 수 있기를 희망한다.

"사회 기강을 바로잡고 법질서를 확립하는 일은 더 나은 국가로 나아가기 위해 반드시 필요하며, 사회 구성원들로 하여금 자신이 몸담고 있는 사회에 대해 신뢰와 애정을 갖도록 만든다."

'공익의 이름으로' 부끄럽지 않은 질서를 확립하라

6 9월 16일, 미국의 외교 전문지《포린폴리시》는 합리적인 토론 대신 육탄 공방, 욕설과 야유로 얼룩진 '세계에서 가장 무질서한 의회' 1위로 한국 국회를 뽑았다. 이 잡지는 "한국 민주주의는 외교 정책과 언론 자유를 둘러싼 여야간 논쟁이 종종 주먹이나 다른 둔기 등으로 해결되는 '접전의 스포츠'"라고 꼬집기도 했다. 이 잡지가 의도적으로 한국 국회에 오명을 씌운 것은 아니며, 폭력 사태 등으로 세계 언론의 주목을 받은 대만, 우크라이나, 오스트레일리아, 영국 의회도 함께 지목했다.

또한 이 잡지는 2004년 노무현 전 대통령 탄핵안 처리를 둘러싸고 발생한 소란의 전말뿐만 아니라 지난 7월 미디어법 처리 과정 역시 '주먹다짐'으로 규정했다.

그런 폭력 사태에도 불구하고 어느 누구도 그에 대해 책임지고 사과하거나, 사법 심판을 받거나, 윤리위원회에 회부되지 않았다. 결국 불법 행동은 있었지만 아무도 처벌받지 않았다는 사실을 기억할 필요가 있다. 불법과 탈법은 전염성이 강하다. 사회 지도층 인사들의 예사로운 불법과 탈법 행위는 국민들에게 '저봐, 저들도 하잖아'라는 인식을 심어주기에 충분하다.

예외 없는 엄정한 공권력 행사로 법질서 확립해야

어느 사회든 이해를 둘러싼 구성원간의 갈등은 있게 마련이고, 그 과정에서 저마다 자신의 이익을 앞세우는 것은 인간의 자연스런 본능이다. 그렇다면 이런 갈등을 효과적으로 제어할 수 있는 방법은 무엇일까?

행위 주체들이 평화로운 의사 표현의 한계를 넘어 타인의 자유와 권리를 침해하지 못하도록 할 방법이 있어야 한다. 그리고 사회 이익을 사적 이익으로 만드는 불공정 행위가 불러일으키는 공분과 전염 효과를 막기 위해서는 반드시 성역 없는 법 집행이 이뤄져야 한다.

사회적 과제로서 법질서 확립을 위해 맨 먼저 해야 할 일은 공권력의 권위 회복이다. 사회적으로 허용되는 것과 허용되지 않는 것을 상황이 아니라 법이 결정하도록 만들면 사회적 행위의 예측 가능성이 높아진다. 이런 행동은 해도 되고 저런 행동은 합당한 책임을 져야 한다는 명확한 잣대를 세우고 이를 엄격하게 집행하는 일은 공권력의 몫이다. 불법을 저지르고도 이런저런 명분을 내세워 자신의 정당성을 주장하거나 딱한 사정을 호소하며 처벌을 모면하려는 개인이나 집단에게는 엄중한 법 집행을 통해 그래서는 안 된다는 점을 반드시 깨닫게 해야 한다.

그리고 한국 사회가 어리광 사회로 변질되는 것을 막기 위해서는 공권력 집행이 경제적 능력이나 사회적 지위에 구속되지 않도록 해야 한다. 누구든 불법을 저지르면 그에 상응하는 비용을 치러야 한다는 것이다. 2009년 말 철도 노조가 일주일 만에 파업을 철회한 이유는 정부가 불법 행위에 대해 예외 없이 처벌하고 불법 시위자에 대해 민형사상 책임을 묻겠다는 태도를 분명히 했기 때문이다.

인간은 인센티브에 반응하는 존재다. 불법 행위에 대해 비용을 치러야 한다는 원칙이 확고하면 사람들은 더 철저하게 법을 지킬 수밖에 없다. 이처럼 명명백백한 진실이 노사 관계에 자리 잡기까지 10년도 넘는 세월과 막대한 비용이 소요되었다는 사실이 개탄스럽다. 당장 실행에 옮길 수 있는 원칙을 실천하는 데 너무 긴 시간과 많은 비용을 치른 셈이다.

집단 시위는 상대도 안 될 만큼 엄청난 피해액을 발생시키는 기업이나 사회 고위층 관련 불법 행위에 대해 솜방망이 처벌이 이뤄지고 있는 것도 문제다. 또한 그런 불법 행위에 대해 거의 무한대의 관용을 베푸는 사면권은 사람들을 탈법의 유혹에 빠뜨리고 있다.

경제 성장도 중요하지만 정의로운 대한민국 실현을 위해 우리는 더더욱 노력해야 한다. 그것은 우리 사회가 지킬 만한 가치가 있는 사회임을 스스로 확인하는 과정이다. 불법과 탈법을 엄중히 다스리는 일은 우리 사회가 한 걸음 한 걸음 더 나은 상태로 나아가는 발판을 마련하는 일이다.

집권 중반기에 접어든 MB 정권이 대규모 대기업 사정에서 비자금 문제에 초점을 맞췄을 때, 《세계일보》 칼럼은 기획 수사라는 여론의 우려를 전하면서 이런 당부의 말을 잊지 않았다. "수사 결과에 대한 심판도 공명정대해야 한다. 수백억, 수천억 원의 비자금을 조성하는 등 불법, 탈법을 일삼은 대기업 오너들은 지금까지 기소유예, 집행유예, 추징금 등의 솜방망이 처벌로 끝나곤 했다. 그뿐 아니라 특별사면까지 받았다. 이번 대기업 수사도 그렇게 용두사미로 끝낼 것 같으면 아예 하지 않는 것이 낫다."

가진 자들의 불법 행위에 대해 상황 논리를 끌어다대며 지나치게 관대한 처분을 내린다면 '당신들이나 잘하시지'라는 국민의 냉소를 살 수밖에 없다. 그런 일만은 피해야 한다.

법질서 회복의 도덕성뿐만 아니라 경제성에도 주목해야 한다. 불법에 대해 엄중한 처벌은 범죄 억제 효과도 거둘 수 있다. 극단적인 사례이긴 하지만, 일부 사람들은 사형제 폐지를 지지한다. 그런데 노벨 경제학상을 받은 시카고대학교 게리 베커(Gary Becker) 교수는 범죄 억제 효과 측면에서 사형제 존속을 강력히 주장한다. 그는 "사람들 대부분은 죽음을 두려워하고, 특히 살인을 자행한 직후에는 그 공포가 더욱 커진다"고 말한다.

철학자 데이비드 흄도 "삶이 살 만한 가치가 있을 때는 아무도 생명을 내던지지 않는다. 그것은 죽음에 대한 우리의 공포 본능 때문이다"라고 비슷한 맥락의 말을 했다. 쇼펜하우어의 자살에 대한 다음의 언급도 흥미롭다. "삶의 공포가 죽음의 공포를 압도하는 순간, 인간은 그의 생명을 포기할 것이다. 하지만 죽음의 공포가 저항하는 힘은 상당히 크다." 세 사람 모두 죽음에 대한 공포가 살인과 자살을 억제하는 효과가 있다고 말한다.

나는 인간이란 인센티브에 반응하는 존재라는 점을 굳게 믿는다. 자신의 불법 행위에 대해서 응당한 처벌이 불가피하다는 사실을 확실히 인지하는 자들만이 자신의 행위에 대해 더 조심스럽게 접근하게 된다고 본다. 당연히 사형제에 대해서도 그런 입장을 갖고 있음은 물론이다.

불법에 대한 솜방망이 처벌은 불법 행위를 억제하기는커녕 오히려 부추길 수 있다는 점을 잊지 말아야 한다. 그런 점에서 사회 기강을 바로잡고 법질서를 확립하는 일은 더 나은 국가로 나아가기 위해 반드시 필요하며, 사회 구성원들로 하여금 자신이 몸담고 있는 사회에 대해 신뢰와 애정을 갖도록 만든다.

| 기업국가 시대, 기업 이익이
| 공익 침해하지 않도록 단속해야

공정성이 훼손되는 일이 벌어진다는 것은 우리 사회에서 힘을 가진 집단들이 더 조신해야 한다는 뜻이며 조신할 수밖에 없도록 사회 규율을 강화해야 한다는 뜻이다. 앞서 살펴보았듯이 어느 나라를 막론하고 앞으로 대기업의 영향력은 점점 더 커질 것이다. 기업국가로의 이행은 세계적인 대세다. 그런데 우리가 인식해야 할 것은 기업의 이익이 국가의 이익 또는 보통 사람들의 이익과 일치하지 않는 상황도 드물지 않게 일어날 수 있다는 점이다.

'기업의 이익이 곧 국가의 이익이다' 라는 원칙은 대체로 옳지만 예외적인 상황은 얼마든지 일어날 수 있고 앞으로 더 빈번히 일어날 수 있다. 글로벌 자본주의 체제에서는 기업 이익이 보통 사람들의 이익을 침해할 소지가 더더욱 크다. 따라서 기업 이익이 국가 이익을 침해할 경우 적절히 규제해야 하고, 정치가와 관료들은 이러한 경우를 변별할 수 있어야 한다.

규모와 이익 면에서 대기업들의 영향력이 강화되면서 정치가와 관료들은 상대적으로 수세에 몰리고 있으며, 이런 추세는 앞으로 더욱더 심화될 것이다. 기업은 태생적으로 이익 극대화를 추구하는 집단이며, 그런 활동이 법의 테두리 안에서 이뤄진다면 문제될 것이 없다.

그러나 기업을 운영하는 사람들이 의사 결정 과정에서 자신의 이익 외에 국민 통합 같은 사회적 가치를 고려하기란 쉽지 않다. 그것은 나라 일을 맡은 사람들의 몫이다. 정치 지도자들은 기업 이익이 국가 이익을 해치는 일이 발생하지 않도록 그리고 기업 이익에 국정 운영이 휘둘리지 않도록 경계해야 한다.

기업 이익과 국가 이익이 충돌한 사례로 외환위기 이후 우리 사회의 급격한 가계 저축률 하락을 들 수 있다. 당시 신용카드업계와 금융업계가 이익을 챙기는 동안 가계 저축률은 형편없이 떨어졌다. 물론 개인의 씀씀이가 커져서 생긴 일이니 최종 책임은 개인에게 있다. 그러나 국가 전체의 이익 측면에서 급격한 가계 저축률 하락을 방조한 정부와 그런 사태를 부추긴 정책 입안자들이 과연 올바른 결정을 했느냐는 문제를 두고 고민하지 않을 수 없다.

만약에 신용카드 사용을 제도적으로 부추기는 로비가 업계를 중심으로 확연하게 이루어졌다면 이는 나라의 일을 맡은 사람들이 업계의 이익에 포획된 사례 가운데 하나일 것이다. 자유주의적 개입주의는 얼마든지 국정 책임자들이 견지해야 할 태도다.

미국의 경우를 보라. 글로벌 금융 위기의 여진이 끝나가는 시점에 금융계의 고액 보상 문제가 또다시 터져 나오지 않았는가? 미국 기업들의 그런 행태를 보면서, 그나마 한국은 보이지 않는 사회적 압력이 존재하기 때문에 조심이라도 하는데 자신들의 과실을 납세자 부담으로 떠넘기고도 어쩌면 저렇게 뻔뻔할 수 있을까 하는 생각이 들었다.

특정 집단의 힘이 커지게 되면 제도권을 통한 규율의 강화도 도움이 되지만 소금의 역할을 행하는 비제도권의 활성화에서도 방법을 찾을 수 있다. 일부 시민사회단체들과 비판적인 언론들의 과도한 활동이 비난의 표적이 되는 적도 많지만, 시각을 달리 해서 보면 이들의 역할에도 긍정적인 부분을 찾을 수 있다. 지나치게 특정 집단의 영향력이 비대해짐으로써 발생할 수 있는 사회적인 손실에 대해 경종을 울릴 수 있는 역할을 말한다. 게다가 이들이 미력하나마 '감시견(watch-dog)' 역할을 담당함으로써 특정 집단이 자신의 힘을 과신하지 않도록 만든다는 긍정적인 면을 말한다.

나라의 일을 맡은 사람들은 항상 제도와 정책의 수립이나 시행에서 이런 질문을 던져보라. "우리가 추진하는 정책이나 제도가 과연 공익에 부합하는 것인가?" '공익의 이름으로 특정 집단 혹은 사기업의 사익을 보호하는 정책은 아닌가?'라는 질문에 솔직하게 답해 보기를 권하고 싶다.

"개인이 조직이 그리고 국가가 '아쉬운 존재'로 남는 길은 대외 변수의 문제가 아니라 각자 자기 하기 나름이다. 이것은 거대한 국가를 곁에 둘 수밖에 없는 한국이란 나라가 생존과 성장을 도모할 때 항상 가슴에 새기고 있어야 할 부분이다."

원칙에 기초한
대외 정책을 펴라

7

때로는 모르면 약일 수도 있고 알고는 있지만 더 이상 알고 싶지 않은 일들이 있다. 오늘날 대한민국의 보통 사람들에게 북한의 인권 문제가 이런 부류에 속한다고 생각한다. 어느 정도 짐작을 하지만 불편한 감정 때문에 애써 외면해 버리고 싶은 그런 문제 말이다.

북한의 인권 문제는 외면해 버린다고 해서 개인적으로 당장 손해가 있는 일은 아니다. 하지만 세상살이가 어디 늘 손해와 이익만으로 재단할 수 있는 것은 아니지 않는가? 그것도 바다를 건너서 먼 나라의 일이 아니라 우리와 함께 피를 나누고 우리와 같은 언어와 역사를 나눈 사람들이 말로 표현할 수 없는 고통과 억압 그리고 폭력에 고통받고 있다면, 양심을 가진 사람의 경우 어떻게 이를 외면해 버릴 수 있는가? 찬찬히 전후를 따져볼 수 있는 보통 사람들이라면 북한의 인권문제에 대해 깊은 고통과 무력감을 느끼게 된다.

또한 같은 시대를 살아가는 사람들 가운데 자신의 주의주장에 매몰되어 인권 문제를 방조하는 차원을 넘어서 그런 인권 문제의 가해자들을 뻔뻔스럽게 옹호하고 지원하는 일들이 공공연하게 이루어지는 일들에 대해서 고통스런 기분을 느끼지 않을 수 없다.

참으로 묘한 점은 북한의 인권 문제에 관한 한 우리 사회의 무관심에 비해 일부 외국인들이 더 적극적으로 나서고 있다는 점이다. 한국인인가 외국인인가라는 점을 떠나서 문명의 척도를 보편적인 인권이나 가치라는 면에 초점을 맞추면 한국은 선진국에도 한참 못 미치는 나라라는 인식을 새삼 갖게 된다. 훗날 남북이 합쳐졌을 때, 북한 동포들이 '당신들은 그때 우리를 위해 무슨 일을 했습니까?'라는 질문에 당당하게 답할 수 있는 한국인들이 얼마나 될지 알 수 없다.

북한 이슈는 예측을 불허한다. 북한의 핵무기 소지 문제는 우리 사회에서 언제나 부담스런 주제이며 안보와 관련해 가장 중요한 현안 과제다.

지난 두 번의 정권에서 추진한 대북 유화책의 공과에 대해서는 평가가 갈릴 수 있다. 그런데 개인이든 조직이든 국가든 간에 근간이 되는 핵심 가치가 있어야 한다는 것이 내 생각이다. 그리고 그 핵심 가치는 어떤 경우에도 타협의 대상이 될 수 없다.

지난 10여 년 동안 북한 문제만큼 우리 국민들 사이를 벌려놓은 문제도 드물 것이다. 이전 정권들의 대북 정책을 박수치며 환영한 사람들도 있겠지만, 텔레비전을 멀리할 만큼 크게 실망한 사람들도 많았을 것이다. 북한 문제에 있어서는 깊은 성찰과 접근 방법에 대한 근본적인 재검토가 필요하다고 생각한다. 지금부터 우리 사회가 앓고 있는 성장통의 한 근원인 북한 문제에 대해 내 나름의 생각을 정리해 보겠다.

자유민주주의와 전체주의, 추구하는 근본 가치부터 다르다

우선 대한민국이라는 공동체가 추구하는 근본 가치에 입각해 북한을 다루어야 한다. 대북 정책은 지도자 개인의 선호나 믿음에 좌우되어서는 안 된다. 또한 북한이란 협상 파트너가 가졌을 것으로 추정되는 선의나 우리가 품고 있는 막연한 기대와 바람에 휘둘리지 않는 선에서 북한을 대하는 것이 중요하다. 북한 사회와 북한 지도자들을 냉철하게 볼 수 있어야 한다는 말이다. 거듭 강조하지만 대북 정책에 있어서도 원칙 있는 정책이 추진되어야 한다.

북한을 대할 때 대한민국은 자유롭고 정의로운 국가라는 원칙처럼 중요한 것이 어디 있겠는가? 그리고 자유와 정의의 관점에서 보면 북한은 현대사에서 유례를 찾아볼 수 없을 만큼 잔인한 전체주의 국가다.

대북 정책의 시작은 북한이 대한민국을 적화하려는 분명한 의도를 가진 적성 국가임을 인식하는 것이다. 남북한은 서로 추구하는 근본 가치부터 다르기 때문에 화합이나 융화라는 것이 결코 쉽지 않다는 사실을 인정해야 한다. 인간관계에서 적의를 가진 사람에게 아무리

호의를 베풀어도 적의 자체를 없앨 수 없는 것처럼 국가간에도 마찬가지다.

더욱이 북한은 단 한 사람을 제외한 모든 사람들이 노예인 국가다. 대한민국이 지향하는 자유와 기본적 인권의 관점에서 본다면 북한은 도저히 그 존립이 허용되어선 안 되는 체제다. 그런 국가와 자유 사회가 진정한 의미에서 화합할 수 있다고 믿는 것 자체가 무리다.

그렇다고 해서 대놓고 적대시할 필요는 없지만 북한 체제의 근본적 한계, 즉 현대판 노예 국가라는 사실을 애써 외면하지 말아야 한다. 이 점이 나와 지난 정권에서 대북 문제를 다루었던 사람들의 근본적인 시각차라고 생각한다. 그들은 우리가 선의를 갖고 성심성의를 다하면 북한도 감동하고 변화할 것이라는 막연한 믿음에 근거한 정책 기조를 유지했다.

악과의 타협은 있을 수 없다, 힘의 우위를 지녀야

역사상 전체주의 사회에 철저히 우롱당한 대표적인 사건으로 1938년 9월에 이루어진 히틀러와 체임벌린(Neville Chamberlain) 영국 수상의 세 차례 정상 회담을 들 수 있다. 히틀러에 대한 개인적 신뢰와 그 신뢰를 관철시키고 싶은 개인적 욕망이 체임벌린 수상에게 상황을 오판하고 전체주의자에게 굴복한 지도자라는 불명예를 안겨주었다.

그의 오판은 인간에 대한 오판이기도 했다는 사실이 다음 구절에 잘 드러난다. "그는 베르히테스가덴을 방문하기 전에 갖고 있었던 생각,

즉 히틀러는 광인이라는 생각을 버렸다. 그 대신 히틀러가 고집 세고, 까다롭고, 변덕 많은 상대자라고 보면서 자신의 제한된 목표를 달성하면 약속을 지킬 거라고 판단했다." 체임벌린 수상은 히틀러를 처음 만난 뒤 히틀러가 "의미 있는 협상을 벌일 만한 상대"라고 여겼던 것이다.

결국 이런 판단이 2차 세계대전의 서막을 여는 데 크게 기여했음을 물론이다. 히틀러와의 두 번째 회담을 마치고 돌아온 날 체임벌린 수상은 "시민 여러분, 이것은 명예와 평화를 가지고 독일에서 돌아온 두 번째 사례입니다. 나는 우리 시대에 평화가 찾아왔다고 믿습니다"라고 주장했지만, 후일 이 말이 그에게 멍청한 지도자라는 오명을 씌울 줄 누가 알았겠는가? 김정일을 만나고 돌아온 전직 대통령이 흥분한 나머지 그 비슷한 말을 했던 것으로 기억한다.

북한 지도층과 주민을 구분하고 인도적 차원에서 도움을 주는 일은 계속되어야겠지만 근본적인 대결 구도에서 결코 내부적 허점을 보여서는 안 된다. 그리고 전체주의 국가를 설득하는 것은 선의나 애걸이 아니라 압도하고도 남을 만한 힘의 우위임을 잊지 말아야 한다. 한마디로 우리 사회는 군사적·경제적·정신적 우위에 서야 한다.

대중 매체를 동원해 남북 해빙 무드를 조성함으로써 북한에 대한 경계심을 한껏 흩뜨려놓은 지난 정권 인사들에게는 이런 주장이 강성으로 비칠지도 모르겠다. 그러나 전체주의라는 악과의 타협에서 평화와 안정을 얻을 수 있다고 믿는 사람이 있다면, 나는 피터 드러커 교수의 자서전에 나오는 인생의 진리에 귀 기울여보라고 말하고 싶다.

"악은 절대로 평범하지 않지만 인간은 평범한 경우가 많다. 그렇기 때문에 인간은 어떤 조건으로든지 악과 흥정해서는 안 된다. 그 조건은 언제나 악의 조건이지 인간의 조건이 아니기 때문이다. 헨슈(Reinhold Hensch, 드러커와 함께 독일 신문사에서 일했으며 권력을 잡으려는 야망 때문에 나치 비밀경찰의 2인자까지 올랐다가 미군에 잡히자 자살한 인물)처럼 악을 자신의 야망에 이용하겠다고 생각할 때 인간은 악의 도구가 된다. 그리고 셰퍼(Faul Schafer, 나치의 만행을 막으려는 정의감 때문에 《타임》과 《포춘》의 유럽 총국장직을 뿌리치고 나치의 권유로 독일에 귀국해 주요 언론의 편집장을 지냈지만, 이용만 당하고 2년 만에 숙청당한 비운의 인물. 그는 자신이 나치를 충분히 설득할 수 있다고 믿었음)처럼 더 나쁜 것을 막기 위해 악과 손을 잡을 때 인간은 악의 도구가 된다." — 피터 드러커, 『피터 드러커 자서전』

중국 중심의 세계 경제 구도 속에 성공적으로 편입해야

앞으로 통일 문제뿐만 아니라 한국의 경제적 부상은 중국의 성장과 국제 사회에서의 위상 강화라는 큰 그림에서 떼내어 생각할 수 없다. 중국의 역동적인 성장은 상당 기간 계속될 것이다. 중국의 성장에 대해 그동안 제기되었던 부정적인 주장들이 현실화할 가능성은 점점 줄어들고 있다. 향후 중국을 중심으로 한 세계 경제 구도의 재편 과정에서 한국이 스스로를 어떻게 자리매김 하느냐에 따라 한국의 미래는 크게 달라질 것으로 본다.

중국은 미국과는 근본적으로 그 뿌리가 다른 나라이다. 중국은 시민 사회를 바탕으로 성장해 온 영국과 미국을 중심으로 하는 서구 국가들과 역사적으로나 문화적으로 궤를 달리해 왔다. 물질적인 면에서 비약적인 성장을 해왔지만 중국이 자유, 정의, 인권 등과 같은 보편적 가치나 질서를 대내적으로나 대외적으로 제대로 실천에 옮기는 데는 무척 오랜 시간이 걸릴 것이다. 물질의 성장에 비해 의식의 성장은 더디게 이뤄지기 때문이다.

따라서 중국의 경제적 급성장은 주변 국가들에게 경제적 성장의 기회를 제공하겠지만 대외적인 과제들에 대해서는 유무언의 압박감을 줄 수 있다. 특히 이해가 충돌하는 과제들에 대해선 주변국들의 입장은 더더욱 그럴 것이다.

힘의 우위에 바탕을 두고 자국의 입장을 강하게 관철시킨다는 점에서 대국들이 공통점이 있지만 중국의 대외 정책은 미국에 비해 이런 측면이 더 강하다.

한국인들은 이웃 나라로서 중국과 선린우호 관계를 지속해 나가면서 끊임없이 자기 자신에게 한 가지 질문을 던져야 한다. '무엇이 우리를 지켜줄 수 있는 핵심 역량인가?' 라는 질문 말이다. 그것은 한국이 중국에게 아쉬운 상대로 계속해서 남을 수 있도록 노력해야 한다는 점이다. 그 아쉬움은 곧바로 우리 자신들이 갖고 있는 실력이며 특히 경제적인 능력을 갖춘 기업을 계속해서 유지하고 만들어낼 수 있어야 한다.

결국 우리 스스로가 어떻게 하느냐가 관건이다. 여기에 얼마나 우리가 성공하느냐에 따라서 중국과의 위상 관계가 정립될 것이다. 인간관계도 마찬가지이지만 국가간의 관계도 내놓을 것이 없으면 굴욕을 경험할 수 밖에 없다.

그러나 도전 과제들이 만만치 않은 것도 사실이다. 2009년 삼성전자의 성과가 일본 전자 기업의 성과를 압도했다는 승전보가 울렸을 때 당시 39년째 한국에 근무하고 있던 미쓰이 물산의 모모세 다다시 고문은 한 인터뷰에서 이런 이야기를 했다. "13억 인구 중 1퍼센트만 전자 업계에 종사한다고 쳐도 무섭지 않습니까? 아마 이르면 5년, 10년 내에 중국 어느 전자 기업의 영업 이익이 한국의 2배라는 기사가 나올지 모를 일입니다." 결코 안심하지 말라는 이야기다.

중국 최대, 세계 4위의 컴퓨터 제조 회사인 레노버(Lenove)의 젊은 CEO 양위안칭 역시 최근의 한 인터뷰에서 "중국이 컴퓨터를 비롯한 IT 시장에서 일본이나 한국을 따라잡는 것은 필연적인 일입니다"라고 장담한 바 있다.

개인이 조직이 그리고 국가가 '아쉬운 존재'로 남는 길은 대외 변수의 문제가 아니라 각자 자기하기 나름이다. 이것은 거대한 국가를 곁에 둘 수밖에 없는 한국이란 나라가 생존과 성장을 도모할 때 항상 가슴에 새기고 있어야 할 부분이다.

"자유주의는 개개인이 지적 능력을 극대화해 최상의 삶을 살도록 돕는 원리다. 따라서 우리가 할 일은 개개인에게 자유와 그에 따르는 책임을 부여하고, 공정한 경쟁을 권장하고, 불요불급한 규제를 풀고, 국가 재정을 야무지게 꾸려 조세 부담을 줄여주는 것이다."

자유주의의 원리를 시대정신으로 정립하라

8 우리가 지향하는 사회는 어떤 모습이어야 할까? 나는 '자유롭고, 정의롭고, 풍요로운'이라는 말처럼 우리가 나아가야 할 방향을 적절하게 표현한 말도 없다고 생각한다. 그런 대한민국을 만들어가기 위해 우리가 해야 할 일이 무엇이냐는 질문에 대한 답을 찾으면 된다.

먼저 이념 정체성을 분명히 하고 그것을 뒷받침하는 제도 개혁을 추진해 나가야 할 것이다. 여기서 이념 정체성이란 말을 지나치게 교조적으로 받아들일 필요는 없다. 한 사회가 제도나 정책을 선택할 때 지침이 되는 원칙이라고 이해하면 된다. 한 개인이 '나는 누구이고 왜 사는가, 왜 열심히 살아야 하는가'에 대해 자기 안에서 뚜렷한 정의를 내리지 못했을 때 삶의 근간이 흔들리는 정체성 위기를 맞듯이 국가도 마찬가지다. 공동체의 이념적 지향, 즉 이념 정체성이 굳건히 뿌리 내리지 못한 국가는 크나큰 혼란과 동요를 경험할 수밖에 없다.

개인과 국가의 번영의 룰, 자유주의 원리가 위협받고 있다

사회 구성원들이 시대 변화를 적극적으로 수용해 제각기 자신의 능력을 개발하고 창의력을 발휘하도록 돕는 일은 복잡하지도 어렵지도 않다. 개개인이 더 많은 선택의 자유를 누리도록 만들어주고 자신의 삶과 운명을 책임지고 치열하게 살아가도록 도와주면 된다.

그것을 가능하게 하는 것은 변함없이 위력을 떨칠 자유주의 원리다. 자유주의는 개개인이 지적 능력을 극대화해 최상의 삶을 살도록 돕는 원리다. 따라서 우리가 할 일은 개개인에게 자유와 그에 따르는 책임을 부여하고, 공정한 경쟁을 권장하고, 불요불급한 규제를 풀고, 국가 재정을 야무지게 꾸려 조세 부담을 줄여주는 것이다.

그러나 이런 원칙은 항상 도전받는다. 우리가 처한 특수 상황을 고려해 자유주의 원리를 당분간 유보해야 한다고 주장하는 사람들이 등장하기 때문이다. 그리하여 평등 구현, 지역 균형 개발, 양극화 해소, 서민 생활 지원 등등의 명분을 내건 차별적 정책들이 대거 동원된다. 사람들이 뭐라고 부르고 어떻게 포장하든 간에 이런 정책들은 결국 증세와 적자 재정을 통해 특정 그룹에게 이익을 안겨주는 정책들이다.

316

대개 이런 정책들은 선의에서 소규모로 출발하지만 정치적 목적에 의해 수혜 대상을 늘려가고, 결국 애초의 의도와 관계없이 정책 입안자의 의사 결정에 따라 특정 그룹을 돕는 정책으로 결론 나고 만다. 공공재 성격으로 인해 다수는 무관심하고 혜택을 보는 소수만 열렬히 환영하는 정책이 바로 이런 반자유주의적 정책이다.

결국 한국의 미래는 개인적 선택과 사회적 선택 중 어느 쪽에 더 무게를 싣느냐에 따라 크게 달라질 수 있는데, 경제 위기는 어김없이 사회적 선택에 무게중심을 옮겨놓는다. 이런 상황에서 그것을 정치적으로 이용하는 선무당들이 등장하고, 그들에게 머리를 제공하기에 여념 없는 '한여름 풀벌레' 같은 지식인들도 대거 등장한다.

우리 사회에는 평등 실현을 위해서 국가가 정교한 계획이나 정책을 통해 경제 활동에 깊숙이 개입해야 한다고 주장하는 사람들이 여전히 만만찮은 비중을 차지하고 있다. 그리고 이른바 진보 진영 또는 좌파 진영으로 분류되는 이들의 주장에 동조하는 사람들이 우리 사회의 큰 축을 형성하고 있는 것도 사실이다. 이것은 노동 운동이나 시민 사회 단체 운동에 관여하고 있는 사람들이 공유하는 가치관이며 세계관이며 역사관이다.

그들은 교환과 사유재산권 제도에 기초한 자유 시장 경제 체제를 대체할 만한 대안 체제의 가능성에 늘 목말라 한다. 그래서 자유 시장 경제 체제의 어두운 면을 지나치게 과장한다. 그러나 이들은 자유 시장 경제 외에 달리 대안이 없기 때문에 우리 사회를 제대로 된 시장 경제 원리로 개선해 나가자고 말하는 사람들에게 시장근본주의자라는 오명을 덮어씌운다. 시장 경제가 초래할 수밖에 없는 격차 문제에 대해서도 정부의 적극적인 개입과 시정을 요구한다. 그러나 사회적 평등 실현이라는 명분을 내건 정부 개입이 기대하는 결과를 낳을 가능성은 희박하다. 우리는 선의에서 출발한 정책이 기대에 반하는 결과를 초래한 숱한 사례들을 역사에서도 확인할 수 있다.

현실 적합성을 근거로
올바른 시대정신이 자리 잡도록 하라

한국 사회 전반에 포진한 이들 좌파 세력은 경쟁이란 말 앞에 늘 '무한'이란 말을 끌어다 붙인다. 그러나 경쟁 없는 곳에서 어떻게 창조와 발전을 기대할 수 있단 말인가? 초중고교 교사 평가제 문제만 해도 그렇다. 이 제도의 타당성을 검토하는 데 10년이라는 귀한 시간을 허비했으며, 그렇게 해서 결정된 것이 겨우 교사 평가제 도입 문제를 논의하기 위해 일부 교원 단체가 협상 테이블에 나오기로 했다는 정도다.

긍정적이고 도전적이고 변화 친화적인 시대정신은 우리에게 무엇을 요구하는가? '모든 경쟁은 발견적 절차'임을 인정하라는 것이다. 경쟁을 통해서만 우리는 더 나은 상태에 도달하기 위한 방법을 발견하고 그것을 실현해 나갈 수 있다.

이념은 신념 체계의 문제이니 옳다 그르다 단정 지을 수 없다고 말할지도 모르겠다. 그러나 현실 적합성이란 기준에서 보면 옳고 그름을 판단할 수 있다. 머릿속에서 공상하는 세상과 실제로 눈앞에서 돌아가는 세상은 다르다. 뜬금없이 중도 노선을 들고 나오는 사람들도 있는데, 그런 주장에는 충분히 주의를 기울여야 한다. 왜냐하면 일반적으로 좌와 우는 옳고 그름의 문제로 이어지며, 옳고 그름의 문제는 타협

대상이 될 수 없기 때문이다. 일단 옳고 그름을 명확히 한 다음에 이를 정책화하는 과정에서 완급과 강도를 조정할 수 있다.

이명박 정부는 집권 중반기에 접어들어 중도 실용 노선으로 정책 방향을 설정했다. 정부 개입을 통해 특정 그룹을 돕는 친서민 정책을 본격적으로 펴겠다는 뜻으로 보면 된다. 요컨대 우파 정권이 좌파 정책을 적극적으로 수용하겠다는 의미로 해석될 수 있다. 지지도 하락을 면하고 부자 정권이란 오명을 벗어버리기 위한 불가피한 선택이라고 이해할 수도 있지만, 결국 이전 정권에 이어 또다른 시혜성 정책을 대폭 신설하는 결과를 초래하게 될 것이다.

어떤 믿음이 주도하느냐는 선택이나 협상의 문제가 아니라고 본다. 그것은 세계관의 충돌이며, 결국 사회적 갈등을 불러올 수밖에 없다. 하지만 사회적 갈등을 두려워해서는 안 된다. 결국 잘살고 못살고는 상당 부분 공동체 구성원들이 갖고 있는 생각과 그 생각을 낳는 신념 체계, 즉 이념 정체성에서 판가름 난다.

이념 문제를 밥 먹고 할일 없는 사람들의 허튼소리쯤으로 치부하고 좋은 게 좋다는 식으로 얼렁뚱땅 중도 노선으로 흘렀을 때 그 결과가 어떨지는 불을 보듯 뻔하다. 한마디로 이도 저도 아닌 결과로 판명 나고 말 것이다. 우리 사회는 이념의 힘과 중요성을 간과하고 있다. 인간이란 결국 생각의 덩어리 아닌가? 그렇다면 우리 사회에는 올바른 생각을 확산하는 일이 얼마나 중요한지 인식하고 그러기 위해 노력하는 사람들이 많아져야 한다.

대한민국이 자유롭고 정의롭고 풍요로운 나라가 되려면, 올바른 이념 정체성, 즉 자유주의 원리가 시대정신으로 자리 잡을 수 있도록 개인이, 기업이, 정치 지도자가 다 함께 노력해야 할 것이다.

공병호
대한민국의 성장통

초판 1쇄 2010년 3월 1일
초판 2쇄 2010년 3월 15일

지은이 | 공병호
펴낸이 | 송영석

편집장 | 이진숙 · 이혜진
기획편집 | 정진라 · 박혜미
외서기획 | 박수진
디자인 | 박윤정 · 박새로미
마케팅 | 이종우 · 한명회 · 김유종
관리 | 송우석 · 황규성 · 전지연 · 황지현

펴낸곳 | (株)해냄출판사
등록번호 | 제10-229호
등록일자 | 1988년 5월 11일

서울시 마포구 서교동 368-4 해냄빌딩 5 · 6층
대표전화 | 326-1600 **팩스** | 326-1624
홈페이지 | www.hainaim.com

ISBN 978-89-7337-682-7

파본은 본사나 구입하신 서점에서 교환하여 드립니다.